Edition Delius

Fiona Hopes

Gärtnern
im
Rhythmus des Mondes

SÄEN • PFLANZEN • ERNTEN

Delius Klasing Verlag

Inhalt

Einleitung

Jeden Tag schenkt uns die Sonne – unser größter Himmelskörper und Zentralgestirn – das Licht, im Zusammenspiel mit der Erde, dem Wechsel vom Tag zur Nacht, der Wärme, den Jahreszeiten – und viele andere Wohltaten. Sie bestimmt unser Leben, denn ohne sie würden Pflanzen nicht überleben. Allerdings leuchtet noch ein anderer Himmelskörper an unserem Himmel: der Mond. Er kreist um die Erde, wie die Erde um die Sonne kreist. Für einen Planeten wie die Erde ist der Mond relativ groß, manche Astronomen sprechen schon von einem Beinahe-Doppelplanetensystem. Dementsprechend massereich ist er, und infolgedessen wirkt sich auch seine vergleichsweise große Schwerkraft unterschiedslos auf alle Dinge auf unserer Erde aus. Die offensichtlichste Auswirkung ist das Phänomen der Gezeiten oder der Tide, denn der Mond – im Wechselspiel mit der Sonne – verursacht durch seine Massenanziehung Hebungen und Senkungen der Wasseroberflächen. Weil die Schwerkraft oder Gravitation auf wirklich alles einwirkt, sind sowohl Menschen als auch Tiere und Pflanzen der Schwerkraft des Mondes ausgesetzt.

Im vorliegenden Buch wollen wir das Verhältnis zwischen Sonne, Mond und Erde erkunden, das sich auf unser ganzes Leben auswirkt. Luft, Wasser und Nahrung sind lebensnotwendig für alle Organismen. Wenn auch die Auswirkungen der Sonne sichtbar und hinreichend bekannt sind, so liegt der Einfluss des Mondes, und vor allem der Planeten und der Sterne, noch weitgehend im Dunkeln. Der Wunsch schon der alten Völker, die Beziehungen zwischen

Sonne und Mond zu begreifen, war Ursache dafür, dass riesige Kalender aus Stein wie Stonehenge oder Castlerigg in Großbritannien, Carnac in Frankreich oder die Pyramiden von Mittelamerika, Südostasien oder Ägypten entstanden sind.

Die moderne Form des Gartenbaus zieht den Einfluss des Mondes, der Planeten und der Sterne praktisch nie in Betracht, und dennoch können diese Gestirne nicht einfach ignoriert werden. Das zweite Kapitel untersucht diesen Einfluss sowohl auf die Landschaft als auch auf die Pflanzen. Indem wir Sonne und Mond bei unserer Vorgehensweise ins Gleichgewicht bringen, beginnen wir, im Einklang mit unserer Umwelt zu arbeiten.

Wie das Gärtnern mit der Sonne dazu nötigt, mit den Jahreszeiten zu arbeiten, führt die Gartenarbeit mit dem Mond dazu, seinen Zyklen zu folgen. Das dritte Kapitel untersucht die Funktionsweise im Detail und lässt uns die Natur und ihre Beziehung mit der Erde und dem Himmel begreifen.

Der letzte Abschnitt bietet eine breite Auswahl an Pflanzen und die dazugehörigen Empfehlungen, um das Gärtnern mit dem Mond auf ganz einfache Weise praktisch umsetzen zu können. Ob es sich nun um einen Baum, eine Blume, ein Gemüse, eine Rank- oder Kräuterpflanze handelt – die Planeten und Sterne spielen eine Rolle in ihrem Verhalten. Indem wir dies zu verinnerlichen suchen, werden wir zu besseren, sensibleren und produktiveren Gärtnern.

Der große kosmische Reigen

Die Himmelskörper

Das Sonnensystem umfasst die Sonne als Zentralgestirn und die sie umkreisenden acht Planeten sowie Pluto, der von der Internationalen Astronomischen Union seit August 2006 zu einem Zwergplaneten degradiert worden ist. In der Sonne sind sage und schreibe fast 99,9 Prozent der Masse des Sonnensystems konzentriert. Die Folge ist, dass sie eine starke Anziehungskraft auf alle Objekte ausübt, die sich in ihrem Schwerkraftfeld befinden: Planeten, Asteroiden, Kometen, Meteoriten und alle Gas- und Staubteilchen. Stellen wir uns vor, wir befänden uns in einem Raumschiff und näherten uns dem Rand des Sonnensystems: Ohne Weiteres könnten wir erkennen, dass sich Sonne und Planeten einschließlich der Erde und sogar dem Mond, allerdings mit Ausnahme des Zwergplaneten Pluto, alle in einer vergleichsweise dünnen, scheibenförmigen Ebene befinden.

Die Bahnen der Planeten verlaufen also auf einer scheibenförmigen Ebene, die, vereinfacht erklärt, die sogenannte **Ekliptik**- oder **Planetenebene** darstellt.

Von der Erde aus ist die Ekliptikebene schwieriger zu beobachten und nötigte vor allem unseren Vorfahren und den alten Kulturen einiges an Abstraktionsvermögen ab. Die Ekliptik sei als eine Linie am Himmel gedacht, auf der im Lauf des Jahres Sonne und Planeten über das Himmelszelt ziehen. Die Ekliptikebene fällt allerdings nicht mit dem Himmelsäquator zusammen, sondern ist in einem Winkel von 23,25° zur Äquatorebene geneigt. Die Rotationsachse, und infolgedessen auch der Himmelsäquator der Sonne, ist mit 7° wesentlich weniger als die Erde zur Ekliptikebene geneigt.

Ihre scheinbare Bewegung, wie auch die des Mondes, kann vor dem Hintergrund der Fixsterne als Planetenbahn gemessen und als Kurve aufgezeichnet werden. Diese Bahnen erscheinen fast konzentrisch – sind tatsächlich jedoch schwach elliptisch und verlaufen derart regelmäßig, dass man Himmelsereignisse wie Planetenkonstellationen, den Ort eines Planeten zu einem gesuchten Zeitpunkt, Sonnen- und Mondfinsternisse usw. mit großer Präzision vorausberechnen und mit derselben Genauigkeit den zeitlichen Zyklus ermitteln kann. Unter Konstellation versteht man die scheinbare Stellung der Himmelskörper und der Fixsterne zueinander in Bezug auf einen irdischen Betrachter. Fixsterne bilden scheinbare Ansammlungen, die man schon seit Menschengedenken zu gedachten

Das Sonnensystem und die Ekliptikebene

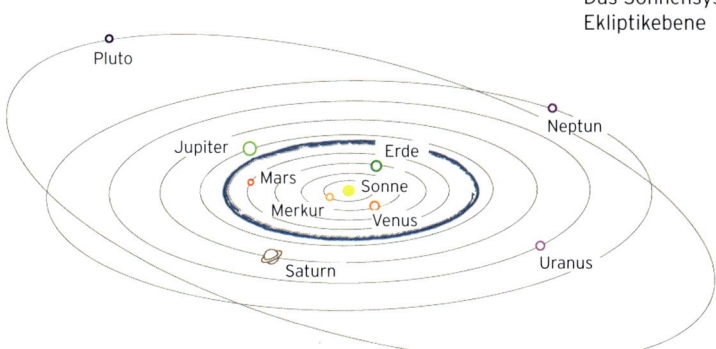

Von der Erde aus gesehen
Betrachtet man den Himmel von der Erde aus, stellt sich das Bild anders dar. Diese geozentrische Sicht des Sonnensystems lässt uns die Sonne, Planeten und Myriaden von Fixsternen, aber auch alle anderen Himmelserscheinungen auf einer gewölbten Ebene abgebildet erscheinen, dem sogenannten Himmelsgewölbe bzw. Firmament. Die Fixsterne sind Sonnen, die uns aufgrund ihrer sprichwörtlich astronomischen Entfernung nur als winzige, glitzernde Pünktchen erscheinen und scheinbar am Firmament fixiert.

Figuren verband, den sogenannten Sternbildern. Liegen diese Sternbilder innerhalb eines Bereiches der scheinbaren Bahnen von Sonne, Mond und Planeten, dem sogenannten Zodiak beziehungsweise Tierkreis, das heißt in einer etwa 20° breiten Zone um die Ekliptik, nennt man diese Sternbilder Tierkreiszeichen. So hat man zwölf Tierkreiszeichen oder, anders gesagt, Ekliptiksternbilder kreiert.

Die Erde und die Sonne
Die Erde kreist um die Sonne auf einer beinahe kreisförmigen Umlaufbahn und braucht etwas

Die Mondphasen

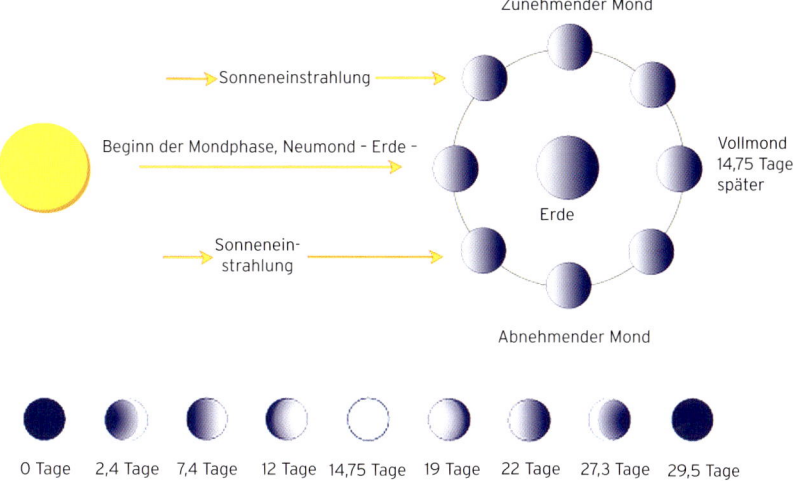

Zunehmender Mond

Sonneneinstrahlung

Beginn der Mondphase, Neumond - Erde -

Vollmond
14,75 Tage
später

Erde

Sonnenein-
strahlung

Abnehmender Mond

| 0 Tage | 2,4 Tage | 7,4 Tage | 12 Tage | 14,75 Tage | 19 Tage | 22 Tage | 27,3 Tage | 29,5 Tage |

mehr als 365 Tage, um diese Umrundung in einer Entfernung von circa 150 Millionen Kilometern zu absolvieren. In derselben Zeit dreht sich die Erde um sich selbst, ebenfalls rechtläufig (im Uhrzeigersinn), was identisch mit der Umlaufrichtung ihrer Bahn um die Sonne ist. Die Achse, um die sie sich dreht, ist nicht vertikal, sondern um 23,44° geneigt. Und diese Neigung ist die Ursache für die Entstehung der Jahreszeiten, wobei sich die Jahreszeiten der Nordhalbkugel umgekehrt zu denen der Südhalbkugel abwechseln.

Sonnenwenden und Tagundnachtgleiche
Genau genommen ist die Sonnenwende während eines Jahres jener Moment, in dem die Sonne den scheinbar größten südlichsten oder nördlichsten Abstand vom Himmelsäquator hat. Die größte Abweichung erreicht die Sonne zweimal im Jahr. Auf der Nordhalbkugel spricht man dann von Wintersonnenwende (21. Dezember), wenn die Sonne die geringste, von Sommersonnenwende (21. Juni), wenn sie die größte Mittagshöhe über dem Horizont erreicht hat.

Steht die Sonne genau senkrecht über dem Äquator, spricht man von **Tagundnachtgleiche** beziehungsweise Aquinoktium. Das bedeutet, dass

überall auf der Erde die Sonne exakt im Osten auf- und exakt im Westen untergeht. Diese Tage nennt man die »Frühjahrs-Tagundnachtgleiche« und die »Herbst-Tagundnachtgleiche«. Überall auf der Erde sind dann Tag und Nacht gleich lang.

Die Erde und der Mond
Der Mond dreht sich um die Erde auf einer Umlaufbahn, die geometrisch ähnlich gestaltet ist wie die Umlaufbahn der Erde um die Sonne – nämlich fast kreisförmig beziehungsweise leicht elliptisch. Von der Erde aus betrachtet, durchläuft der Mond die zwölf Tierkreiszeichen (siehe Seite 25) auf der Eklipikebene und verweilt ungefähr zweieinhalb Tage bei jeder Sternenkonstellation. Auch er dreht sich um sich selbst, aber so langsam, dass der Mond uns mehr oder weniger immer dieselbe Seite zeigt – eine durch die Gezeitenwirkung verursachte gebundene Rotation. Trotzdem scheint er ständig seine Gestalt zu wechseln – ein Phänomen, das damit zusammenhängt, dass der Mond nicht von selbst leuchtet und nur die der Sonne zugekehrte Hälfte bestrahlt wird. Eine perspektivische Lageänderung der Schattengrenzen (Tag- und Nachtgrenzen) des Mondes relativ zu einem irdischen Mondbetrachter führt nun zu dem Eindruck, dass

Die Eklipsen

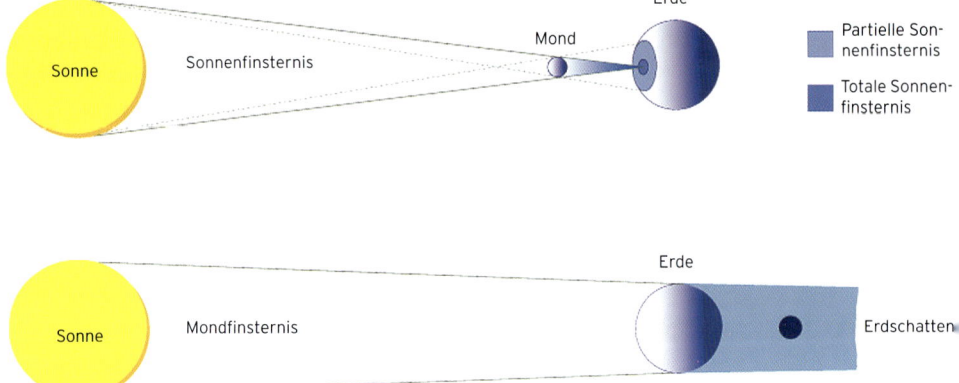

sich laufend die Gestalt des Mondes ändert, die wir in **Mondphasen** unterteilen.

- **Neumond:** Der Mond befindet sich zwischen Erde und Sonne, und das gesamte Sonnenlicht, das die Oberfläche des Mondes erhellt, ist von der Erde aus nicht sichtbar.

- **Zunehmender Mond/Halbmond:** Der Mond, die Erde und die Sonne bilden einen rechten Winkel, und die Hälfte der beleuchteten Mondoberfläche ist sichtbar.

- **Vollmond:** Die Erde steht zwischen Sonne und Mond, und die gesamte beleuchtete Mondoberfläche ist sichtbar.

- **Abnehmender Mond/Halbmond:** Der Mond, die Erde und die Sonne bilden einen rechten Winkel, und die Hälfte der beleuchteten Mondoberfläche ist sichtbar.

Die Mondfinsternis
Befände sich die Mondbahn in der Ekliptikebene, müsste der Mond fast regelmäßig den Schattenkegel der Erde durchlaufen. Da die Mondbahn aber leicht, etwa um 5,14°, zur Ekliptikebene geneigt ist, passiert der Mond relativ selten (etwa zweimal im Jahr) den Erdschatten, das heißt, meistens zieht er knapp über oder unter dem Schattenkegel der Erde vorbei. Schneidet die Mondbahn die Ekliptikebene und steht die Erde gleichzeitig zwischen Sonne und Mond (= Vollmond), dann gerät der Mond in den Schattenkegel der Erde – eine sogenannte Mondfinsternis ist die Folge.

Die Schnittpunkte zwischen der Ekliptikebene und der Mondbahn nennt man die Drachenpunkte. Herrscht Voll- beziehungsweise Neumond und befindet sich der Mond in der Nähe eines der beiden Drachenpunkte, ist eine Mond- oder eine Sonnenfinsternis möglich. Folglich gilt für die Mehrzahl der Neumondphasen, also wenn sich der Mond zwischen Erde und Sonne befindet, dass der Mond das Sonnenlicht nicht ausblendet. Bei einer Eklipse durchläuft der Mond die Ekliptikbahnebene der Erde an Stellen, die man Mondknoten oder Drachenpunkt nennt. Steht die Sonne in der Nähe eines dieser Mondknoten, gibt es bei Neumond oder Vollmond eine Mondfinsternis.

Durchläuft der Mond die Bahnebene der Erde exakt zwischen Erde und Sonne, blendet er das Sonnenlicht vollkommen aus und löst damit eine **Sonnenfinsternis** (siehe oben stehendes Diagramm) aus. Durchläuft der Mond die Bahnebene der Erde, während er sich hinter der Erde befindet, dann steht Letztere zwischen Sonne und Mond.

Der Schatten des Mondes schluckt das Sonnenlicht, das ihn erhellt, und verursacht damit eine **Mondfinsternis** (siehe links stehendes Diagramm).

Der Einfluss der Sonne auf die Erde

Die Sonne übt den mit Abstand größten Einfluss auf die Erde und die Erdoberfläche aus. Ihre Energie, hauptsächlich in Form von Strahlung, ist für nahezu alles Leben und für das Klima der Erde von fundamentaler Bedeutung. Während die Erde ihre um 23,5° geneigte Bahn um die Sonne beschreibt, wird sie in unterschiedlichem Maße beschienen. Dies betrifft sowohl den Winkel, in dem die Sonnenstrahlung auf die Erde trifft, als auch die Dauer des Tages und der Nacht. Die Neigung der Erdachse zur Bahnebene der Erde ist denn auch die Ursache für die Entstehung der Jahreszeiten, die umso ausgeprägter werden, je weiter man sich vom Äquator entfernt.

Der Einfluss des Mondes auf die Erde

Der sichtbarste Einfluss des Mondes auf die Erde ist das vorwiegend durch sein Schwerefeld verursachte Phänomen der Gezeiten, jene lautlose Macht, die die sichtbaren Hebungen und Senkungen sowie die Gezeitenströme der Ozeane verursacht – und das zweimal täglich.

Etwas genauer gesagt: Es werden Gezeiten erzeugende Kräfte durch die Massenanziehung zwischen Erde und anderen Himmelskörpern verursacht, wobei die Anziehungskraft des Mondes entscheidend ist. Der Schwerkrafteinfluss der Sonne beträgt weniger als die Hälfte (40 Prozent des Mondes), und der der Planeten ist verschwindend gering. Allerdings spielt die Stellung der Himmelskörper zueinander zusätzlich eine große Rolle. Die Gezeitenkräfte addieren sich, wenn sich Sonne, Mond und Erde auf einer Geraden – also in Konjunktion oder in Opposition – befinden und damit eine Springtide verursachen.

Im Verhältnis zur Schwerkraft der Erde sind die Gezeiten erzeugenden Kräfte von derart untergeordneter Bedeutung (9 Millionen Mal kleiner), dass man sich nur wundern kann, für welch gewaltigen Tidenhub sie mancherorts verantwortlich sind. Tatsächlich sind die Ursachen für die Gezeiten erzeugenden Kräfte eine Wissenschaft für sich.

Der Mond – Spiegel der Sonne

Die Umlaufbahn des Mondes »imitiert« mehr oder weniger die der Sonne. Der Punkt am Horizont, wo die Sonne zur Wintersonnenwende (21. Dezember) untergeht, ist praktisch derselbe, an dem der Mond zur Sommersonnenwende (21. Juni) untergeht, und umgekehrt. Der Punkt des Sonnenuntergangs am Horizont bei Tagundnachtgleiche ist derselbe wie beim Mond. Befindet sich die Sonne im Sommerpunkt, was um den 21. Juni zur Sommersonnenwende der Fall ist, dann findet man den Vollmond genau in der Position, wo die Sonne ein halbes Jahr später, also zur Wintersonnenwende am 21. Dezember, stehen wird. Aus anderer Perspektive: Befindet sich die Sonne im Winterpunkt, also um den 21. Dezember herum, dann besetzt der Vollmond genau die Sommersonnenwendposition der Sonne, beschreibt also den maximalen Tagbogen, genau denselben wie die Sonne, den diese erst im Sommer zurücklegen wird.

Zur Wintersonnenwende erreicht der Mond seinen höchsten Stand, also seine größte Deklinationshöhe, während die Sonne ihren entsprechenden Höchststand genau ein halbes Jahr später zur Sommersonnenwende erreicht.

Moderner Umgang mit astronomischen Phänomenen

Seit Menschengedenken löste der Anblick des Himmels, besonders des nächtlichen Himmelsgewölbes, tiefes Erstaunen und Ehrfurcht aus. Da man die Erscheinungen am Himmel nicht erklären konnte, verband man mit ihnen mythologische oder religiöse Vorstellungen.

Heute, im Zeitalter der Technik und Wissenschaft, scheint viel von der Faszination verloren gegangen zu sein. Vom Steinkalender über Astrolabien bis zur Sonnenuhr – sie alle wurden durch moderne Zeitmesser, Teleskope, Satellitennavigation usw. ersetzt. Aber seit einiger Zeit ist eine Trendumkehr zu beobachten. Zyklische Himmelsereignisse, besonders die des Mondes, der Sonne und der Planeten, versucht man vermehrt in unser Leben einzubeziehen. Und zwar aus dem uralten Wissen und dem Erfahrungsschatz heraus, dass die kosmischen Kräfte sowohl der Natur als auch dem Menschen in positiver Weise dienen.

Die Choreografie des Reigens

Die Wechselbeziehungen zwischen Pflanzen und Kosmos

Haben wir einmal die komplexen Beziehungen zwischen Sonne, Mond, Erde und den anderen Planeten begriffen, ist der nächste Schritt die Betrachtung des Gartens, der zu erledigenden Arbeiten und der dort wachsenden Pflanzen. Wir versuchen zu entdecken, in welchem Zusammenhang diese zueinander stehen, wie ihr Rhythmus mit der Dynamik der Himmelskörper in Einklang zu bringen ist. Dieses Kapitel untersucht die einzelnen Pflanzengruppen und ihre Verbindung mit den vier Elementen nach der Vier-Elementenlehre (Erde, Wasser, Luft und Feuer) sowie ihre Wechselbeziehung zu den Planeten und den Tierkreiszeichen. Schließlich zeigen wir, wie man effizient mit dem Mond gärtnern kann. Sie brauchen nicht zu befürchten, dass dabei eine Menge Mehrarbeit auf Sie zukommt. Die Berücksichtigung dieser Gesichtspunkte ist im Wesentlichen eine Frage des Kalenders und der Planung.

Die Planeten und die vier Elemente

Verbindet man Gartenarbeit mit der Energie des Mondes und der Sonne, ist es von grundlegender Bedeutung, dass man die vier Hauptgruppen, denen die Pflanzen zugeordnet werden, kennt und versteht. Jede dieser Gruppen ist an eines der vier Elemente gebunden: Erde, Wasser, Luft und Feuer. Jedes Element wiederum ist mit einer der vier Jahreszeiten sowie den Tierkreiszeichen verbunden.

Bevor wir eine beliebige Pflanze einer bestimmten Gruppe zuordnen, sollten wir uns unbedingt darüber im Klaren sein, warum wir sie in unseren Garten pflanzen möchten. In der Mehrzahl der Fälle dürfte dies glasklar sein: Man pflanzt Salat an, um seine Blätter zu essen, und Rosen, um sich an ihrer Schönheit und ihrem Duft zu erfreuen. Bestimmte Pflanzen erfordern etwas mehr an Überlegung, denn ein und dasselbe Exemplar kann mehrere Anreize bieten. Nehmen wir zum Beispiel Fenchel: Wird er wegen seiner Samen kultiviert, gehört er in die Gruppe *Feuer – Frucht/Nuss/Samen*. Zieht man ihn jedoch aufgrund seiner Knolle, fällt er in die Kategorie *Wasser – Blatt*. Die Pflanzen zu kennen und zu wissen, weshalb man sie kultiviert, ist die Grundlage für den Erfolg eines Gärtners mit dem Mond.

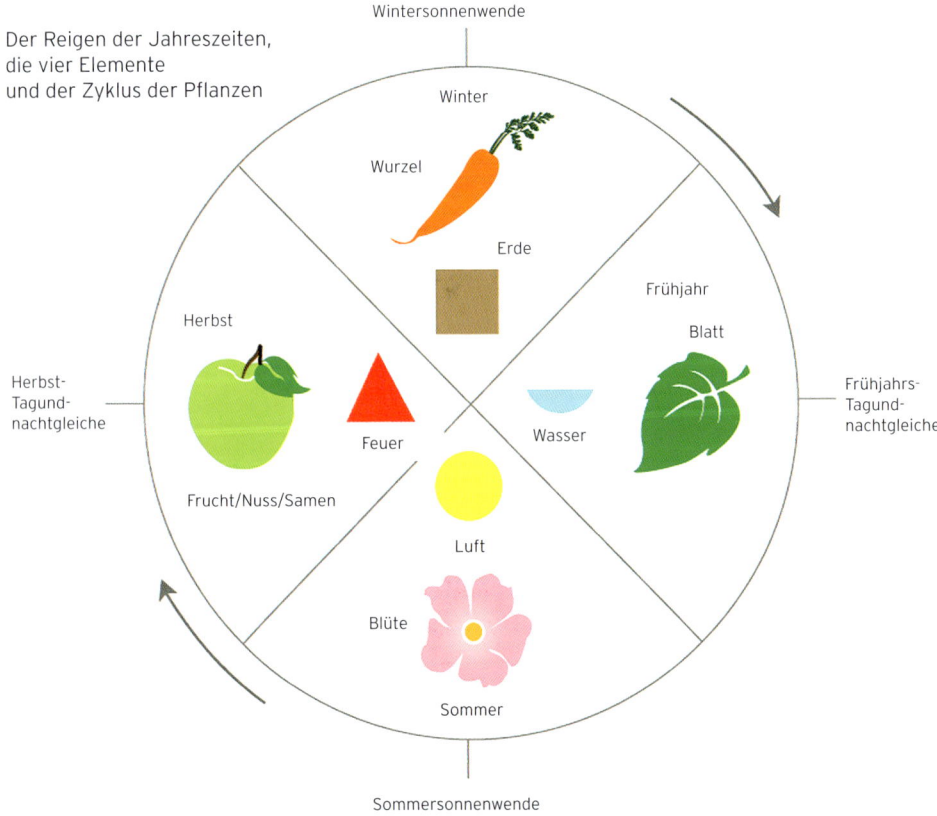

Der Reigen der Jahreszeiten, die vier Elemente und der Zyklus der Pflanzen

Erde – Wurzelpflanzen

Bei den dem Element Erde verbundenen Pflanzen ist die Wurzel das dominante oder größte Pflanzenorgan. Einige Pflanzen fallen ganz augenscheinlich und wie selbstverständlich in diese Kategorie (zum Beispiel Karotten, Pastinaken oder Lauch), doch Zwiebeln, Knoblauch und Pilze gehören ebenfalls dazu. Unter den Zierbäumen und -sträuchern muss die Eigenschaft des Elements in die Überlegungen miteinbezogen werden. Die Erde ist kompakt, fest, kräftigend und berechenbar. Die Zierpflanzen, die mit dem Element Erde verbunden werden, vermitteln denselben Eindruck von kräftigender Vitalität und Verlässlichkeit. Es gibt davon sehr wenige, und sie werden im Allgemeinen wegen anderer Qualitäten im Garten gezogen.

Wasser – Blattpflanzen

Die mit dem Element Wasser in Verbindung stehenden Pflanzen sind im Wesentlichen Blattpflanzen. Zahlreiche Gemüsesorten fallen in diese Gruppe – wie Salat, Kopfkohlsorten, Sellerie, Chicorée und Grünkohl. Die meisten Gewürzkräuter gehören ebenfalls in diese Gruppe (so zum Beispiel Basilikum, Lorbeer, Schnittlauch, Fenchel, Dill, Rosmarin und Thymian) – es sei denn, sie werden wegen ihrer Früchte oder Samen gepflanzt. Von den Zierpflanzen fallen in diese Kategorie allesamt Arten, die ein attraktives Laub auszeichnet. Dazu gehören ebenfalls Bäume, wie die Gemeine Robinie (*Robinia pseudoacacia* ›Frisia‹), die Rotbuche (*Fagus sylvatica* ›Riversii‹), oder Sträucher mit panaschiertem Laub, wie die Stechpalme (*Ilex aquifolium* ›Ferox Argentea‹) und Thunbergs Berberitze (*Berberis thunbergii* f. *atropurpurea*).

Luft – Blütenpflanzen

In der Gruppe des Elements Luft sind Pflanzen zusammengefasst, deren Blüten besonders reizvoll sind. Auch einige Gemüsesorten mit essbaren Blüten gehören dazu (Blumenkohl, Brokkoli und Sprossenbrokkoli). Die essbaren Blüten der Kapuzinerkresse, Ringelblume, Holunderblüte und Borretsch werden ebenfalls der Gruppe Luft zugeordnet. Alle Zierpflanzen mit besonders dekorativen Blüten fallen selbstverständlich ebenfalls in diese Gruppe: Bei den Bäumen sind es die Magnolie *Magnolia sprengeri* mit ihren betörend schönen Blüten im Frühjahr und die Traubenkirsche *Prunus padus* ›Watereri‹ mit stark duftenden, langen weißen Blütentrauben; unter den Sträuchern sind es der Pfeifenstrauch *Philadelphus* ›Belle Étoile‹ mit seinen duftenden Blüten, die Anfang Sommer erscheinen, und der Schmetterlingsstrauch *Buddleja davidii*, der von Schmetterlingen und Bienen so geschätzt wird.

Feuer – Frucht/Nuss/Samen

Unter den Pflanzen, die der Gruppe Feuer zugeordnet werden, sind diejenigen vorherrschend, die Früchte, Nüsse und Samen produzieren. Auch einige Gemüsesorten gehören in diese Sparte, wie zum Beispiel der Kürbis, die Salatgurke, Paprika, Auberginen, Tomaten, Erbsen und Bohnen sowie Getreidesorten wie Weizen, Reis, Hafer, Roggen, Gerste, Mais und Quinoa. Die Gewürzkräuter, die auch wegen ihrer Samen gezogen werden (Fenchel, Dill, Koriander, Senf oder Pfeffer), fallen ebenfalls in diese Kategorie. Sämtliche Bäume und Obstbäume sind Pflanzen des Feuers sowie alle Gemüsepflanzen, die essbare Nüsse und Samen hervorbringen. Unter den Zierpflanzen verbinden wir mit der Gruppe Feuer alle diejenigen, deren Früchte und Samen einen ästhetischen Wert besitzen: Bäume wie die Eberesche *Sorbus aucuparia* und die Rosskastanie *Aesculus hippocastanum*, Sträucher wie das Europäische Pfaffenhütchen *Euonymus europaeus* ›Red Cascade‹ mit seinen wunderschönen roten und orangeroten Früchten und der Liebesperlenstrauch *Callicarpa boderieri* var. *giraldii* ›Profusion‹ mit dunkel purpurfarbenen Früchten.

Pflanzen und Planeten

Jede Pflanze besitzt Merkmale, die sie jeweils einem der Planeten zuordnen. Diese Beziehung erlaubt es uns, das geeignetste Kulturverfahren für diese Pflanze zu finden. So unterliegt eine Pflanze, die von der Venus bestimmt wird, dem Einfluss der Beziehung zwischen Mond und Venus. Die Planetenaspekte (siehe Seite 28) sind bei der Arbeit mit dem Mond wichtig; sie können harmonisch, neutral oder gespannt sein. Saturn ist ein Planet, den man prinzipiell in Betracht ziehen sollte, denn er bestimmt Form und Struktur. Darüber hinaus spielen alle anderen Planeten ebenfalls eine nicht zu vernachlässigende Rolle.

Die von der Sonne beeinflussten Pflanzen

Die Sonne dominiert die Konstellation des Löwen und wird mit Gold, dem Metall der Könige, dem Ego, dem Selbstbewusstsein, dem Stolz und der Autorität in Verbindung gebracht. Die Pflanzen, die von der Sonne bestimmt werden, scheinen jedenfalls diese Qualitäten zu besitzen. Sie haben Kraft, Mut und Glanz, die Neigung zu dominieren und den Hang zum Spektakulären. Dies trifft auf das Johanniskraut *Hypericum*, die Ringelblume *Calendula* und die Tagetes zu. Steht der Mond in einem gespannten Aspekt zur Sonne, zum Beispiel während einer Finsternis, dann ist es ratsam, nichts im Garten zu unternehmen.

Die vom Mond beeinflussten Pflanzen

Der Mond dominiert das Tierkreiszeichen Krebs, das wiederum mit dem Silber, dem Metall der Nacht, in Verbindung gebracht und das zur Herstellung von Spiegeln verwendet wird. Es beeinflusst die Gefühle, Emotionen, Träume, Fantasie, Instinkte und das Unbewusste. Pflanzen, die vom Mond regiert werden, besitzen auch die Qualitäten des Mondes. Sie sind erfrischend beim Verzehr oder besitzen rundliche und offene Blüten, wie die Seerose, kreisrunde Blütenstände, wie die der Gartenhortensien *Hydrangea macrophylla*, oder weiße und rundliche Früchte, wie die rundlichen Schötchen des Silberblattes *Lunaria*.

Die von Merkur beeinflussten Pflanzen

Der Merkur dominiert die Tierkreiszeichen Zwillinge und Jungfrau. Das Merkurium (Quecksilber) ist bei Raumtemperatur ein silbriges, flüssiges Metall. Er steht für das Denkvermögen, geistige Beweglichkeit, Logik, die Kommunikation und Symbolik. Die von Merkur beherrschten Pflanzen haben dessen Eigenschaften: Lebhaftigkeit und schnelles Wachstum. Sie sind häufig kapriziös und silbrig belaubt wie Wermut *Artemisia*, Schmetterlingsstrauch *Buddleja* und Kalifornischer Goldmohn *Eschscholzia californica*. Steht der Mond im Verhältnis zum Merkur in einem gespannten Aspekt, kann die Energie schlechte Eigenschaften annehmen und unvorhersehbar und störend werden. In diesem Fall ist es besser, von einer Gartenarbeit mit von Merkur beeinflussten Pflanzen abzusehen.

Die von der Venus beeinflussten Pflanzen

Die Venus beherrscht die Tierkreiszeichen Stier und Waage. Sie wird mit Kupfer verbunden, einem rötlich getönten, warmen und wohltuenden Metall. Kupfer ist weich und formbar, häufig in Legierungen mit Messing oder Bronze zu finden und wird zur Herstellung von Formen verwendet. Die Venus personifiziert Sensibilität, Emotion, Schönheit, Harmonie, Sinnlichkeit und künstlerische Kreativität. Die von der Venus beeinflussten Pflanzen sind daher schön, sinnlich und harmonisch wie die Feige mit ihren genussvollen Früchten oder das zarte, zauberhafte Edelweiß. Steht der Mond in einem gespannten Aspekt zur Venus, läuft die Energie Gefahr, die Eigenschaften der Venus ins Gegenteil zu verkehren – mit einer Tendenz zur Empfindlichkeit, Laxheit und Schlampigkeit.

Die vom Mars beeinflussten Pflanzen

In seiner Dominanz des Tierkreiszeichens Widder ist der Mars mit dem Metall Eisen verbunden. Eisen ist ein hartes und solides Metall. Es steht für das Rot des Blutes und das Rot des Planeten. Es verkörpert das Feuer, die Macht, den Mut, Willenskraft, Sicherheit und den Willen, die Welt nach seinem Gutdünken zu verändern. Die Pflanzen, die vom Mars regiert werden, sind mit Stacheln oder Dornen bewehrt wie die Brombeere

Rubus fruticosus, die Artischocke *Cynara scolymus* und die Brennnessel *Urtica dioica,* oder sie besitzen einen scharfen, würzigen Geschmack wie Chili *Capsicum frutescens,* Schnittlauch *Allium schoenoprasum* und Ingwer *Zingiber officinale.* Ihre Blüten sind rot, robust und aufrecht wie die des Klatschmohns *Papaver rhoeas* oder die der Fackellilie *Kniphofia.* Steht der Mond in einer angespannten Konstellation zum Mars, besteht die Gefahr, dass die Mars-Energie negative Züge annimmt. Während einer solchen Phase ist es ratsam, die vom Mars beeinflussten Pflanzen nicht zu bearbeiten.

♃ Die von Jupiter beeinflussten Pflanzen

Der Riesenplanet Jupiter beherrscht das Tierkreiszeichen Schütze und steht in Verbindung mit dem Metall Zinn. Reines Zinn ist ein silberfarbenes, weiches und warmes Metall. Es tritt häufig in Legierungen mit anderen Metallen auf – vor allem mit Kupfer oder mit Blei. Jupiter steht für Expansionsdrang, Wachstum, Überschwänglichkeit und gelegentlich Schaumschlägerei. Die von Jupiter beherrschten Pflanzen sind expansiv, wuchsfreudig und durchsetzungsfähig. Die Tulpen, die sich ihren Weg manchmal sogar durch die Schneedecke bahnen, sind Pflanzen des Jupiters. Dasselbe gilt für Gladiolen oder Margeriten. Unter Jupiters Regentschaft stehen auch Früchte und Gemüsesorten wie Tomaten und viele Blumen, die das ganze Jahr über blühen wie zum Beispiel Gänseblümchen. Befindet sich der Mond in einer falschen Konstellation zum Jupiter, können die negativen Eigenschaften die Oberhand gewinnen, und die Pflanzen werden invasiv, das heißt, sie breiten sich wuchernd aus. Es ist daher besser, Jupiter-Pflanzen in diesen Phasen nicht zu kultivieren.

♄ Die von Saturn beeinflussten Pflanzen

Der zweitgrößte Riesenplanet Saturn dominiert die Konstellation des Steinbocks und steht in Verbindung zum Blei, einem schweren, dunkelgrauen, lange für die Fertigung von Gewehrmunition benutzten Metall. Es wird zur Herstellung bestimmter Farben, von Trinkgefäßen, Wasserrohren oder Schutzvorrichtungen gegen Radioaktivität genutzt. Blei war auch ein Zusatzstoff im Benzin, wo es eine der giftigsten alltäglichen Substanzen darstellte. Blei setzt sich in den Knochen fest, die das Gerüst des Menschen bilden. Man misst auch das Alter von Gestein mithilfe des Uran-Blei-Verhältnisses, was uns daran erinnert, dass Saturn auch Kronos war, der Gott der Zeit. Saturn steht für Ordnung, Klarheit, Grenzen (zum Beispiel Grenzen des Wachstums), Autorität, Verwurzeltsein und Disziplin. Saturn personifiziert den »großen Lehrer«. Dieser Planet war bis 1781, dem Jahr der Entdeckung von Uranus, die Grenze des Sonnensystems. Die von Saturn beherrschten Pflanzen besitzen Eigenschaften wie Macht und Eigensinn und sind in der Lage, an der Grenze eines Lebensraumes zu gedeihen, zum Beispiel an einer Felswand. Die eher blassen oder büschelig wachsenden und kurzlebigen Blütentypen sind Saturn-Typen; außerdem Bäume wie Eiche und Kiefer, die sich sehr mächtig entwickeln können. Steht der Mond in einer schlechten Konstellation zum Saturn, wird die Saturn-Energie negativ und für die Gartenarbeit verhängnisvoll. Da der Saturn die Struktur alles Lebenden beherrscht, wirkt ein negativer Saturn schwächend und hebt die positiven Impulse des Mondes und der anderen Planeten auf.

Die durch Uranus, Neptun und Pluto beeinflussten Pflanzen

Die äußeren Planeten haben wegen ihrer Entdeckungsgeschichte historisch gesehen keine diesbezügliche Bedeutung. Ihre Umlaufbahnen messen sich in Menschenaltern. Sie benötigen Jahre, um ein Tierkreiszeichen zu durchlaufen. Obwohl sie auf Pflanzen keinen starken Einfluss ausüben, spielen sie im Garten und bei der Gartenarbeit dennoch eine Rolle. Man könnte annehmen, dass sie die Pflanzen und ihre Stoffe beeinflussen, die das Bewusstsein verändern, wie Hanf *Cannabis,* Meskalin aus dem Peyotekaktus *Lophophora* und Ayahuasca (psychoaktiver Trank aus der Liane *Banisteriopsis* und *Psychotria viridis*). Und seltene, zum Beispiel radioaktive Isotope der Erdmetalle können mit ihnen in Verbindung gebracht werden.

♅ Uranus beherrscht das Tierkreiszeichen Wassermann, den Wasserträger. Seine Entdeckung liegt noch gar nicht so weit zurück (1871 von Wilhelm Herschel), und mit ihm wird kein Metall in Verbindung gebracht. Dennoch möchte man annehmen, dass er mit Uran zu tun hat, einem weißsilbernen Metall, weich und reaktionsfähig, beinahe so schwer wie Gold, dessen radioaktive Isotope für die Produktion von Nuklearwaffen und Atomenergie eingesetzt werden. Uranus besitzt Einfluss auf die Elektrizität und alles, was damit zusammenhängt. Er kann sehr explosiv, verstörend und wenig konventionell, ursprünglich, intuitiv, visionär, unberechenbar, kalt und berechnend sein oder das Wachstum verändern. Er liebt es, mit der Tradition zu brechen und ist niemals subtil feinsinnig oder spitzfindig. Er ist der Planet, der im Gartenreich und in der Gartenarchitektur zu neuen und kontroversen Ideen anregt. Ebenfalls inspiriert er kommunikative oder offene Gärten. In der Mythologie war Uranos der Gott des Himmels; er war mit der Göttin der Erde, Gaia, vermählt, und aus dieser fruchtbaren Verbindung stammen seltsame Wesen wie Riesen und Zyklopen.

♆ Neptun beherrscht das Tierkreiszeichen Fische. Dem 1846 entdeckten Planeten wurde kein Metall zugeordnet, doch man verbindet ihn unwillkürlich mit dem Neptunium, einem weißsilbernen, radioaktiven Schwermetall (etwas schwerer als Gold), das als Nebenprodukt der Kernspaltung zur Energiegewinnung entsteht. Neptun wird die Neigung zum Geheimnisvollen, zum Idealismus, zur Empathie, dem Übernatürlichen, zur Inspiration und Sensibilität zugeschrieben. Neptun überschreitet die Grenzen des rationalen Denkens. Mit ihm kommt Spiritualität in den Garten, die darauf achtet, dass Energieflüsse und Wasser die Schönheit des Raumes gestalten. Es ist Neptun, der die Perspektiven des benachbarten Gartens nutzt, um die Illusion einer weiteren und weitläufigeren Landschaft zu schaffen, und der anregt, innezuhalten und sich einfangen zu lassen von der Umgebung. Der römische Gott Neptunus entspricht dem Meeresgott aus der griechischen Mythologie. Unter seinem Einfluss sind es die Weite und die Bewegung der Meere, die in den Garten gelangen.

♇ Pluto ist der Zwergplanet, der das Tierkreiszeichen Skorpion regiert und gelegentlich als Schlange oder Adler dargestellt wird. Dem 1930 entdeckten Zwergplaneten wurde ebenfalls kein Metall mehr zugeordnet. Dennoch kann man ihn in die Nähe des Schwermetalls Plutonium rücken, einem radioaktiven und chemisch hochreaktiven, überwiegend in Kernkraftwerken erzeugten Stoff. Pluto könnte mit der Metamorphose in Verbindung gebracht werden. Er symbolisiert Tod und Wiedergeburt, ist dem Unterirdischen verbunden, begünstigt das Unbewusste und das Wachsen, führt radikale Veränderungen herbei und treibt die Evolution voran. So trägt Pluto zu entscheidenden Änderungen des Gartens bei, beispielsweise zur Umwidmung einer Gartenparzelle in ein Gebäude oder in ein gewerblich genutztes Areal. Diese Veränderung kann sich direkt auf die Bodenentwicklung auswirken – etwa auf die Entwicklung und Beschaffenheit von Kompost, die Qualität des Bodenwassers, aber auch die Zersetzung biologischer Überreste zu einem fruchtbaren Substrat.

In der Mythologie entspricht Pluto weitgehend dem griechischen Gott Hades, dem Gott der Unterwelt.

Die Tierkreiszeichen und ihre Elemente

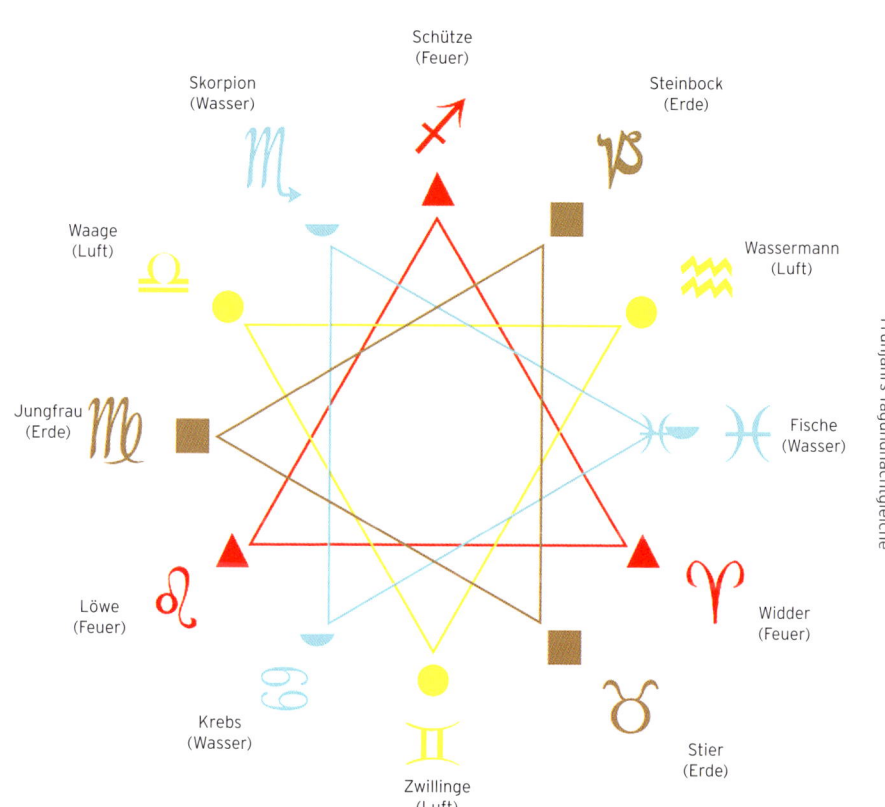

Wintersonnenwende

Schütze
(Feuer)

Skorpion
(Wasser)

Steinbock
(Erde)

Waage
(Luft)

Wassermann
(Luft)

Jungfrau
(Erde)

Fische
(Wasser)

Herbst-Tagundnachtgleiche

Frühjahrs-Tagundnachtgleiche

Löwe
(Feuer)

Widder
(Feuer)

Krebs
(Wasser)

Stier
(Erde)

Zwillinge
(Luft)

Sommersonnenwende

Der Mond, die Pflanzen und die Tierkreiszeichen

Im Lauf eines Mondjahres passiert der Mond nach und nach jedes Tierkreiszeichen. Bei jedem Durchlauf nimmt er deren archetypischen Energieströme auf, und die Energie, die er wiederum zur Erde zurückstrahlt, ist dadurch geprägt. Der Mond braucht etwas weniger als 28 Tage für einen Umlauf um die Erde und verweilt dabei jeweils zweieinhalb Tage in jedem Zeichen des Tierkreises.

Der Mond im Zeichen Widder

Das Tierkreiszeichen Widder, ein Zeichen des Feuers und beherrscht vom Mars, symbolisiert Dynamik, Mut und Impulsivität. Die Konvention will es, dass der Widder das erste Tierkreiszeichen im Jahr ist, voller Energie für die zwölf folgenden Monate. Dieses Zeichen gibt den Pflanzen den Impuls, vital zu wachsen. Die Energie des Mondes im Widder ist trocken, feurig und maskulin. Er eröffnet eine für die Kultur, die Aussaat, die Gartenarbeiten und die Bekämpfung der Schädlinge günstige Periode.

Der Mond im Zeichen Stier

Das Tierkreiszeichen Stier, Zeichen der Erde und beherrscht von der Venus, ist solide, sinnlich, sicher und gut verwurzelt. Er ist das Zeichen, das Umwälzungen widersteht, die Annehmlichkeiten des Lebens auskostet, gleichmäßigen Zuwachs fördert und die Schönheit der Erde zu schätzen weiß. Die Energie des Mondes im Zeichen Stier ist produktiv, feucht, erdverbunden und feminin. Er leitet eine Periode ein, die für das Pflanzen von Wurzelgemüse und Kartoffeln günstig ist.

Der Mond im Zeichen Zwillinge

Das Tierkreiszeichen Zwillinge, ein Zeichen des Elements Luft und beherrscht von Merkur, steht für Schnelligkeit und Beweglichkeit, häufig jedoch mit der Neigung zur Zerstreuung und Unberechenbarkeit. Alles beim Zeichen Zwillinge neigt dazu, doppelt aufzutreten. Die Blumen entwickeln sich schnell. Die Impulse des Mondes im Zwilling sind trocken, luftig und maskulin. Jetzt ist die Zeit, anzubauen, sich mit der Konkurrenzvegetation und den Schädlingen zu befassen.

Der Mond im Zeichen Krebs

Der Krebs ist ein kardinales Wasserzeichen. Wird er vom Mond beherrscht, markiert dies eine Zeit starker Emotionen und der Pflege. Der Geist erhitzt sich und riskiert die Neigung zur Überempfindlichkeit, Abhängigkeit und Bedürftigkeit. Es ist eine Zeit, in der man sich um das Wässern der Pflanzen kümmern sollte. Wässern Sie großzügig und gewissenhaft, um zu verhindern, dass die Pflanzen zu flach wurzeln. Die Impulse des Mondes im Krebs sind fruchtbar, feucht und feminin. Dieses produktive Zeichen fordert zum Setzen von Blattpflanzen und zum Bewässern auf.

Der Mond im Zeichen Löwe

Das Tierkreiszeichen Löwe gehört zum Element Feuer und wird von der Sonne beherrscht. Es steht für Leidenschaft, Dramatik und die Sucht nach Anerkennung, Zustimmung und Wertschätzung. Aufregung, Stolz und Emotion führen in dieser Periode schnell zum Melodram. Die Energie des Mondes im Löwen ist trocken, leidenschaftlich und maskulin. Es ist der ideale Moment für die Kultur von Pflanzen und die Unkrautvernichtung.

Der Mond im Zeichen Jungfrau

Das Zeichen der Jungfrau ist dem Element Erde zugeordnet und wird durch Merkur beherrscht. Der Mond in der Jungfrau schärft das Unterscheidungsvermögen und den Sinn fürs Detail. Dieses Zeichen schafft die Voraussetzungen für unterstützende und gewissenhafte Tätigkeiten im Garten. Die Energie des Mondes in der Jungfrau ist feucht, erdverbunden und feminin. Dieses Zeichen bietet eine besonders günstige Gelegenheit, um zu jäten, zu pflanzen und den Kampf gegen Schädlinge aufzunehmen.

Der Mond im Zeichen Waage

Die Waage, gepaart mit dem Element Luft und beherrscht von der Venus, ist auf Beziehungen, Partnerschaften und die Wiederherstellung des Gleichgewichts ausgerichtet. Die Waage bestimmt die Schönheit und Ausgewogenheit des Gartens.

Die Impulse des Mondes in der Waage sind fruchtbar, feucht, luftig und maskulin. Diese Periode ist besonders lohnend für die Pflanzung von Nahrungspflanzen, Blumen und Kletterpflanzen.

Der Mond im Zeichen Skorpion

Der Skorpion, dem Element Wasser zugeordnet und regiert von Pluto, ist immer intensiv und leidenschaftlich, heftigen Emotionen ausgeliefert. Diese Konstellation kann verschlagen und misstrauisch erscheinen, bietet jedoch auch eine gute Gelegenheit, Probleme zu lösen und die Gartenbeete zu bearbeiten. Die Energie des Mondes im Skorpion ist einträglich, feucht und feminin. Während dieser Zeitspanne können die meisten, besonders tief wurzelnden Gemüsesorten gepflanzt werden.

Der Mond im Zeichen Schütze

Der Schütze, gepaart mit dem Element Feuer, wird von Jupiter beherrscht. Diese Konstellation stimmt optimistisch und fördert dynamische und vorausschauende Handlungsweisen. Diese Paarung markiert eine günstige Zeit, um zu verreisen, Bekanntschaften und Erfahrungen zu machen und neue Kenntnisse zu erwerben sowie aus sich herauszugehen. Die Mond-Energie im Schützen ist feurig, trocken und maskulin. Dieser Zeitraum eignet sich ausgezeichnet, um Gemüse mit deftigem Aroma wie Zwiebeln und Paprika zu pflanzen sowie um Gras und Strohblumen zu trocknen.

Der Mond im Zeichen Steinbock

Die Konstellation Steinbock, verbunden mit dem Element Erde und beherrscht von Saturn, ist gut organisiert, praktisch, seriös und gewissenhaft. Er markiert eine ideale Periode, um Regeln zu etablieren, zuzuhören, zu beobachten und regelmäßige Gartenarbeiten durchzuführen. Die Mond-Energie im Steinbock ist produktiv und feminin, doch auch trocken und erdverbunden. Es ist ein ausgezeichneter Zeitpunkt zur Kultivierung von Pflanzen, zum Beispiel, um Kartoffeln oder anderes Wurzelgemüse anzubauen, aber auch um Letzteres zu ernten.

Der Mond im Wassermann

Der Wassermann, ein Tierkreiszeichen assoziiert mit dem Element Luft, wird von Uranus regiert. Er betont die rebellische Seite in uns und drängt uns, neue und ungewöhnliche Erfahrungen zu machen. Dies ist ein guter Anlass, um ein neues Verhältnis zu alltäglichen Routinearbeiten zu gewinnen. Die Energie des Mondes im Wassermann ist trocken, luftig und maskulin. Die Periode eignet sich hervorragend, um Krankheiten zu behandeln, sich mit Schädlingen und unerwünschter Vegetation zu befassen sowie um Blumen zu versetzen.

Der Mond im Zeichen Fische

Im Tierkreiszeichen Fische, verbunden mit dem Element Wasser und beherrscht von Neptun, ist man geneigt, sich von Illusionen verführen zu lassen, zu glauben, alles ginge im Garten gut und man könne die Hände in den Schoß legen. Das Zeichen Fische verleitet dazu, Grenzen aufzugeben und Abwechslung in jeder Form zuzulassen. Überlegungen und Planungen zum erträumten Garten fallen in dieser Periode besonders konstruktiv aus. Die Energie des Mondes im Zeichen Fische ist ergiebig, feucht und feminin. Die Periode eignet sich ausgezeichnet zum Pflanzen, besonders von Blattpflanzen und speziell von Blattgemüse.

Der Mond und die Planeten

Während der Mond seine monatliche Bahn über den Himmel zieht, kreisen die Planeten ebenfalls um die Sonne, und ihre Bahnen sind von der Erde aus sichtbar. Im Lauf eines Monats ergibt sich eine Reihe von Konstellationen und Beziehungen zwischen Mond und Planeten, wobei sich die Winkel, in denen sie zueinander stehen, ständig verändern. Diese werden als »Aspekte« bezeichnet. Jeder dieser Beziehungen ist ein Fachbegriff zugeordnet, und die Mond-Energie modifiziert sich sehr subtil mit jedem sogenannten »Aspekt«.

Wenn auch die meisten Einflüsse von eher subtiler Art sind, sind doch die Aspekte des Mondes mit dem Saturn für den Garten und die Gartenarbeit wichtig. In dem Maße, wie der Saturn auf die Strukturen des Lebens einwirkt, kann ein negativer Aspekt mit dem Saturn eine günstige Phase für eine anstehende Arbeit komplett verändern und stören. Was den Mond und den Saturn betrifft, so sind die destruktiven Aspekte die Konjunktion, Opposition oder das Quadrat, wenn die beiden in einem rechten Winkel zueinander stehen. Aufgrund der Rolle des Saturns ist es empfehlenswert, an einem negativen Saturn-Tag das Pflanzen und Säen zu vermeiden. Die Aspekte mit der Venus sollten bei der Kultur von Blumen ebenfalls in Betracht gezogen werden. Ein positiver oder konstruktiver Aspekt erhöht die Qualität und Menge der Blüte.

Die Arbeit mit dem Mond

Die einfachste Methode, nach dem Mond zu arbeiten, ist, sich auf seine zunehmenden und abnehmenden Phasen zu konzentrieren (siehe Seite 16). Der *zunehmende Mond* liefert Energie, Planungswillen, akkumuliert, absorbiert, inspiriert. Er sammelt Kräfte und begünstigt Erholung und Heilung. Der zunehmende Mond spendet wachsende Energie, ideal zur Verbesserung des oberirdischen Wachstums von Pflanzen. Während dieser Phase sollte man Blattgemüse, Blumen und Früchte pflanzen, denn sie begünstigt ihren Anwuchserfolg – die Pflanzen wurzeln leichter an – und ihre Produktivität.

Der *abnehmende Mond* atmet aus, lässt versickern, laugt und trocknet aus und fördert den Energieabfluss. Der Energiefluss schwindet bei abnehmendem Mond, also eine ideale Phase, um das Wachstum der Wurzeln und unterirdischen Organe der Pflanzen zu fördern. Es ist eine günstige Phase, um Kartoffeln und Wurzelgemüse zu setzen, für langlebige Anpflanzungen, für die Ausbringung von Dünger und Mist und für alle mit dem Boden verbundenen Tätigkeiten.

Bei *Neumond* sollte man weder pflanzen noch aussäen. Deutlich besser ist es, abzuwarten, bis der zunehmende Mond sichtbar wird, was im Allgemeinen zwei Tage nach Neumond der Fall ist. Pflanzen und Aussaat können dann bis zum Vortag vor *Vollmond* stattfinden – mit Ausnahme von Kartoffeln und Wurzelgemüse, die bessere Ergebnisse bringen, wenn sie bei abnehmendem Mond gepflanzt werden.

Die Arbeit mit den Mondphasen

Die gewissenhafte Beachtung der Mondphasen liefert das Gerüst für die Arbeiten im Garten.

• Erstes Viertel

So bezeichnet man die erste zunehmende Phase, angefangen vom Neumond bis zum Halbmond. Diese ist günstig für Blattgemüse wie Kohl, Salate und Spinat sowie Getreide- und Samenpflanzen.

• Zweites Viertel

Dieses ist die letzte zunehmende Phase, beginnt mit dem Halbmond und endet mit dem Vollmond. Dieser Zeitraum wird gewählt, um schnellwüchsige Einjährige, Kletterpflanzen und Gemüse auszubringen, wie zum Beispiel Paprika, Tomaten, Zuckererbsen und grüne Bohnen. Das gilt auch für Getreide und getreideähnliche Pflanzen.

Die Grenze zwischen dem ersten und dem zweiten Viertel ist dabei fließend. Bestimmte Pflanzen gedeihen auch im zweiten Viertel gut – und wenn das erste Viertel zeitlich nicht in Ihre Pläne passt, dann ist das zweite gleichermaßen günstig.

• Drittes Viertel

Dieses Viertel ist die erste abnehmende Phase, angefangen vom Vollmond bis zum Halbmond. Die Periode eignet sich hervorragend, um langlebige Pflanzen und mehrjährige Gemüsesorten in die Erde zu bringen – Pflanzen, die kräftige Wurzeln ausbilden müssen, um sicher zu überwintern oder ihr Wachstum während mehrerer Jahre aufrecht-zuerhalten: Bäume, Sträucher, Beerensträucher, Weinreben, Stauden, zweijährige Pflanzen, Rhabarber, Kartoffeln, Zwiebeln.

- Viertes Viertel

Hierbei handelt es sich um die letzte abnehmende Phase vom Halbmond bis zum Neumond und die letzte Phase des Mondzyklus'. Eine sehr gute Zeit-spanne, um den Boden zu bearbeiten, Unkraut zu jäten und sämtliche Schädlinge zu vernichten.

Die Arbeit mit dem Mond, den Planeten und den Tierkreiszeichen

Um Erfolg versprechend mit dem Mond zu arbei-ten, sollte eine ganze Reihe von Gesichtspunk-ten beachtet werden. Für die Gartenarbeit ist die Kenntnis des Standorts von größter Bedeutung, ebenso wie das Klima, das Wetter, die Lage, die Jahreszeiten oder die Beschaffenheit des Bodens. Danach kommen die allgemeinen Impulse des Mondes ins Spiel, zu denen sich die anderen Ener-gieströme gesellen, die die Dynamik des Tages und den Arbeitskalender (siehe rechts »Die zu beach-tenden Elemente«) beeinflussen.

In die Betrachtung könnte man neben dem Mondzyklus den Sonnenzyklus einbeziehen. Dies allerdings erfordert einige Erfahrung, will man die Ergebnisse richtig interpretieren. Nachfolgend ein paar Empfehlungen, die besonders einfach befolgt werden können: Befindet sich die Sonne zusammen mit dem Mond während eines Monats in einem fruchtbaren Tierkreiszeichen, muss die Gelegen-heit zur Gartenarbeit ergriffen werden, um optima-le Ergebnisse zu erzielen. Daraus folgt, dass für die Gartenarbeit die Beziehungen zwischen Phase und Tierkreiszeichen beachtet werden müssen. Bei-spielsweise ist es nicht ratsam, in einer guten Pha-se zu pflanzen, wenn gleichzeitig Sonne und Mond in unfruchtbaren Tierkreiszeichen (zum Beispiel im Zeichen Wassermann) stehen. Vielleicht klingt alles ein wenig kompliziert, aber Sie benötigen nur einen Kalender und einen Arbeitsplan für Ihren Garten.

Die zu beachtenden Elemente

- **Im Hinblick auf die Sonne**

In welchem Tierkreiszeichen befindet sich die Sonne?
Die genaue Stellung der Sonne ist wichtig und muss ebenso ernst genommen werden wie die Dynamik des Mondes. Die Sonne verweilt jeweils einen Monat in einem Tierkreiszeichen; es gibt daher Monate, die für bestimmte Arbeiten günstiger sind als andere.

- **Im Hinblick auf den Mond**

Ist der Mond abnehmend oder zuneh-mend?
Ist Neumond oder Vollmond?
Ist eine Finsternis vorhergesagt?
In welchem Tierkreiszeichen befindet sich der Mond?
Wie lauten die Eigenschaften des Zeichens? Sind diese positiv?
Befindet sich der Saturn in einem Aspekt, der Einfluss ausübt?
Befindet sich der Mond in einer für die Gartenarbeit günstigen Phase?
Wenn ja, welche Arbeiten sollten in dieser Periode durchgeführt werden?

- **Im Hinblick auf die Pflanzen**

Welchem Element ist die Pflanze verbun-den?
Welche Tierkreiszeichen gehören zu die-sem Element?
Befindet sich der Mond in einer dieser Zeichen?
Welcher Planet beherrscht diese Pflanze?
Beeinflusst jener Planet an diesem Tag den Mond oder das Tierkreiszeichen, in dem sich der Mond befindet?

Der Auftakt des Reigens

Arbeiten mit dem Mond und den Planeten

Routinearbeiten gestalten sich wesentlich erfolgreicher, werden sie in Übereinstimmung mit Mond und Sonne ausgeführt. Mit dem Mond zu arbeiten optimiert Ihre Bestrebungen und erleichtert immer die Tätigkeiten. Schon allein das Beachten der zunehmenden und abnehmenden Mondphasen kann durchaus genügen, um die Gesundheit, den Anwuchserfolg und den Ernteertrag der Pflanzen zu verbessern. Deutlich optimalere und sicherere Erfolge erzielen Sie, wenn Sie die Planetenbewegungen, Tierkreiszeichen, Konstellationen und selbstverständlich die Bedürfnisse einer jeden Pflanze in Ihre Überlegungen miteinbeziehen.

Allgemeine Grundregeln

Bevor Sie im Garten mit der Arbeit beginnen, sollten Sie sämtliche Informationen, etwa über eine Pflanze, die Sie in Ihrem Garten wünschen, einholen und dann die allgemeinen Auswirkungen des Mondes und anderer Gestirne (siehe Seite 29) in Betracht ziehen. Klima, Wetter, Licht, Boden, Nachbarvegetation, Gebäude und andere in Ihrem Garten herrschende Standortfaktoren werden gelegentlich auch die besten Pläne und Absichten über den Haufen werfen. Vermeiden Sie bei all Ihren Aktivitäten stets den negativen Aspekt des Saturns (siehe Seite 28) oder die kurze Zeitspanne einer Finsternis. Je nachdem, ob sich der Mond in diesem oder jenem Tierkreiszeichen befindet, kann dieses Zeichen auch für die anliegenden Arbeiten dem Pflanzentypus entsprechend (Blüte, Blatt, Getreide, Frucht ...) bestimmend sein. Diese Typologie wird auf den Seiten 38/39 detailliert behandelt.

Die Aufbereitung und Pflege des Bodens

Vielleicht wird es Sie überraschen, wenn Sie jetzt lesen, dass der Boden ein empfindliches Biotop darstellt. Er ist ein dunkler Ort, aber voller Leben und komplexer mineralischer und organischer Strukturen. Als allgemeine Regel gilt deshalb: Je sanfter Sie mit ihm umgehen, desto gesünder entwickelt er sich. Um die Erde im Frühjahr für die Pflanzung vorzubereiten, graben Sie das Beet vor dem zunehmenden Mond im Zeichen Löwe um. Das Auskeimen der Samen im Boden wird auf diese Weise ebenso angeregt wie der nachfolgende Austrieb. Bei zunehmendem Mond im Zeichen Steinbock gräbt man um, um die Ansiedlung von Unkräutern zu vermeiden.

Gegen Ende der Vegetationszeit muss vor dem abnehmenden Mond in einem Erdzeichen (Steinbock, Stier oder Jungfrau) erneut gejätet und stets während des abnehmenden Mondes in einem Erdzeichen Komposterde oder ein organischer Dünger untergemischt werden.

Der Kompost

Dieser Prozess steht in enger Verbindung mit dem Einfluss des Pluto, dem Gott der Unterwelt. Im Inneren des Komposthaufens verwandeln sich Gartenabfälle in Humus, den man dann verwendet, um den Boden zu lüften sowie biologisch anzureichern und damit Wachstum, Ertragskraft und Widerstandskraft der Vegetation anzuregen und zu verbessern. Phasen des abnehmenden Mondes sind die beste Periode, um einen Komposthaufen anzulegen, wenn die Energie in den Boden sinkt, und vorzugsweise auch dann, wenn der Mond in einem günstigen Aspekt zu Pluto steht.

Man überdeckt Abfälle (angewelktes Laub und Grasschnitt, Sägespäne von unbehandeltem Holz und gut kompostierbare Küchenabfälle) mit einer Lage Reisig, um die Luftzirkulation zu sichern und zu vermeiden, dass der Kompost zu stark gärt. Dann gibt man Kompostbeschleuniger während eines Tierkreiszeichens der Erde (Mond in den Zeichen Jungfrau, Stier oder Steinbock) hinzu – und zwar vorzugsweise bei abnehmendem Mond.

Säen und pflanzen

Die wesentlichen Gartenarbeiten finden im Allgemeinen im Frühjahr statt. Ist der Boden erst einmal vorbereitet und die Witterung lässt es zu, kann man je nach Pflanzentyp mit der Aussaat beginnen. Die dabei zu beachtende Grundregel ist, dass Pflanzen und Gemüse mit produktiven Organen über der Erde bei zunehmendem Mond in die Erde gebracht werden müssen.

Die Gemüsesorten, die sich unter der Erde entwickeln, wie zum Beispiel Kartoffeln und Karotten, ergeben bessere Ernten, wenn sie bei abnehmendem Mond gepflanzt werden, der sich in einem Erdzeichen (Steinbock, Stier oder Jungfrau) befindet. Blattgemüsearten wie Salat, Kohl oder Spinat gedeihen einfach besser, wenn sie bei zunehmendem Mond gesetzt werden, der in einem Wasserzeichen (Fische, Krebs oder Skorpion) steht. Blumen und Heilkräuter entwickeln sich optimaler, setzt man sie bei zunehmendem Mond in einem Zeichen des Elements Luft (Wassermann, Zwillinge oder Waage) in die Erde. Obstbäume und -sträucher sowie Gemüse, das Samen ausbildet, wie zum Beispiel Äpfel, Johannisbeeren, Tomaten, Paprika, Auberginen, Grüne Bohnen und Kürbisse, sollten bei Vollmond in einem Zeichen des Elements Feuer (Widder, Löwe und Schütze) gepflanzt werden.

Verpflanzen, umtopfen, Stecklingsvermehrung

Diese Tätigkeiten ähneln in gewisser Weise der Aussaat und dem Setzen von Jungpflanzen, da die Pflanzen gleichermaßen Hilfe benötigen, um ein gesundes und stabiles Wurzelsystem auszubilden und um sich möglichst schnell in die neue Situation einzufinden. Die idealen Zeiträume, um ältere Bäume und Sträucher umzupflanzen, sind Frühjahr und Herbst, wenn der Mond im Zeichen der Jungfrau steht, dem Tierkreiszeichen des Elements Erde, das am besten das Wurzelwachstum anregt. Im Frühjahr liegt dieser Zeitpunkt in der zunehmenden Mond-, im Herbst in der abnehmenden Mondphase. Stecklinge gedeihen besonders gut, wenn sie bei zunehmendem Mond im Zeichen der Jungfrau im Frühjahr gewonnen werden.

Jäten

»Unkräuter« kann man als Pflanzen bezeichnen, die (zum falschen Zeitpunkt) am »falschen« Ort wachsen und oft heimisch sind. Die Arten, die in einem Garten besonders gut gedeihen, sind im Allgemeinen Anzeiger für Art und Zustand des Bodens: Brennnesseln wuchern in stickstoffreichen Böden, während Löwenzahn und Brombeeren mit tief reichenden Pfahlwurzeln einen nährstoffreichen, vielleicht auch einen verdichteten Boden vermuten lassen. Ein abnehmender Mond, idealerweise im Zeichen des Steinbocks, ist die beste Konstellation, um Unkraut zu jäten.

Steht der Mond im Tierkreiszeichen Löwe, sprießen sämtliche Unkräuter, sobald ein Gartengerät sie auch nur berührt. Jäten Sie oder graben Sie den Boden leicht um, wenn der Mond zunimmt und im Zeichen Löwe steht, um die Samen der Unkräuter zunächst zum Keimen anzuregen. Dann entledigen Sie sich des solchermaßen aus dem Boden gelockten Unkrauts, allerdings erst bei abnehmendem Mond im Steinbock. Auf diese Weise ist die Parzelle durch den abnehmenden Mond im Herbst gesäubert, sodass die Erde dann aufnahmebereit für Mist oder Kompost vor dem Winter ist.

Düngen

Als Dünger verwendet man vorzugsweise gut verrotteten Mist und Komposterde, organischen Dünger (Horn-, Knochen-, Blutmehl etc.) und Gesteinsmehl. Mist oder Kompost verteilt man im Herbst und Frühjahr ungefähr fünf bis zehn Zentimeter hoch auf der Beetoberfläche. Aus praktischen Gründen ist es leichter, diese Arbeit im ausgehenden Winter bis zum zeitigen Frühjahr anzugehen, denn dann sind die oberirdischen Teile der Stauden überwiegend eingezogen und der Boden ist frei zugänglich. Die beste Periode für die Ausbreitung des Düngers ist immer bei abnehmendem Mond, vorzugsweise wenn dieser in einem Tierkreiszeichen des Elements Erde (Steinbock, Stier oder Jungfrau) steht.

Gießen und bewässern

Das Wässern ist nur bei der Pflanzung und möglicherweise kurz danach bei Trockenperioden und so lange nötig, bis sich die Pflanze gut etabliert hat. Alle zusätzlichen Wassergaben schwemmen die Nährstoffe aus dem Erdreich, verzärteln die Pflanzen und sind überdies eine Ressourcenverschwendung.

Regelmäßiges Gießen ist allerdings bei Pflanzen nötig, die keinen Zugang zu Wasser in der Erde haben. Dies ist bei Topf- und Containerpflanzen sowie bei Zimmerpflanzen der Fall. Die günstigsten Zeiträume für das Gießen sind die Tage des Blattwachstums (Förderung des vegetativen Wachstums), wenn der Mond in den Zeichen Fische, Krebs oder Skorpion steht. Pflanzen, die einen hohen Wasserverbrauch haben, werden während dieser Tage mehrmals gegossen.

Bevor man in den Urlaub fährt, werden die Pflanzen am letzten »Gießtag« (Mond in den Zeichen Krebs, Skorpion oder Fische) sorgfältig gewässert und Wasser im Untersetzer stehen gelassen. Das dürfte bei den meisten Zimmerpflanzen für ein zweiwöchiges Überleben genügen. Einige besonders durstige Zierpflanzen und etliche Einjährige wie Tomaten bilden eine Ausnahme.

Ernten

Solange der Mond in einem Zeichen zwischen Zwillinge und Schütze verweilt, ist die beste Zeit, um Früchte und Gemüse zu ernten, zu konservieren und zu lagern, wobei die ideale Erntezeit die Periode des Mondes im Zeichen Widder darstellt.

Die Tage im Tierkreiszeichen Fische sind auszunehmen, denn der Einfluss des Elements Wasser ist hier gewaltig und lässt das in dieser Zeit Geerntete faulen und verderben. Im Fall einer Ernte im Tierkreiszeichen Fische müssen Gemüse oder Früchte sofort verzehrt werden. Das bei zunehmendem Mond Geerntete sollte so schnell wie möglich konsumiert werden. Die Tage der Jungfrau und des Krebses müssen unbedingt gemieden werden.

Getreide und Kräuter, die zum Trocknen gedacht sind, wollen bei abnehmendem Mond geerntet werden. Die Tage der Früchte und Samen sind am günstigsten, wenn sich der Mond in einem Zeichen des Elements Feuer befindet. Die Tage des Blattwachstums, wenn der Mond in einem Zeichen des Wassers (Fische, Krebs oder Skorpion) steht, sollten für Erntearbeiten gemieden werden.

Der Schnitt

Der Schnitt ist sowohl eine Kunst als auch eine Wissenschaft. Die Resultate allerdings sind wesentlich verlässlicher, geschieht der Schnitt in Harmonie mit dem Mond. Der abnehmende Mond ist die geeignete Periode für den Schnitt von Bäumen und Sträuchern. In diesem Zeitraum sinken die Säfte nach unten und treten nicht aus, wenn ein Ast oder ein Zweig herausgenommen wird.

Der günstigste Zeitpunkt für den Schnitt von Obst- und Nussgehölzen ist ein abnehmender Mond, vorzugsweise an einem »Frucht-Tag«, das heißt, solange der Mond in einem Zeichen des Elements Feuer (Widder, Schütze oder Löwe) steht. Die ungünstigste Zeit ergibt sich bei zunehmendem Mond an einem »Blatt-Tag« (Krebs, Skorpion oder Fische). Bei zunehmendem Mond steigen die Säfte in die Höhe, und die Zeichen des Elements Wasser begünstigen zusätzlich diese Bewegung.

Die Schädlingsbekämpfung

Das beste Mittel zur Vorbeugung gegen Schädlingsbefall und Krankheiten ist, gesunde Pflanzen zu ziehen, die ein robustes Immunsystem besitzen. Gesunde Pflanzen brauchen einen guten Boden, geeignete und wohldosierte Düngergaben, Luft, Wasser und auf die Pflanzenart abgestimmte Lichtverhältnisse.

Bestimmte Schädlingsarten (zum Beispiel Blattläuse, Rüsselkäfer, Schmetterlinge, Milben, Fadenwürmer) werden durch andere Organismen (Vögel, Marienkäfer, Laufkäfer, Raubmilben etc.) gefressen oder parasitiert (zum Beispiel Schlupfwespen). Auch Begleitpflanzen sind eine Hilfe im Kampf gegen Schädlinge und Krankheiten. Unter dem Stichwort Mischkultur findet man zahlreiche klassische Kombinationen von Begleitpflanzen, wie Karotten und Zwiebeln. Der ärgerlichste Schädling für Karotten, die Karottenfliege, mag den Geruch von Zwiebeln nicht, und die Zwiebelfliege wird durch den Geruch der Karotte vertrieben. Dasselbe gilt für die Kombination von Tomate und Basilikum gegen Schädlinge.

Die Kultur und die Pflege der Pflanzen an günstigen Tagen ist eine weitere Garantie für gesundes Wachstum in Ihrem Garten. Daher widmet man sich Wurzelpflanzen an Tagen, an denen sich der Mond in einem Zeichen des Elements Erde (Stier, Jungfrau oder Steinbock) befindet, Blattpflanzen an Tagen, da der Mond in einem Zeichen des Wassers (Krebs, Skorpion oder Fische) steht und Blütenpflanzen an den Tagen, an denen sich der Mond in einem Tierkreiszeichen des Elements Luft (Zwillinge, Waage oder Wassermann) aufhält. Obstpflanzen, Nüsse oder Getreidepflanzen bearbeitet man in einer Zeitspanne, wo der Mond in einem Zeichen des Feuers (Widder, Löwe oder Schütze) verweilt.

Für diese Regel gibt es nur eine einzige Ausnahme: Vermeiden Sie das Wässern von Blütenpflanzen an Tagen des Elements Luft, wenn der Mond im Zeichen Zwillinge, Waage oder Wassermann steht, denn Schädlinge scheinen sich an diesen bestimmten Tagen schneller zu vermehren. Gießen Sie vor allem an Tagen, wenn sich der Mond in einem Zeichen des Wassers (Krebs, Skorpion oder Fische) befindet.

Für eine Bekämpfung von Schädlingen im Boden, wie zum Beispiel von Schnakenlarven der Gattung *Tipula*, Käferlarven, Drahtwürmern usw., ist die Zeit des abnehmenden Mondes in einem Zeichen der Erde (Steinbock, Stier oder Jungfrau) ideal. Dagegen bietet der Mond im Zeichen Krebs die perfekte Gelegenheit, um gegen die Schädlinge über der Erde zu kämpfen.

Gartenarbeit mit den Tierkreiszeichen

Während der Mond die Tierkreiszeichen während eines Mondumlaufs durchwandert, kann der subtile Einfluss der jeweiligen Konstellationen zum Vorteil des Gartens genutzt werden.

♈ Die Tage im Tierkreiszeichen *Widder* sind die Tage für *Früchte*, *Nüsse* und *Getreide*. Während des zunehmenden Mondes sind diese Tage besonders gut geeignet, um alle schnellwüchsigen Pflanzen zu säen oder zu setzen. Gleichermaßen günstig erweisen sie sich für die Kultur, die Ernte und die Lagerung von Getreide, das Aussäen und Setzen von fruchttragenden Pflanzen. Bei abnehmendem Mond sind die Tage im Widder die perfekten Düngetermine für Obst- und Nussgehölze, Gemüse und Getreide.

♉ Die Tage im Zeichen *Stier* sind *Wurzel-Tage*. In dieser Konstellation ist die Phase des zunehmenden Mondes die günstigste Zeit, um Bäume, Sträucher und Hecken zu setzen, Wurzelgemüse und alle anderen langsamwüchsigen, mehrjährigen Pflanzen entweder auszusäen oder zu pflanzen. Gleichermaßen empfiehlt sich diese Periode für die Ernte von lange lagerfähigen Produkten wie Zwiebeln oder Kartoffeln und Rüben. Bei abnehmendem Mond ist es ratsam, an Tagen des Stiers Arbeiten am Kompost, das Ausbringen von Kompost oder Mist und die Bekämpfung von Schädlingen im Boden vorzunehmen.

♊ Die Tage im Zeichen *Zwillinge* sind die *Blüten-Tage*. Nimmt der Mond zu, säen Sie Blüten- und Kletterpflanzen aus oder setzen Sie diese in die Erde. Erfolgreich bekämpfen Sie in dieser Periode auch geflügelte Schädlinge. Nimmt der Mond während dieser Konstellation ab, dann erweist sich eine Düngung von blühmüden Pflanzen als besonders sinnvoll, denn dieser Mond begünstigt die Aufnahme des Düngers durch den Boden.

♋ Die Tage im Tierkreiszeichen *Krebs* sind die *Blatt-Tage*. Bei zunehmendem Mond sind diese Tage bestens geeignet, um Blattgemüse auszusäen oder zu setzen, wie zum Beispiel Salat oder Kohl, und um Schädlinge über dem Boden zu bekämpfen. Das Gießen von Topf- und Zimmerpflanzen ist besonders wirkungsvoll. Bei abnehmendem Mond sind Blütenpflanzen zu düngen. Arbeiten wie das Beschneiden von Gehölzen, die Ernte und Lagerung von Gartenprodukten – es sei denn, sie werden sofort verbraucht – sind in dieser Zeit tunlichst zu vermeiden.

♌ Die Tage im Zeichen *Löwe* sind Tage der *Früchte*, *Nüsse* und des *Getreides* und gleichzeitig die heißesten und trockensten Tage der Tierkreiszeichen. Bei zunehmendem Mond erntet man herzstärkende Heilkräuter, kultiviert Getreide, Obst- und Nussgehölze, pfropft Obstbäume und -sträucher und sät Rasen aus. Ebenso hervorragend sind die Voraussetzungen für das Pflanzen von Obst- und Beerengehölzen. Der abnehmende Mond im Zeichen Löwe markiert die günstigen Tage für einen Gehölzschnitt. Pflanzen sollten in dieser Phase jedoch nicht gedüngt werden, vor allem nicht mit chemischem Dünger.

♍ Die Tage im Zeichen *Jungfrau* sind die *Wurzel-Tage*. Sie markieren erfahrungsgemäß die optimale Zeit für die meisten Gartenarbeiten. Bei zunehmendem Mond eignen sie sich für die Pflanzung von Bäumen im Einzelstand, die besonders groß werden sollen, und zum Einbringen von schnellwüchsigen Hecken und Sträuchern. Ebenso gut empfehlen sie sich für Tätigkeiten wie die Aussaat von Rasen, die Gewinnung und Pflanzung von Stecklingen im Frühjahr, das Umtopfen von Zimmerpflanzen, das Ausbringen von Kompost und die Bekämpfung von Schädlingen im Boden. Der abnehmende Mond im Zeichen Jungfrau ist der ideale Termin, um einen Komposthaufen anzulegen, einen Zaun zu errichten und im Herbst Stecklinge zu gewinnen. Dagegen sollte in diesem Zeitraum kein Salat gepflanzt oder Geerntetes eingemacht oder gelagert werden.

♎ Die Tage im Zeichen *Waage* sind die *Blüten-Tage*. Das Zeichen Waage ist neutral, wie der Name schon sagt, und beeinflusst Gartenarbeiten nicht besonders. Allerdings begünstigt der zunehmende Mond im Zeichen Waage die Aussaat und das Pflanzen von Blumen, ferner von Blütengemüse. Abnehmend liefert diese Konstellation eine gute Gelegenheit, um blühfaule Pflanzen mit einer gezielten Düngung zur Blüte anzuregen.

Die Tage im Zeichen *Skorpion* sind die *Blätter-Tage*. Der zunehmende Mond ist ideal, um Heilkräuter auszusäen, zu pflanzen, zu ernten und zu trocknen, um sämtliche Blattpflanzen auszusäen und zu kultivieren, Wiesen zu mähen, Zimmerpflanzen und Topfpflanzen zu wässern sowie um Weinbergschnecken und Nacktschnecken zu beseitigen. Diese Tage sind allerdings nicht geeignet, um Bäume und Sträucher zu schneiden – besonders nicht bei zunehmendem Mond.

Die Tage im Zeichen *Schütze* sind die Tage der *Früchte*, *Nüsse* und des *Getreides*. Bei zunehmendem Mond ergibt sich die gute Gelegenheit, um alle schnell- und hochwüchsigen Gemüse- und Obstpflanzen auszusäen, wie Feuerbohnen, Weinreben und Hopfen, um Getreide (vor allem Mais) zu kultivieren sowie um über dem Boden lebende Schädlinge zu bekämpfen.

Mit abnehmendem Mond schneidet man Obstgehölze im Frühjahr und düngt Getreide, Gemüse, Obst- sowie Nuss- und Samenpflanzen. Diese Konstellation regt das Höhenwachstum an; folglich sollten Beete nicht gegen Unkraut gehackt werden. Aufkeimendes Unkraut ist dann ebenfalls sehr wüchsig und kann zur ernsten Konkurrenz für Blumen und Gemüse werden. Auch Salatpflanzungen sollte man meiden, da dieser dann dazu neigt, ins Kraut zu schießen.

Die Tage im Tierkreiszeichen *Steinbock* sind die *Wurzel-Tage*. Der zunehmende Mond begünstigt die Aussaat von Wurzelgemüse und die Bekämpfung von Schädlingen im Boden. Bei abnehmendem Mond sind diese Tage hervorragend geeignet, um Pflanzen zu roden und zu lichten, um Kompostarbeiten durchzuführen, gut zersetzten Kompost oder Mist auszubringen, den Boden zu hacken und von Unkraut zu befreien, Wurzelgemüse zu konservieren oder zu lagern. Ebenso vorteilhaft ist es, Pflanzen mit schwach entwickelten Wurzeln zu düngen.

Die Tage des *Wassermanns* sind *Blüten-Tage*. Das Tierkreiszeichen Wassermann ist ein unfruchtbares Zeichen. Bis auf wesentliche Tätigkeiten müssen die restlichen Arbeiten im Garten auf günstigere Termine verschoben werden. Wassermann-Tage eignen sich dennoch zum Jäten und Hacken. Außerdem ist es möglich, blühmüde Pflanzen mit Düngergaben zum Blühen anzuregen. Aussaat- und Umpflanzarbeiten sollten Sie allerdings meiden, denn die Pflanzen entwickeln dann kein vitales Wurzelsystem.

Die Tage im Zeichen *Fische* sind *Blatt-Tage*. Sie eignen sich ausgezeichnet, um Blattgemüse auszusäen und zu pflanzen – so zum Beispiel Salat oder Kohl. Rasen kann gemäht werden, Blütenpflanzen sind zu düngen, Zimmer- und Topfpflanzen zu gießen. Besonders bei zunehmendem Mond sollten keine Schnittarbeiten an Obstgehölzen durchgeführt werden. Alles, was während dieses Zeitraums geerntet wird, muss sofort konsumiert werden.

Der biologisch-dynamische Anbau

Der biologisch-dynamische Garten- und Landbau wurde ursprünglich von einer Vortragsreihe inspiriert, die der Österreicher Rudolf Steiner im Rahmen eines sogenannten »Landwirtschaftlichen Kursus« abhielt. Der Philosoph, Wissenschaftler und Sozialreformer Rudolf Steiner beeinflusste mit seinen Forschungsarbeiten auch Erziehung und Schulbildung, Medizin und Künste. Die biologisch-dynamische Anbauform erweist sich inzwischen als eine der effektivsten und pfleglichsten biologischen Produktionsweisen und erfreut sich zunehmender Anerkennung.

Eine der Grundfesten des biologisch-dynamischen Anbaus ist die Erkennung und Berücksichtigung der Wechselbeziehungen zwischen den Lebewesen. Hier sind jede Pflanze, jedes Tier, jeder Mensch, jeder Stein, jede Wolke und die Sterne am Himmel ein Teil der lebenden Welt und empfindungsfähig.

Das Herz des Gartens, der als Organismus betrachtet wird, ist die Kompostherstellung, denn alle organische Materie in Form tierischer und pflanzlicher Reste wie Knochen- und Hornmehl, Laub, Reisig, Sägespäne etc. kann in humusreichen Kompost umgewandelt werden. Die biologisch-dynamischen Kompostzusätze verbessern die Qualität, Umsetzungsgeschwindigkeit, Vitalität und Ökologie des Kompostierungsvorganges, vorausgesetzt der Kompost wurde richtig angelegt. Die Pflanzen, die nicht nur einfach mit Nahrung, sondern mit lebendem Kompost versorgt werden, verhalten sich dementsprechend anpassungsfähiger und entwickeln sich zu qualitativ hochwertigen, gesunden und robusten Individuen. Im Unterschied zu anderen ökologischen Landbauweisen wird auch bei der Herstellung von Präparaten, beispielsweise von Kompostpräparaten, auf kosmische Rhythmen geachtet. Ein traditionelles Präparat wird aus sechs wohlbekannten Heilpflanzen zubereitet (Wiesen-Schafgarbe *Achillea millefolium*, Kamille *Matricaria recutita*, Brennnessel *Urtica dioica*, Eichenrinde, Löwenzahn *Taraxacum officinale* und Baldrian *Valeriana officinalis*), deren besondere Eigenschaften den einzigartigen Rotteprozess verstärken.

Zwei weitere biologisch-dynamische Präparate stimulieren und harmonisieren das Pflanzenwachstum: »Hornkiesel« und »Hornmist«. Diese beiden sehr speziell zubereiteten Mittel werden zu bestimmten Tageszeiten gespritzt. »Hornmist« begünstigt eine gesunde Wurzelentwicklung, und »Hornkiesel« unterstützt die Stabilisierung des pflanzlichen Stoffwechsels und verbessert das Wachstum der Kulturen.

Die Kenntnis vom Einfluss des Mondes, der Sterne, der Planeten und der Sonne ist wesentlicher Bestandteil des Wissensstandes eines biologisch-dynamisch arbeitenden Gärtners. In einem biologisch-dynamisch bewirtschafteten Garten werden sämtliche Arbeiten im Einklang mit dem Kosmos durchgeführt. Folgt man bei dieser Arbeit dem astrologischen Kalender, der die vier Elemente, die unterschiedlichen Pflanzentypen und die Bewegungen der Sonne, des Mondes und der Planeten berücksichtigt, können alle Aufgaben zum günstigsten Zeitpunkt geplant und durchgeführt werden.

Die zwei Tierkreise

In der Astrologie werden zwei Tierkreise verwendet. Der eine ist der *Tropische Tierkreis*, mit dem die Astrologen westlicher Tradition arbeiten. Planeten und Mond durchlaufen hier zwölf Sternbilder, die zusammen einen Vollkreis von 360° bilden. Der Tropische Tierkreis beginnt im Widderpunkt beziehungsweise mittleren Frühlingspunkt (Frühlingsbeginn auf der Nordhalbkugel).

Der andere Tierkreis, der sogenannte *Siderische Tierkreis*, bezeichnet die jeweiligen Positionen der Planeten und des Mondes in den sichtbaren Sternbildern am Himmel. Er wird im Allgemeinen in der indischen Astrologie verwendet. Auch in den Schriften Rudolf Steiners finden wir den Siderischen Tierkreis als Grundlage für die biologisch-dynamische Anbauweise.

Im vorliegenden Buch gehen wir von der Terminologie des Tropischen Tierkreises und den archetypischen Energieströmen eines jeden Tierkreiszeichens aus, das in der gesamten auf westlichen Traditionen basierenden Astrologie verwendet wird. Andere Kalender gründen sich auf die Siderischen Sternbilder. Beide Kalender basieren zwar auf denselben Prinzipien, dennoch muss die Anwendung des einen oder anderen Kalenders systematisch geschehen.

Pflanzen-
verzeichnis

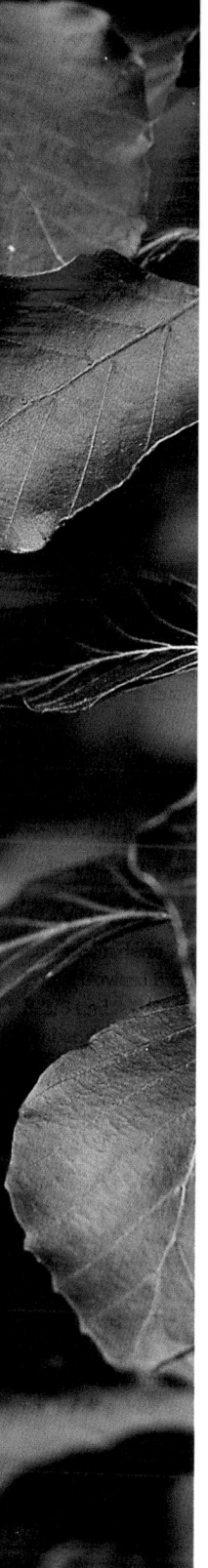

Bäume

Ein Baum besitzt einen mehr oder weniger ausgeprägten Stamm mit einer Krone – im Unterschied zum Strauch, der immer wieder vom Boden aus neue Stämme beziehungsweise Äste bildet. Dabei ist die Wuchshöhe von zweitrangiger Bedeutung, denn manche Sträucher wachsen höher als bestimmte Bäume. Meistens aufrecht von der Erde aus in die Höhe, also in Richtung Himmelszelt strebend, erschienen vielen alten Völkern Bäume als eine Art direkte Verbindung zu den Himmelskörpern. In diesem Zusammenhang sei nur an die aus der nordischen Mythologie stammende Weltenesche *Yggdrasil* erinnert – der allumfassende Weltenbaum, der einer Säule gleich die verschiedenen Welten durchdringt. Der ausdauernde Charakter der Bäume und ihre Wuchsformen geben dem Garten Struktur und führen die vertikale Dimension ein. Durch Bäume scheinen wir unmittelbar mit dem Mond in Kontakt zu treten.

 **Pflanzentyp**
Blatt

 **Element**
Wasser

 **beherrschender Planet**
Merkur

Pflanzengesellschaften

 Begleitpflanzen
Europäische Mitglieder der Familie der Seifenbaumgewächse (Sapindaceae) wie zum Beispiel der Berg- (*Acer pseudoplatanus*) und der Feldahorn (*Acer campestre*); andere Gehölze wie die Rotbuche (*Fagus sylvatica*) oder die Gemeine Esche (*Fraxinus excelsior*).

 Unverträgliche Pflanzen
Silberweide (*Salix alba*), Gemeiner Schneeball (*Viburnum opulus*).

Praktische Ratschläge

 Aussaat oder Pflanzung
In einem Wintermonat bei zunehmendem Mond in den Tierkreiszeichen Fische, Krebs oder Skorpion.

 Pflege
Bei Mond in den Zeichen Krebs, Fische und Skorpion.

 Ernte
Die Ernte des Holzes spielt bei dieser Ahornsorte keine Rolle.

Der Panaschierte Spitzahorn

Acer platanoides ›Drummondii‹ Sapindaceae

Der Panaschierte Spitzahorn *Acer platanoides* ›Drummondii‹ ist eine Varietät des Spitzahorns mit herrlich grün/hellgrün/cremeweiß gezeichnetem Laub. Er ist ein schnellwüchsiger Baum mittlerer Höhe mit ausladender Krone, trägt große, grüne, fächerförmig fünffach gelappte Blätter. Letztere sind zum großen Teil cremefarben umrandet und zeigen Anfang Herbst eine wunderschöne Goldfärbung, während zauberhaft geflügelte Spaltfrüchte an den Zweigen erscheinen. Der Panaschierte Spitzahorn ist ein ausgesprochen dekorativer Baum. *Acer platanoides* ›Drummondii‹ neigt allerdings dazu, sein panaschiertes Laub abzuwerfen und durch einheitlich grüne Blätter zu ersetzen. Möchte man ihn als panaschierten Baum erhalten, müssen sämtliche Zweige, die diese Neigung zeigen, sofort entfernt werden.

Der Spitzahorn ist in weiten Teilen Europas verbreitet (Ural, Südschweden, Mitteleuropa, Kaukasus, Griechenland, fehlt aber in vielen Gebieten Westeuropas) und bevorzugt ein gemäßigt kontinentales Klima und einen sonnigen Standort auf basischem Boden. Er passt sich allerdings an unterschiedliche Bodentypen und Standorte an, was ihn zu einer idealen Baumart auf schwierigen Standorten und bei ungünstigen Lichtverhältnissen macht. Der Spitzahorn hat eine große ökologische Bedeutung. Das Laub verrottet sehr gut und ist somit ein guter Humusbildner. Er blüht üppig und früh mit grüngelblichen Blütenständen und dient als Futterbaum für Bienen.

> **Gleichermaßen zu behandeln sind:**
> Die Gartenform des Eschenahorn *Acer negundo* ›Variegatum‹, der Bergahorn *Acer pseudoplatanus*.

 **Pflanzentyp**
Frucht/Nuss/Samen

 **Element**
Feuer

beherrschender Planet
Jupiter

Pflanzengesellschaften

 Begleitpflanzen
Andere Pflanzen, die Böden mit
reichlich Laubstreu und gutem
Wasserabfluss benötigen (wie
Eiche, Hainbuche, Ahorn).

 Unverträgliche Pflanzen
Die Esskastanie ist im Allgemeinen sehr verträglich.

Praktische Ratschläge

 Aussaat oder Pflanzung
In einem Wintermonat und An-
fang Frühjahr bei zunehmendem
Mond in den Tierkreiszeichen
Schütze, Widder oder Löwe.

 Pflege
Bei Mond in den Zeichen Schütze, Widder oder Löwe. Schnittarbeiten bei abnehmendem Mond
in den Zeichen Schütze, Widder
oder Löwe.

 Ernte
Wenn die leicht verderblichen
Kastanien gelagert werden
sollen, erfolgt die Ernte bei abnehmendem Mond vorzugsweise
in den Tierkreiszeichen Widder,
aber auf keinen Fall im Zeichen
Fische. Soll das eichenähnliche
Holz für Tischlerarbeiten verwendet werden, schneiden Sie es
bei abnehmendem Mond Anfang
Frühjahr, um eine Verwindung
des Holzes zu vermeiden.

Die Edelkastanie

Castanea sativa Fagaceae

Die Edel- oder Esskastanie *Castanea sativa* ist ein
imposanter, schnellwüchsiger Baum, seltener ein
Strauch, aus der Familie der Buchengewächse (Fagaceae). *Castanea sativa* stammt ursprünglich aus
den submontanen Mittelmeergebieten. Während
der Eiszeiten hat sich die Esskastanie in Refugien
der Nordosttürkei zurückgezogen. Sie liebt gemäßigt
feuchte, wintermilde Klimabedingungen, leidet aber
sehr unter Spätfrösten. Sie ist ein Tiefwurzler und
kann durchaus älter als 500 Jahre werden. Das leicht
zersetzliche Laub speichert Kali und gibt es bei der
Zersetzung wieder frei. Deshalb gilt die Edelkastanie auch als Bodenverbesserer. Sie liebt basenreiche,
kalkarme, saure Stein- und Lehmböden. Von den Römern wurde sie wegen ihrer essbaren Nussfrüchte
und als Holzlieferant auch in nördlicher gelegene Gebiete eingeführt. In Südfrankreich sicherte der Baum
in Notzeiten das Überleben der Bevölkerung. Die von
Natur aus hohe, mächtige Edelkastanie mit ausladender Krone besitzt eine schöne Rinde, deren Risse sich
spiralförmig über die gesamte Stammlänge fortsetzen. Sie treibt längliche, gezähnte Blätter und lange,
gelbe Kätzchen mit männlichen Blüten am Ende des
Sommers aus. Die Ausbildung der Früchte erfolgt im
nördlichen Europa nur nach einem warmen Sommer.
Das wertvolle, aber oft drehwüchsige Schnittholz der
Esskastanie wird zur Anfertigung von Möbeln, Klein-
teilen und für Zäune verwendet.

Gleichermaßen zu behandeln sind:
Der Echte Walnussbaum (*Juglans regia*), die Lamberts-
Hasel (*Corylus maxima*), der Mandelbaum (*Prunus dulcis*).

 **Pflanzentyp**
Blatt

 Element
Wasser

 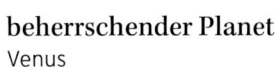 **beherrschender Planet**
Venus

Pflanzengesellschaften

 Begleitpflanzen
Ahorne, Azaleen und Rhodo-
dendren (auf sauren Böden),
Prunus-Arten wie vor allem
Zierkirschen.

 Unverträgliche Pflanzen
Rotbuche (*Fagus sylvatica*),
Gemeine Esche (*Fraxinus excel-
sior*).

Praktische Ratschläge

 Aussaat oder Pflanzung
Am Winterende und Anfang
Frühjahr bei zunehmendem
Mond in den Tierkreiszeichen
Fische, Krebs oder Skorpion.

 Pflege
Bei Mond in den Zeichen Fische,
Krebs oder Skorpion.

 Ernte
Bei Neumond im Tierkreiszeichen Skorpion – oder bei Sonne
im Wassermann bei abnehmendem Mond im Krebs.

Die Japanische Sicheltanne

Cryptomeria japonica ›Elegans‹ Cupressaceae

Die Japanische oder Moosige Sicheltanne *Cryptomeria japonica* ›Elegans‹ ist eine sehr schöne rote Form
der Sicheltanne mit fuchsrot streifig abblätternder
Rinde und waagerecht ausladenden, nach oben gebo-
genen Zweigen. Sie zeigt ein buschiges Erscheinungsbild und wächst zu einem kleinen Baum heran. Die
Cryptomeria japonica ›Elegans‹ behält ihr fedrigfeines
Laub das ganze Leben über, das im Herbst und Winter eine verführerisch rötlich-bronze getönte Färbung
annimmt. Dieser Baum ist pflegeleicht und gedeiht
gut auf frischen, gut drainierten, sauren Lehmböden. Er gehört zu den Koniferen, die ihr Wachstum
selbst dann fortsetzen, wenn sie zurückgeschnitten
wurden. Auch toleriert diese Sicheltanne nahezu
Vollschatten und kann im Unterstand anderer Bäume gepflanzt werden. Ihr Holz ist solide, haltbar und
leicht zu bearbeiten. Es wird in Japan gemeinhin als
Bauholz verwendet. Die Sicheltanne stammt aus
China und Japan und wird dort wegen ihres kerzen-
geraden Wuchses und der guten Holzqualität hauptsächlich forstlich genutzt. Mitte des 19. Jahrhunderts
wurde sie in Europa eingeführt, ist heute recht selten
in Parkanlagen anzutreffen. Sie ist ein Baum der gemäßigten, humiden Klimazonen und liebt vor allem
hohe Luftfeuchte, die sie in den Gebirgslagen ihrer
Heimatgebiete vorfindet.

Gleichermaßen zu behandeln sind:
Der Abendländische Lebensbaum (*Thuja occidentalis*)
und die Sitka-Fichte (*Picea sitchensis*).

 **Pflanzentyp**
Blüte

 **Element**
Luft

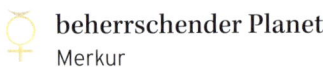 **beherrschender Planet**
Merkur

Pflanzengesellschaften

 Begleitpflanzen
Sämtliche Waldbäume wie Stieleiche (*Quercus robur*), Rotbuche (*Fagus sylvatica*), Eingriffeliger Weißdorn (*Crataegus monogyna*) und die meisten Zierbäume.

 Unverträgliche Pflanzen
Silberweide (*Salix alba*), Sumpfzypresse (*Taxodium distichum*).

Praktische Ratschläge

 Aussaat oder Pflanzung
In einem Wintermonat bei zunehmendem Mond in den Tierkreiszeichen Zwillinge, Waage und Wassermann.

 Pflege
Bei Mond in den Zeichen Zwillinge, Waage oder Wassermann.

 Ernte
Das Holz wird nur selten zu kommerziellen Zwecken verwendet und daher kaum geerntet.

Der Taschentuchbaum

Davidia involucrata Cornaceae

Der Taschentuchbaum *Davidia involucrata* wurde von Pater David im Jahre 1869 entdeckt, jedoch erst 1904 durch den Botaniker und Pflanzenjäger Ernest Wilson nach ausgedehnten und aufregenden Abenteuern in China nach Europa eingeführt und ist auch heute noch hauptsächlich in Parkanlagen und botanischen Gärten zu finden. Es handelt sich hier um eine Ende Frühjahr und Anfang Sommer ausgesprochen spektakulär blühende Baumart. Dann nämlich sind seine Äste von asymmetrischen, paarweise angeordneten weißen Hochblättern übersät, die jede einzelne Blüte schützen und weißen, im Wind wehenden Taschentüchern gleichen. Der Taschentuchbaum ist ausgesprochen widerstandsfähig, ein ausgezeichneter Gartenbaum und wirkt vor allem als Solitärbaum auf einem Rasen. Er gedeiht auf allen nährstoffreichen Bodentypen und erreicht im Allgemeinen eine beachtliche Höhe.

 **Pflanzentyp**
Blatt

 **Element**
Wasser

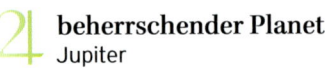 **beherrschender Planet**
Jupiter

Pflanzengesellschaften

 Begleitpflanzen
Vogelkirsche (*Prunus avium*), Gewöhnliche Traubenkirsche (*Prunus padus*), Eingriffeliger Weißdorn (*Crataegus monogyna*), Eibe (*Taxus baccata*), Buchs (*Buxus sempervirens*), Stechpalme (*Ilex aquifolium*), Gemeines Hasenglöckchen (*Hyacinthoides non-scripta*).

 Unverträgliche Pflanzen
Gemeine Hainbuche (*Carpinus betulus*), Silberweide (*Salix alba*).

Praktische Ratschläge

 Aussaat oder Pflanzung
In einem Wintermonat bei zunehmendem Mond in den Tierkreiszeichen Fische, Krebs oder Skorpion.

 Pflege
Bei Mond in den Zeichen Fische, Krebs oder Skorpion.

 Ernte
Bei Neumond im Tierkreiszeichen Skorpion - oder Sonne im Wassermann zusammen mit dem abnehmenden Mond im Krebs.

Die Blutbuche

Fagus sylvatica ›Riversii‹ Fagaceae

Die Blutbuche ›Riversii‹ ist ein Baum von imposanter Statur, der auf sehr unterschiedlichen Substraten gedeiht – schwere, tonhaltige Böden allerdings ausgenommen. Aus spitz zulaufenden, kupferfarbenen Knospen entfalten sich dunkel purpurrote Blätter, die einen schönen Kontrast zur grauen und glänzenden Borke bilden. Im Herbst erglüht das Laub in braun überzogenen Kupfertönen und bietet eine Menge essbarer Früchte. Dieser Baum ist in allen Jahreszeiten spektakulär und wird immer wegen seiner dekorativen Erscheinungsform gepflanzt und gepflegt. Besonders wirkungsvoll setzt sich die Blutbuche in Szene, wenn sie in Nachbarschaft grünlaubiger Bäume steht. Sie bildet vitale und einfach zu pflegende Hecken. Die Art *Fagus sylvatica* – Buche oder Rotbuche genannt – ist der häufigste europäische Laubbaum. Sie liebt sommerfeuchte und wintermilde Gebiete und gilt deshalb als Zeigerpflanze für atlantisch getöntes Klima. Dort dominiert sie den Wald und bildet sogenannte Buchenwaldgesellschaften. Natürlich kommt sie auch im Gebirge in Fichten-Tannen-Buchenwaldgesellschaften vor. Ihr Wuchsoptimum erreicht sie auf frischen, tiefgründigen, basenreichen, lockeren, gut dränierten Kalklehmböden. Die Buche gilt als »Kalkpumpe«, indem sie den Kalk in den Blättern an das Laubstreu weitergibt. Sie ist eine ausgesprochen schattenverträgliche Art durch ihre Fähigkeit, Schattenblätter auszubilden. Ihr Holz hat dieselbe Qualität wie das der normalen Buche.

Gleichermaßen zu behandeln sind:
Die Rotbuche (*Fagus sylvatica*).

Pflanzentyp
Frucht/Nuss/Samen

Element
Feuer

beherrschender Planet
Venus, Jupiter

Pflanzengesellschaften

Begleitpflanzen
Weinrebe (*Vitis vinifera*),
Schwarzer Maulbeerbaum
(*Morus nigra*), Weinraute (*Ruta graveolens*).

Unverträgliche Pflanzen
Pflanzen, die einen nassen bis
feuchten Boden benötigen.

Praktische Ratschläge

Aussaat oder Pflanzung
Zum Winterende und Anfang
Frühjahr bei zunehmendem
Mond in den Tierkreiszeichen
Schütze, Widder oder Löwe.

Pflege
Bei Mond in den Zeichen
Schütze, Widder oder Löwe.

Ernte
Bei abnehmendem Mond,
jedoch nie im Tierkreiszeichen
Fische, da die Früchte dann sehr
schnell verderben.

Die Echte Feige

Moraceae

Die Echte Feige *Ficus carica* ist ein schöner, bis acht Meter hoher Baum oder Strauch mit ausladender Wuchsform und großen, ledrigen, drei- oder fünflappigen Blättern. Günstig ist ein tiefgründiger Standort vor einer warmen Mauer in der Sonne, um die Reifung der köstlichen Früchte zu fördern. Der Feigenbaum liebt warme bis heiße Sommer und milde Winter. Nur wenigen Sorten gelingt es, im gemäßigten Klima mit kälteren Wintern im Freien ohne Schutz zu überdauern. Eine sehr frostfeste Sorte ist beispielsweise die sogenannte ›Bornholmer Feige‹. Die Früchte der Feige sind sehr merkwürdig. Es sind eigentlich fleischige Blütenstände, und das Bestäubungsverfahren zusammen mit den Feigengallwespen ist seltsam kompliziert. Die Feigenfrucht ist birnenförmig und bei der Reife grün, braun oder dunkelviolett. In Regionen mit warmem Klima oder unter Glas kann der Baum bis zu dreimal pro Jahr beerntet werden. Die Echte Feige stammt wohl ursprünglich aus Westasien, wird jedoch seit Jahrtausenden auch in den Mittelmeerländern kultiviert. In 11 400 Jahre alten Hausresten in Palästina wurden Samen der Feige gefunden, und sie dürfte daher als einer der ältesten Kulturbäume bezeichnet werden. Die Römer brachten die Echte Feige in nördlichere Breiten. Ihre zuckersüßen Früchte sind reich an Vitaminen, Mineral- und Faserstoffen. Sie sind eine hervorragende Nahrungsergänzung bei Schlankheitskuren. Bei Reife wird die Haut der Früchte brüchig und rissig, was einen unbeschadeten Transport der Ernte kompliziert.

Gleichermaßen zu behandeln sind:
Die meisten anderen empfindlichen Früchte.

 **Pflanzentyp**
Blüte

 **Element**
Luft

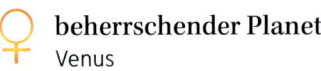 **beherrschender Planet**
Venus

Pflanzengesellschaften

 Begleitpflanzen
Stieleiche (*Quercus robur*),
Hängebirke (*Betula pendula*),
Chinesische Zaubernuss
(*Hamamelis mollis*), Armblü-
tige Scheinhasel (*Corylopsis
pauciflora*), Rhododendron
(*Rhododendron* ssp.).

 Unverträgliche Pflanzen
-

Praktische Ratschläge

 Aussaat oder Pflanzung
In einem Wintermonat bei
zunehmendem Mond in den
Tierkreiszeichen Zwillinge,
Waage oder Wassermann.

 Pflege
Bei Mond in den Zeichen Zwillinge, Waage oder Wassermann.

 Ernte
Das Holz der Magnolie wird nur
selten genutzt.

Sprengers Magnolie

Magnolia sprengeri var. *diva*   Magnoliaceae

Die *Magnolia sprengeri* var. *diva* stammt ursprünglich aus dem Himalaja und bietet in der Blüte im
späten Frühjahr ein unvergessliches Bild. Sie wartet
20 oder mehr Jahre, bevor sie ihre großen, kelchför-
migen, dunkelkarmesinrosa Blüten austreibt – dann
allerdings geschieht dies in Massen. Diese Magnolie
gedeiht auf nährstoffreichen, frischen, gut dränierten
und sauren Böden, toleriert jedoch auch schwere,
tonreiche Substrate. Sie braucht einen geschützten
Platz und sollte gegen Frühjahrsfröste, heftigen Re-
gen sowie eisige Winde geschützt werden, da ihre
Blüten sehr empfindlich sind. Im Halbschatten und
im Unterstand fühlt sie sich am wohlsten und widersteht selbst der Luftverschmutzung. Die *Magnolia
sprengeri* var. *diva* hat zur Züchtung zauberhafter
Gartenhybriden beigetragen.

Gleichermaßen zu behandeln sind:
Andere Magnolienarten.

 **Pflanzentyp**
Frucht/Nuss/Samen

 **Element**
Feuer

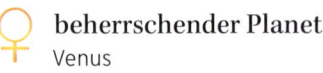 **beherrschender Planet**
Venus

Pflanzengesellschaften

 Begleitpflanzen
Andere Apfel- (*Malus* ssp.)
und Birnenarten (*Pyrus* ssp.),
Schwarze Johannisbeere
(*Ribes nigrum*), Stachelbeere
(*Ribes uva-crispa* var. *sativum*),
Gemeiner Beinwell (*Symphytum
officinale*), Rainfarn (*Tanacetum
vulgare*).

 Unverträgliche Pflanzen
Kartoffeln (*Solanum tuberosum*).

Praktische Ratschläge

 Aussaat oder Pflanzung
Im Winter bei zunehmendem
Mond in den Zeichen Schütze,
Widder oder Löwe.

 Pflege
Bei Mond in den Zeichen Schüt-
ze, Widder oder Löwe. Schnitt
bei abnehmendem Mond im
Zeichen Schütze, Widder oder
Löwe.

 Ernte
Bei abnehmendem Mond – mit
Ausnahme des Mondes im
Tierkreiszeichen Fische, da die
Früchte dann schnell verderben.

Der Zierapfel

Malus x *zumi* ›Golden Hornet‹ Rosaceae

Die Zierapfelsorte *Malus* x *zumi* ›Golden Hornet‹
wächst zu einem kleinen Baum heran, dessen weiße
Blüten sich gegen Frühjahrsende öffnen. Ihnen folgt
eine reiche Anzahl lebhaft gelber Früchte, die bis spät
im Jahr am Baum verbleiben. Diese Früchte, die die
Vögel anziehen, sind sehr sauer und reich an Pektin.
Sie werden zur Herstellung von Cidre, Gelees und
Konfitüren verwendet. In Apfelgärten und -planta-
gen lockt die überreiche Blüte Bienen an und fördert
damit auch die Bestäubung der Essapfelbäume. Dieser anspruchslose Zierapfel benötigt lockere, gut dränierte Böden, will aber einen sonnigen Platz. *Malus*
x *zumi* ist aus einer Einkreuzung zwischen dem aus
Ostsibirien stammenden Kirschapfel *Malus baccata*
und dem in Ostasien und Japan verbreiteten *Malus
sieboldii* entstanden. Das Holz des Zierapfels brennt
zwar ausgezeichnet, doch er wird zu diesem Zweck
natürlich nicht kommerziell angebaut.

Gleichermaßen zu behandeln sind:
Sämtliche Apfel- (*Malus* ssp.) und Birnenarten (*Pyrus*
ssp.), die Echte Quitte (*Cydonia oblonga*), die Echte
Mispel (*Mespilus germanica*), der Eingriffelige Weißdorn (*Crataegus monogyna*).

Pflanzentyp
Frucht/Nuss/Samen

Element
Feuer

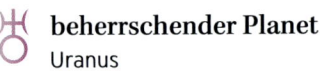

beherrschender Planet
Uranus

Pflanzengesellschaften

Begleitpflanzen
Weinrebe (*Vitis vinifera*),
Feige (*Ficus carica*).

Unverträgliche Pflanzen
Pflanzen, die sehr feuchte
Böden und schattige Situatio-
nen benötigen.

Praktische Ratschläge

Aussaat oder Pflanzung
Ende des Winters und Anfang
Frühjahr bei zunehmendem
Mond in den Tierkreiszeichen
Schütze, Widder oder Löwe.

Pflege
Bei Mond in den Zeichen Schüt-
ze, Widder oder Löwe. Schnitt
bei abnehmendem Mond im
Zeichen Schütze, Widder oder
Löwe.

Ernte
Bei abnehmendem Mond – mit
Ausnahme des Mondes im
Tierkreiszeichen Fische, da die
Früchte sonst schnell verderben.

Die Schwarze Maulbeere

Morus nigra Moraceae

Die ursprünglich wohl im Kaukasus und Mittelasien beheimatete Schwarze Maulbeere *Morus nigra* wurde von den Griechen und Römern aus dem Orient nach Europa gebracht. Die brombeerähnlichen Früchte verfärben sich von Grün über Gelb, Dunkelrot und sind schließlich brombeerfarben. Der Früchte wegen wird dieser Baum inzwischen weltweit angebaut. Die leicht verderblichen Frischfrüchte schmecken saftig und je nach Sorte süß bis bittersüß oder leicht säuerlich. Im Handel werden sie hauptsächlich eingemacht, aber auch in getrocknetem Zustand angeboten. Die Schwarze Maulbeere ist ein kleiner bis mittelgroßer (bis zwölf Meter hoher), ausgesprochen langlebiger Baum mit einem dicken, kurzen Stamm, rissiger Rinde und dicht verzweigter, ausladender Krone. Die kräftig grünen Laubblätter sind vielgestaltig breit, eiförmig, herzförmig, teilweise auch gelappt. Er wurde ursprünglich in der Hoffnung gepflanzt, mit ihm Seidenraupen züchten zu können, die sich von den Blättern ernähren sollten. Doch Seidenraupen ziehen die Weiße Maulbeere der Schwarzen Maulbeere als Nahrungsbaum vor. Hin und wieder wird diese Art angepflanzt, doch sollte der eigentlich sehr schöne Baum in einem etwas abgelegeneren Teil des Gartens gepflanzt werden, da die Fallfrüchte stark abfärben. Die Maulbeerbäume benötigen einen frischen, tiefgründigen Boden.

Gleichermaßen zu behandeln sind:
Die meisten anderen Obstgehölze mit empfindlichen Früchten, die von Bienen bestäubt werden.

Pflanzentyp
Frucht/Nuss/Samen

Element
Feuer

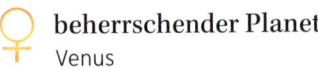
beherrschender Planet
Venus

Pflanzengesellschaften

Begleitpflanzen
Schwarze Johannisbeere, Stachelbeere (*Ribes* ssp.), Himbeer- und Brombeerarten (*Rubus* ssp.) sowie Schlehdorn (*Prunus spinosa*) und andere *Prunus*-Arten, ferner der Eingriffelige Weißdorn (*Crataegus monogyna*).

Unverträgliche Pflanzen
Sumpfpflanzen und andere Feuchtigkeit liebende Pflanzen.

Praktische Ratschläge

Aussaat oder Pflanzung
Im Winter bei zunehmendem Mond in den Tierkreiszeichen Schütze, Widder oder Löwe.

Pflege
Bei Mond in den Zeichen Schütze, Widder oder Löwe.

Ernte
Bei abnehmendem Mond – mit Ausnahme des Mondes im Zeichen Fische, da die Früchte anderenfalls schnell verderben.

Die Gewöhnliche Pflaume

Prunus domestica Rosaceae

Die Gewöhnliche Pflaume *Prunus domestica* ist ein kleiner, dornenloser Baum mit grünen, rundlichen Blättern und reinweißen Blüten im Frühjahr. Sein ursprüngliches Verbreitungsgebiet reicht von Südeuropa bis zum Kaspischen Meer, und er wurde offenbar schon zur Bronzezeit als Obstbaum genutzt. Seit dem 4. Jahrhundert v. Chr. wurde die Pflaume im Gebiet um Damaskus kultiviert, von wo aus sie als Damaszenerpflaume wegen ihres Wohlgeschmacks weiter nach Europa verbreitet wurde. Aufgrund der beliebten Früchte existiert eine Unmenge von Züchtungen. Die unterschiedlichen Sorten produzieren Früchte, die auch in Form, Größe und Geschmack differieren. Ebenso variantenreich ist je nach Züchtung die Wuchsform des Baumes. Zahlreiche Varietäten entstehen aus Aussaaten, und man trifft sie häufig in Wäldern und Hecken, wo sie sich spontan versamen. Verwendungsbezogen unterscheidet man Koch- und Tafelpflaumen. Die Kochpflaumen sind säuerlich, und ihr Fleisch ist weniger saftig, während die Tafelpflaumen einen kräftigen und süßen Geschmack besitzen. Bestimmte Pflaumen gedeihen am besten in geschützten Situationen oder als Spalier an einer warmen Mauer gezogen. Dasselbe gilt für einige Pfirsich- oder Aprikosensorten, die ebenfalls zur Gattung *Prunus* gehören.

Gleichermaßen zu behandeln sind:
Aprikose, Pfirsich, Reneklode, Kirsche, Damaszenerpflaume.

Pflanzentyp
Blüte

Element
Luft

beherrschender Planet
Merkur

Pflanzengesellschaften

Begleitpflanzen
Gemeine Esche (*Fraxinus excelsior*), Schwarzerle (*Alnus glutinosa*), Eingriffeliger Weißdorn (*Crataegus monogyna*), Wolliger Schneeball (*Viburnum lantana*), Europäisches Pfaffenhütchen (*Euonymus europaeus*), Weide (*Salix* ssp.), Ulme (*Ulmus* ssp.).

Unverträgliche Pflanzen
Rhododendronarten und Azaleen (*Rhododendron* ssp.).

Praktische Ratschläge

Aussaat oder Pflanzung
In einem Wintermonat bei zunehmendem Mond in den Tierkreiszeichen Wassermann, Zwillinge oder Waage.

Pflege
Bei Mond in den Zeichen Wassermann, Zwillinge oder Waage.

Die Gewöhnliche Traubenkirsche

Prunus padus Rosaceae

Die bei uns heimische Traubenkirsche *Prunus padus* treibt lange, zuerst aufrechte, dann hängende Trauben aus kleinen, weißen Blüten mit zartem Mandelduft aus, die sich nach dem Erscheinen des Laubes gegen Ende des Frühjahrs öffnen. Die Traubenkirsche ist ein mittelgroßer Baum oder ein hoher Strauch, der am Ufer von Wasserläufen oder im Unterstand von Eschen- und Erlen-Auwäldern gedeiht, wo er auch zeitweilige Überschwemmungen verträgt. Die Traubenkirsche ist ein Anzeiger für oberflächennahes Grundwasser, und die reiche Blüte ist eine ergiebige Bienenweide. Sie ist kleiner, dafür widerstandsfähiger als die Vogelkirsche (*Prunus avium*), und ihre angestammten Standorte liegen weiter nördlich. Ihre Früchte sind schwarz, bitter und tanninreich, sind aber ganz nach dem Geschmack der Vögel, die gleichzeitig zur Verbreitung der Traubenkirsche beitragen. Man verwendet diese Früchte gelegentlich, um Schnäpse und den sogenannten Vin cuit (einen Dessertwein) herzustellen. Ihre Rinde wird in der Naturmedizin als Tonikum und Sedativum verwendet, ist jedoch im Handel kaum erhältlich, da die Flüssigkeit einen unangenehmen Geruch verströmt. Die Traubenkirsche ist stockausschlagfähig und eignet sich in Mischhecken auf grundwassernahen Standorten. Sie verträgt den Halbschatten sehr gut.

Gleichermaßen zu behandeln sind:
Die Vogelkirsche (*Prunus avium*).

 **Pflanzentyp**
Blüte

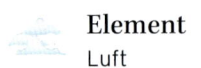 **Element**
Luft

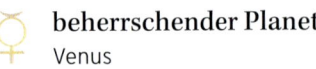 **beherrschender Planet**
Venus

Pflanzengesellschaften

 Begleitpflanzen
Andere Zierkirschen und
Mandelbäume (*Prunus* ssp.),
Zieräpfel (*Malus* ssp.) und die
meisten anderen Zierbäume
und -sträucher.

 Unverträgliche Pflanzen
Alle Pflanzen mit großem
Feuchtigkeitsbedarf wie die
Silberweide (*Salix alba*) und
die Sumpfzypresse (*Taxodium
distichum*).

Praktische Ratschläge

 Aussaat oder Pflanzung
In einem Wintermonat bei
zunehmendem Mond in den
Tierkreiszeichen Zwillinge,
Waage und Wassermann.

 Pflege
Bei Mond in den Zeichen Zwillinge, Waage und Wassermann.

 Ernte
Das Holz wird selten genutzt.

Die Schnee- oder Winterkirsche

Prunus x *subhirtella* ›Autumnalis Rosea‹   Rosaceae

Die Schnee- oder Winterkirsche *Prunus* x *subhirtella*
›Autumnalis Rosea‹ ist sehr winterhart. Dieser kleine
Baum erfreut sich aufgrund seiner bemerkenswer-
ten Eigenschaften zunehmender Beliebtheit. Seine
kleinen, halb gefüllten Blüten öffnen sich in Abstän-
den schon ab Oktober und über die ganze Winter-
periode hindurch. Diese Blüte endet erst Anfang des
Frühjahrs in einem letzten krönenden Blütenmeer
aus flockigen, rosafarbenen Blüten, die den ganzen
Baum überziehen. Man kann Sträuße aus knospigen
Zweigen im Winter abschneiden und sie im Zimmer
erblühen lassen. Im Herbst nimmt das Laub einen
wunderschönen Goldton an, bevor die Blätter fallen.
Diese Zierkirsche ist völlig unproblematisch. Sie gedeiht auf freien, ungeschützten Standorten, auf allen
nährstoffreichen, aber gut dränierten Böden und
braucht keine regelmäßige Pflege. Sehr gut eignet
sich diese Züchtung für einen freien Wintergarten
mit Winter- und Frühlingsblühern im Unterstand,
zum Beispiel Schneeglöckchen (*Galanthus* ssp.),
Winterling (*Eranthis*), Krokus (*Crocus* ssp.), Zwiebel-
iris (*Iris reticulata* und andere), Christrose (*Helleborus*
ssp.), Alpenveilchen (*Cyclamen coum*).

Gleichermaßen zu behandeln sind:
Andere Zierkirschen und Mandelbäume (*Prunus* ssp.).

 **Pflanzentyp**
Blüte

 **Element**
Luft

 **beherrschender Planet**
Mond, Venus

Pflanzengesellschaften

 Begleitpflanzen
Andere Zierkirschen (*Prunus* ssp.), Rotbuche (*Fagus sylvatica*), Gewöhnliche Esche (*Fraxinus excelsior*), Eingriffeliger Weißdorn (*Crataegus monogyna*), die meisten Zierblütensträucher.

 Unverträgliche Pflanzen
Weiden (*Salix* ssp.), Pappeln (*Populus* ssp.), Sumpfzypressen (*Taxodium distichum*).

Praktische Ratschläge

 Aussaat oder Pflanzung
Im Winter und Anfang Frühjahr bei zunehmendem Mond in den Tierkreiszeichen Wassermann, Zwillinge oder Waage.

 Pflege
Bei Mond in den Zeichen Wassermann, Zwillinge oder Waage.

Japanische Blütenkirsche ›Taihaku‹

Prunus ›Taihaku‹ Rosaceae

Die Japanische Blütenkirsche ›Taihaku‹ ist ein schöner, robuster Blütenbaum, der gelegentlich bis zu zwölf Meter hoch wird. Er entwickelt eine Masse großer, einfacher Blüten von einem strahlenden Weiß, das einen faszinierenden Kontrast zum Kupferrot der austreibenden Blätter bildet. Im Herbst verfärbt sich das Laub attraktiv goldgelb. Diese Blütenkirsche ist ausgesprochen pflegeleicht. Sie fühlt sich an freien, sonnigen Standorten und auf einem kalkhaltigen Boden sehr wohl. Obwohl ein Schnitt selten nötig ist, kann der Baum am Sommerende durchaus geschnitten werden, um Pilzinfektionen zu vermeiden und den Schnittwunden Zeit zu geben, bis zum Winter zu verheilen. Die Kultur von *Prunus* ›Taihaku‹ war in Japan lange in Vergessenheit geraten. Dort war er in der Vergangenheit weit verbreitet, bis er offenbar aus der Mode kam. 1932 jedoch führte Kapitän Collingwood Ingram diese Sorte mit einem Steckling aus Japan nach Großbritannien ein, wo dieser dann in einem Garten in Sussex gedieh.

Gleichermaßen zu behandeln sind:
Sämtliche anderen *Prunus*- und *Malus*-Arten, die aufgrund ihrer schönen Blüte gezogen werden.

Pflanzentyp
Wurzel

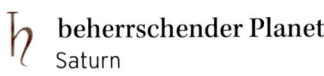

Element
Erde

beherrschender Planet
Saturn

Pflanzengesellschaften

Begleitpflanzen
Buche (*Fagus sylvatica*), Hainbuche (*Carpinus betulus*), Gemeine Linde (*Tilia* ssp.), Esche (*Fraxinus excelsior*), Ulme (*Ulmus* ssp.), Eingriffeliger Weißdorn (*Crataegus monogyna*), Gemeine Hasel (*Corylus avellana*), Traubenkirsche (*Prunus padus*), Echte Brombeere (*Rubus fruticosus*), Waldmeister (*Galium odoratum*).

Unverträgliche Pflanzen
Lärche (*Larix* ssp.), Silberweide (*Salix alba*), Schafgarbenarten (*Achillea* ssp.).

Praktische Ratschläge

Aussaat oder Pflanzung
Im Winter bei zunehmendem Mond in den Tierkreiszeichen Stier, Jungfrau oder Steinbock.

Pflege
Bei Mond in den Zeichen Stier, Jungfrau oder Steinbock.

Ernte
Bei zunehmendem Mond im Tierkreiszeichen Fische.

Die Stieleiche

Quercus robur Fagaceae

Die Stieleiche *Quercus robur* ist eine Baumart, die hauptsächlich in Mittel- und Westeuropa und auf den Britischen Inseln beheimatet ist. Man trifft sie im Niederwald, in Hecken und in ihrer ganzen Schönheit in freier Landschaft oder in Parkanlagen, ferner in den selten gewordenen Waldweidegebieten, in Eichenwäldern und Laubmischwäldern mit artenreicher und vielfältiger Begleitflora und -fauna. Stieleichen sind ausgesprochen langlebige (bis 1000 Jahre) Bäume mit großer, ausladender Krone, die imposante Ausmaße erreichen können. Die Pfahlwurzeln besitzen eine ausgesprochen hohe Energie und sind damit in der Lage, zur Vernässung und Wechselfeuchte neigende Lehm- oder Tonschichten zu durchstoßen. Die Stieleiche gedeiht am besten in einem reichen und tiefgründigen Boden. Das harte, zähe und dauerhafte dunkelbraune Kernholz ist sehr begehrt. Die Eiche (gemeint sind die beiden sehr nah verwandten und leicht zu verwechselnden Arten Stiel- und Traubeneiche) ist derart tief in der germanischen und deutschen Mythologie verwurzelt, dass man meinen könnte, sie besitze nur dort einen Kultstatus. Doch in Gebieten, wo sie vorkam, erklärten fast alle alten Völker sie zu einem heiligen Baum. Ihr Holz wird zum Haus- und Schiffsbau sowie für die Möbelherstellung verwendet. Die Eicheln, Früchte der Eiche, wurden früher in Waldweiden an Tiere verfüttert und in Mühlen zu Mehl vermahlen.

Gleichermaßen zu behandeln sind:
Gemeine Esche (*Fraxinus excelsior*), Ulme (*Ulmus* ssp.), bestimmte zur Holzverwertung gezogene Kiefern.

 **Pflanzentyp**
Blatt

 **Element**
Wasser

 **beherrschender Planet**
Sonne, Mars

Pflanzengesellschaften

 Begleitpflanzen
Sämtliche Pflanzen, die auf Böden mit gutem Wasserabfluss gedeihen, rotlaubige Sträucher wie der Rote Perückenstrauch (*Cotinus coggygria* ›Royal Purple‹) und Thunbergs Berberitze (*Berberis thunbergii* f. *atropurpurea*).

 Unverträgliche Pflanzen
Laucharten (*Allium* ssp.) wie Schnittlauch, Knoblauch, Lauch und Zierlaucharten.

Praktische Ratschläge

 Aussaat oder Pflanzung
Bei zunehmendem Mond in den Tierkreiszeichen Fische, Krebs oder Skorpion.

 Pflege
Bei Mond in den Zeichen Fische, Krebs oder Skorpion.

 Ernte
Bei abnehmendem Mond. Das sehr haltbare (fäuleresistente), zähe Kernholz findet auf vielfache Weise Verwendung.

Die Robinie

Robinia pseudoacacia ›Frisia‹ Papilionaceae

Ursprünglich war die Robinie im Osten der Vereinigten Staaten beheimatet, ist aber inzwischen weltweit verbreitet und erobert dort trockene Standorte (zum Beispiel Bahnböschungen) auch ohne menschliche Beeinflussung. Die Sorte *Robinia pseudoacacia* ›Frisia‹ ist ein ganz außergewöhnlicher und faszinierender, wenn auch verhältnismäßig kleiner Baum mit grünlichgelbem bis honiggelbem Laub. Diese Robinie ziert zahllose Gärten, Parkanlagen, Plätze und Straßen. Sie hat hübsche, gefiederte Laubblätter an dornig bewehrten Zweigen, treibt Ende Mai bis Juni hängende Trauben aus weißen Schmetterlingsblüten aus, denen bohnenähnliche Samenhülsen folgen, die sich oft erst im folgenden Jahr öffnen und die Samen freigeben. Zahlreiche Insekten profitieren von dem Nektarangebot der Blüten. Alle Teile der Robinie, einschließlich Früchte und Holz und unabhängig von der Sorte, sind giftig! Wie alle Robinien fühlt sich auch ›Frisia‹ auf sonnigen, trockenen Standorten wohl und ist, was den Boden betrifft, anspruchslos. Außerdem zeigt sie sich widerstandsfähig gegen Luftverschmutzung und wird deshalb häufig in belasteten städtischen Bereichen und bei der Begrünung von Industriegelände eingesetzt. In Gesellschaft von rotlaubigen Bäumen und Sträuchern gestaltet sie besonders dekorative und harmonische Gartenbilder. Wächst sie beengt, kann sie gut zurückgeschnitten, getrimmt oder von vornherein als Busch gezogen werden.

Pflanzentyp
Blatt

Element
Wasser

beherrschender Planet
Mond, Jupiter

Pflanzengesellschaften

Begleitpflanzen
Blutroter Hartriegel (*Cornus sanguinea*), Traubenkirsche (*Prunus padus*), Hängebirke (*Betula pendula*), Schwarzbirke (*Betula nigra*), Ahorne mit streifig abblätternder Rinde.

Unverträgliche Pflanzen
Rotbuche (*Fagus sylvatica*) sowie alle Trockenheit liebenden Pflanzen.

Praktische Ratschläge

Aussaat oder Pflanzung
Im Winter bei zunehmendem Mond in den Tierkreiszeichen Fische, Krebs oder Skorpion.

Pflege
Bei Mond in den Zeichen Fische, Krebs oder Skorpion. Die Silberweide kann Anfang des Frühjahrs radikal zurückgeschnitten werden, um den Austrieb lebhaft gefärbter junger Zweige zu fördern.

Ernte
Weidenruten schneidet man während des ersten Viertels des zunehmenden Mondes im Oktober (in den Zeichen Waage/Luft oder Skorpion/Wasser), und zwar so, dass ein guter Neuaustrieb gewährleistet ist.

Die Silberweide

Salix alba Salicaceae

Die ökologisch wertvolle und landschaftsbestimmende Silberweide *Salix alba* ist eine vertraute Begleitpflanze an Bach-, Fluss-, Seeufern, Feuchtwiesen und eine Charakterbaumart der sogenannten Weichholzaue. Sie ist mächtig, von eleganter Erscheinungsform und trägt schmale, sich an den Enden zum Boden hin neigende Äste. Dichtes Laub aus langen, schmalen und lanzettlichen, seidigen Blättern ziert diese Weide und verleiht ihr eine silbrige Silhouette, durch die sie schon von weither erkennbar ist. Sie ist ein vitaler, schnellwüchsiger, ausschlagfähiger Baum mit einer Regenerationsfähigkeit, die bewirkt, dass selbst abgebrochene Äste wieder anwurzeln. Sie liebt basen- und nährstoffreiche, sandig-kiesige Tonböden, die regelmäßig überschwemmt werden. Die Silberweide besiedelt auch Rohböden im Aubereich – eine Fähigkeit, die ihr als Pionierbaumart zugutekommt. Die Silberweide erscheint in zahllosen Sorten, einige kleiner, andere mit lebhaft gefärbten Zweigen, und Varietäten wie die Silberweide *Salix alba* var. *caerulea*. Früher wurde die Silberweide häufig als Kopfbaum gezogen und die austreibenden Ruten als Flechtmaterial genutzt. Die salicinhaltige Rinde wurde zur Fiebersenkung und Schmerzlinderung verwendet. Im Volksglauben und in der Mythologie galt sie als Sinnbild für Hexenzauber, Teufelswohnung, Todesdrohung, aber auch als Verkünderin des Frühlings. In Form von »Palmkätzchen« ist sie noch heute Schutzamulett für Haus und Hof.

Pflanzentyp
Wurzel

Element
Erde

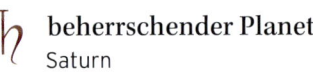

beherrschender Planet
Saturn

Pflanzengesellschaften

Begleitpflanzen
-

Unverträgliche Pflanzen
-

Praktische Ratschläge

Aussaat oder Pflanzung
Im Winter bei zunehmendem Mond in den Tierkreiszeichen Stier, Jungfrau oder Steinbock.

Pflege
Bei Mond in den Zeichen Stier, Jungfrau oder Steinbock.

Ernte
Das rötliche, harzfreie Kernholz ist sehr brüchig und spröde und wird daher kaum zu kommerziellen Zwecken genutzt.

Der Riesenmammutbaum

Sequoiadendron giganteum Cupressaceae

Der Riesenmammutbaum *Sequoiadendron giganteum* ist der mächtigste und mit fast 100 Metern auch einer der höchsten Bäume auf unserer Erde. Einige Exemplare sind über 3000 Jahre alt. Die deutliche Verbreiterung der Stammbasis trägt zum wuchtigen Erscheinungsbild dieses immergrünen Nadelbaumes bei. Seine Heimat ist Kalifornien, und Fossilfunde belegen, dass er schon seit mindestens 15 Millionen Jahren dort existiert. Erst 1853 wurde er in Europa eingeführt. Seine eindrucksvoll gemaserte und rötlich gefärbte, längsrissige Rinde ist von faseriger und schwammiger Konsistenz. Die Wuchsform des Mammutbaumes ist kegelförmig, dicht verzweigt, und sein Laub besteht aus spitzen, spiralig um die Zweige angeordneten Schuppenblättern. Er gedeiht auf sehr unterschiedlichen Böden und wird als Ziergehölz in zahlreichen Parks und auf Landgütern angepflanzt. Die charakteristische Erscheinungsform des Riesenmammutbaumes unterscheidet ihn – mit Ausnahme vom nahe verwandten Küstenmammutbaum (*Sequoia sempervirens*) – sichtbar von allen anderen Koniferen. Seine alles überragende Krone macht ihn anfällig für Blitzschlag, was häufig das Absterben der oberen Kronenteile zur Folge hat. Es gibt die Zuchtformen ›Aureum‹ mit gelblichen Triebspitzen und ›Pendulum‹ mit Säulenwuchs und überhängender Krone.

 **Pflanzentyp**
Frucht/Nuss/Samen

 **Element**
Feuer

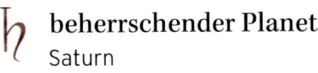 **beherrschender Planet**
Saturn

Pflanzengesellschaften

 Begleitpflanzen
Die meisten Pflanzen, die in lichten Wäldern und Höhenlagen gedeihen, wie die Stieleiche (*Quercus robur*), die Hängebirke (*Betula pendula*), die Gemeine Hasel (*Corylus avellana*), der Stechginster (*Ulex europaeus*), Heidelbeeren (*Vaccinium*) und Erikaarten (*Erica* ssp.).

 Unverträgliche Pflanzen
Kalk liebende Pflanzen wie zum Beispiel das Europäische Pfaffenhütchen (*Euonymus europaeus*), Zierpflanzen wie die Amerikanische Säckelblume (*Ceanothus* ssp.), der Flanellstrauch (*Fremontodendron californicum*) und andere Pflanzen mit grauem oder silbrigem Laub.

Praktische Ratschläge

 Aussaat oder Pflanzung
Im Winter bei zunehmendem Mond in den Tierkreiszeichen Schütze, Widder oder Löwe.

 Pflege
Bei Mond in den Zeichen Schütze, Widder oder Löwe.

 Ernte
Bei abnehmendem Mond während der Wintermonate oder bei Neumond im Tierkreiszeichen Waage.

Die Gemeine Eberesche

Sorbus aucuparia Rosaceae

Die in Europa heimische Gemeine Eberesche *Sorbus aucuparia*, auch Vogelbeerbaum genannt, ist kraft ihrer großen Anpassungsfähigkeit und Anspruchslosigkeit außerordentlich kälteresistent und zudem in der Lage, auf nährstoff- und basenarmen, sauren Böden zu gedeihen. Der sommergrüne Baum mit zierlicher Gestalt wird hauptsächlich aufgrund seines dekorativen Wertes und erst an zweiter Stelle wegen seiner essbaren Beeren gepflanzt, die vor allem die Vögel so lieben. Die Eberesche besitzt gefiederte Blätter, die an das Laub der Esche (daher der deutsche Name Eberesche) erinnern. Die weißen Blütenrispen zeigen sich Anfang Sommer und reifen schließlich zu großen orangeroten und leuchtend roten Beerenbüscheln heran. Die Früchte zeichnen sich durch einen hohen Vitamin-C-Gehalt aus und eignen sich hervorragend für Gelees oder Säfte. Der tief wurzelnde Pionierbaum gedeiht selbst auf extrem sauren Torfböden, ist auch an Felshängen anzutreffen, meidet aber Kalk. Das elastische, feinfaserige Holz der Eberesche wurde früher zur Herstellung von Stielen für Gerätschaften oder als Ersatz für die Eibe (*Taxus baccata*) beim Bau von Langbögen genutzt, eignet sich gut auch als Schnitz- und Drechselholz. Der Baum hat große ökologische Bedeutung (Bienenweide, Vogel- und Wildfutter, Pionierbaumart etc.). Im Volksbrauchtum war die Eberesche Symbol für Fruchtbarkeit, Gesundheit, Zähigkeit und Durchsetzungsvermögen, galt jedoch lange Zeit auch als Hexenbaum.

 Pflanzentyp Blatt	 Element Wasser	 beherrschender Planet Neptun

Pflanzengesellschaften

 Begleitpflanzen
Weiden (*Salix* ssp.), Gemeiner
Schneeball (*Viburnum opulos*).

 Unverträgliche Pflanzen
Rotbuche (*Fagus sylvatica*),
andere Nadelbäume, Gemeiner
Sanddorn (*Hippophae rhamnoides*).

Praktische Ratschläge

 Aussaat oder Pflanzung
Am Anfang des Frühjahrs bei
zunehmendem Mond in den
Zeichen Fische, Krebs oder
Skorpion.

 Pflege
Bei Mond in den Zeichen Fische,
Krebs oder Skorpion.

 Ernte
Bei abnehmendem Mond in den
Tierkreiszeichen Fische oder
Krebs.

Die Amerikanische Sumpfzypresse

Taxodium distichum Cupressaceae

Die Amerikanische Sumpfzypresse *Taxodium distichum* war ursprünglich im Südosten der USA weit verbreitet. Inzwischen hat sie sich auf wenige Refugien zurückgezogen. Am bekanntesten sind die Sumpfzypressenwälder in den Everglades, wo sie selbst dauerhaft überflutete Bereiche besiedelt. Die Sumpfzypresse ist in fast jeder Hinsicht eine außergewöhnliche Konifere. Fossilfunde aus Braunkohleschichten belegen, dass diese Gattung schon in urzeitlichen Sumpfwäldern im Europa des Eozäns (vor 33,9–55,8 Millionen Jahren) verbreitet war. Das frischgrüne, feinnadelige Laub verfärbt sich im Herbst in berauschenden Gelb- und Bronzetönen und fällt dann wie bei der Lärche im Winter ab. Dies ist die einzige Konifere, die hochgradig an das sumpfige und überschwemmte Milieu angepasst ist. Pflanzt man sie an solche Standorte, bilden sich nach etlichen Jahren spitze, zapfenartige Luftwurzeln (Atemknie oder Pneumatophoren genannt), die in der Umgebung des Stammes über dem Boden erscheinen und den Baum mit Sauerstoff aus der Luft versorgen, sobald der Boden diese Aufgabe nicht mehr ausreichend erfüllen kann. Das sehr haltbare, wertvolle Holz der Sumpfzypresse widersteht Feuchtigkeit, Pilz- und Insektenbefall sehr gut und verwirft sich nicht, was es zu einem idealen Material für die Herstellung von Fensterrahmen und Dachsparren in ihren Ursprungsregionen macht, aber auch zur völligen Übernutzung dieser Baumart geführt hat. Es ist gar nicht so lange her, dass man in ihrer Heimat die große ökologische Bedeutung der Sumpfzypresse in den von Überschwemmung bedrohten Gebieten zu schätzen gelernt hat.

 **Pflanzentyp**
Blüte

 **Element**
Luft

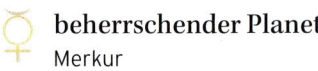 **beherrschender Planet**
Merkur

Pflanzengesellschaften

 ### Begleitpflanzen
Andere große Solitärbäume wie die Gewöhnliche Rosskastanie (*Aesculus hippocastaneum*), die Stieleiche (*Quercus robur*), die Zerreiche (*Quercus cerris*), Zederarten (*Cedrus* ssp.), Kiefer (*Pinus*), Lärche (*Larix*) und hochwüchsige Ziersträucher.

 ### Unverträgliche Pflanzen
Silberweide (*Salix alba*), Amerikanische Sumpfzypresse (*Taxodium distichum*), andere Feuchtigkeit liebende Pflanzen.

Praktische Ratschläge

 ### Aussaat oder Pflanzung
In einem Wintermonat bei zunehmendem Mond in den Tierkreiszeichen Zwillinge, Wassermann oder Waage.

 ### Pflege
Bei Mond in den Zeichen Zwillinge, Wassermann oder Waage.

 ### Ernte
Im Herbst oder Winter bei abnehmendem Mond in den Zeichen Zwillinge, Wassermann oder Waage.

Die Silberhängelinde

Tilia tomentosa ›Petiolaris‹ Malvaceae

Die Silberhängelinde oder Trauerlinde ist ein schöner Baum von imposanter Statur und wird auch unter dem wissenschaftlichen Namen *Tilia petiolaris* geführt, da bis heute nicht geklärt ist, ob es sich um eine auf natürlichem Wege entstandene Art handelt oder ob sie aus einer Züchtung hervorgegangen ist. Die kugelige Krone bilden anmutig bogenförmig überhängende Zweige mit rundlichen, am Rand gezähnten Blättern, die an der Unterseite von einem weißen, silbrig schimmernden Flaum überzogen sind. Die Lindenblüten sind goldgelb und intensiv duftend (als Aufguss ergeben sie ein erfrischendes Getränk mit krampflösender, schmerzstillender und entzündungshemmender Wirkung). Allerdings wirkt ihr Nektar auf Bienen wie ein Narkotikum. Im Gegensatz zu anderen Linden wird diese Lindenart nicht von Blattläusen heimgesucht und ist daher auch nicht anfällig für den Honigtau, den diese ausscheiden. Am besten wirkt die Silberhängelinde als Solitärbaum in einem Rasenstück. Allerdings finden wir sie häufig als Straßenbegleitbaum in Regionen mit warmem Klima, denn ihr Laub reflektiert das Licht.

Gleichermaßen zu behandeln sind:
Die Silberlinde (*Tilia tomentosa*), die Holländische Linde (*Tilia* x *europea*), die Winterlinde (*Tilia cordata*).

Sträucher

Sträucher sind eine bestimmte Wuchsform der Pflanzen. Als Strauch bezeichnet man eine ausdauernde, verholzende Pflanze mit mehreren Stämmen, die sich vom Boden aus verzweigen. Sie unterscheiden sich von den Bäumen durch das Fehlen eines Hauptstammes und von den mehrjährigen krautigen Pflanzen – also den Stauden – dadurch, dass die oberirdischen Organe nicht zurückfrieren. Doch die Grenzen sind mit vielen Übergangsformen sehr fließend. So gibt es bei uns Stauden, die in wärmeren Gebieten ein strauchartiges Erscheinungsbild erzeugen, und Sträucher, die auch baumförmig wachsen. Sträucher sind in der Regel niedriger als Bäume, werden jedoch im Gegensatz zu Bäumen nicht durch die Höhe definiert. Die sich fortlaufend verändernde Gestalt, die Blüten und das Laub der Sträucher haben eine im Vergleich zu Bäumen weniger vertikal betonte Qualität und vermitteln mit ihrer Wuchsform zwischen Bäumen und Stauden, Kräutern und Rasen. Mit diesen Eigenschaften ausgestattet, sind Sträucher unentbehrliche Gestaltungselemente und bringen Struktur, Stufung, Kontraste, biologische Anreicherung und Abwechslung in den Garten.

 **Pflanzentyp**
Blatt

 **Element**
Wasser

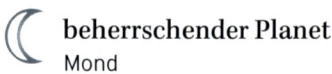 **beherrschender Planet**
Mond

Pflanzengesellschaften

 Begleitpflanzen
Andere Japanische Ahornarten
(*Acer* ssp.) und deren Hybriden.

 Unverträgliche Pflanzen
Pflanzen, die einen warmen und
sonnigen Standort benötigen,
wie Kräuterpflanzen mit silbrigem oder grauem Laub.

Praktische Ratschläge

 Aussaat oder Pflanzung
Gegen Ende des Winters und
Anfang Frühjahr bei abneh-
mendem Mond in den Tier-
kreiszeichen Fische, Krebs oder
Skorpion.

 Pflege
Bei Mond in den Zeichen
Fische, Krebs oder Skorpion.

Der Grüne Schlitzahorn

Acer palmatum var. *dissectum* Sapindaceae

Das Laub des Grünen Schlitzahorns *Acer palmatum* var. *dissectum* besitzt ein fächerförmig fünf-,
sechs- oder neunfach geteiltes Laub, wobei die
Fiederblättchen selbst noch einmal in schmal
fiederschnittige Lappen zerteilt sind. Er zeigt die
typische Strauchform – im Jugendalter pilzför-
mig und später rundlich, buschig dicht, mit von
der Krone bogig überhängenden Zweigen. Das
zarte Laub nimmt im Herbst vor dem Blattfall
eine verführerisch rote, orangefarbene und gelbe
Färbung an. Dieser Japanische Ahorn gedeiht besonders prächtig in einem tiefgründigen, nährstoffreichen Laubhumus mit gutem Wasser-
abzug, an einem vor kaltem Wind geschützten
Standort, vorzugsweise im Unterstand. Der Grüne Schlitzahorn *Acer palmatum* var. *dissectum*
ist ausgesprochen wandlungsfähig, und es gibt
zahllose Hybriden in unterschiedlichen Farb-
tönungen, deren Laub gelegentlich sogar noch
feiner geteilt ist. In Japan, aber auch hierzulande
wird er gerne als Bonsaibaum erzogen. Die Art
Acer palmatum ist im Unterstand von Wäldern
Koreas und Japans verbreitet.

Gleichermaßen zu behandeln sind:
Andere Japanische Ahornarten (*Acer* ssp.) und deren
Hybriden.

 **Pflanzentyp**
Blatt

 Element
Wasser

 beherrschender Planet
Mond, Merkur

Pflanzengesellschaften

 Begleitpflanzen

Silberblättriges Heiligenkraut (*Santolina chamaecyparissus*), Echter Lavendel (*Lavandula angustifolia*), Schmucklilienhybriden (*Agapanthus*-Hybriden), Zistrosen (*Cistus* ssp.), Säckelblume (*Ceanothus*), Rosmarin (*Rosmarinus officinalis*) und andere sonnenliebende Pflanzen.

 Unverträgliche Pflanzen

Funkienarten (*Hosta* ssp.), Prachtspierenarten (*Astilbe* ssp.), Nieswurzarten (*Helleborus* ssp.), die Silberweide (*Salix alba*).

Praktische Ratschläge

 Aussaat oder Pflanzung

In einem Wintermonat und Anfang Frühjahr bei zunehmendem Mond in den Zeichen Schütze, Widder oder Löwe.

 Pflege

Bei Mond in den Zeichen Fische, Krebs oder Skorpion. Der Wermut kann Ende Frühjahr bei abnehmendem Mond in den Zeichen Wassermann, Zwillinge oder Waage radikal zurückgeschnitten werden, um ein Ausbluten der Säfte zu verhindern.

Der Silberstrauchwermut

Artemisia arborescens ›Powis Castle‹   Asteraceae

Die Edelraute oder der Silberstrauchwermut *Artemisia arborescens* ›Powis Castle‹ ist ein zauberhafter, dekorativer Kleinstrauch von 1,2 Metern Höhe mit spitzem, silbergrauem, ausgeprägt gefiedertem Laub. Der lateinische Name *Artemisia* geht auf die griechische Göttin der Jagd, des Mondes und des Waldes zurück. Getreu dem Mythos der jungfräulichen Göttin blüht der Silberstrauchwermut ›Powis Castle‹ sehr selten mit gelblichen, winzigen Korbblüten, die überdies keine Samen bilden. Diese leider recht frostempfindliche Züchtung verdankt ihren Namen dem Schloss ›Powis Castle‹ an der Grenze zu Wales in Großbritannien, wo diese Pflanze weit verbreitet war. Der Strauchwermut ist sonst pflegeleicht und gedeiht in gut durchlüfteten Böden in voller Sonne. Er behält über einen weiten Teil des Winters sein Laub und wirft es nur bei starkem Frost ab. Er ist ein ausgezeichneter Bodendecker für besonnte Lagen und eine schöne Hintergrundkulisse für lebhaft gefärbte Blütenpflanzen.

Gleichermaßen zu behandeln sind:
Silberblättriges Heiligenkraut (*Santolina chamaecyparissus*), Italienische Strohblume (*Helichrysum italicum*).

Pflanzentyp
Blatt

Element
Wasser

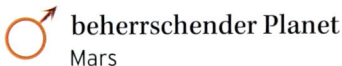
beherrschender Planet
Mars

Pflanzengesellschaften

Begleitpflanzen
Schlehdorn (*Prunus spinosa*),
Stechginster (*Ulex europaeus*),
Besenginster (*Cytisus scoparius*), Gemeine Hasel (*Corylus avellana*).

Unverträgliche Pflanzen
Feuchtigkeit liebende Pflanzen.

Praktische Ratschläge

Aussaat oder Pflanzung
In einem Wintermonat bei
zunehmendem Mond in den
Tierkreiszeichen Fische, Krebs
oder Skorpion.

Pflege
Bei Mond in den Zeichen
Fische, Krebs oder Skorpion.

Die Thunbergs Berberitze

Berberis thunbergii f. *atropurpurea*   Berberidaceae

Thunbergs Berberitze *Berberis thunbergii* f. *atropurpurea* ist ein sommergrüner Strauch mittlerer Größe. Er zeigt den ganzen Sommer über ein intensiv rosa-purpurfarbenes Laub, wobei sich die Färbung im Lauf der Zeit immer mehr vertieft, um im Herbst mit einem Feuerwerk an Rot-, Orange- und Gelbtönen zu erstrahlen. Die gelben Blüten im Frühjahr bilden einen hübschen Kontrast zum purpurfarbenen Laub. Ihnen folgen essbare, Vitamin-C-reiche, aber sehr säuerliche Beeren in lebhaftem Rot. Diese Berberitze ist völlig problemlos und gedeiht sowohl in der Sonne als auch im Halbschatten auf fast jedem erdenklichen Substrat, vorausgesetzt, dieses ist nicht zu feucht. Die scharfen Dornen des Strauchs, seine Vitalität, Pflegeleichtigkeit und Toleranz gegenüber standörtlichen Gegebenheiten machen aus ihm eine ideale Heckenpflanze für Gartensituationen, in denen sich der Besitzer nicht nur sicher und geschützt fühlen, sondern sich gleichzeitig an einem ästhetischen Anblick erfreuen möchte.

Gleichermaßen zu behandeln sind:
Sämtliche anderen Berberitzenarten (*Berberis* ssp.) und deren Hybriden.

 **Pflanzentyp**
Blüte

 Element
Luft

 beherrschender Planet
Merkur, Jupiter

Pflanzengesellschaften

 Begleitpflanzen
Säckelblume oder Kalifornischer Flieder (*Ceanothus* ssp.), Orangenblume (*Choisya ternata*), Silberblättriges Heiligenkraut (*Santolina chamaecyparissus*), Italienische Strohblume oder Currykraut (*Helichrysum italicum*), Fingerstrauch (*Potentilla fruticosa*), Strauchbrandkraut (*Phlomis fruticosa*).

 Unverträgliche Pflanzen
Silberweide (*Salix alba*), Funkienarten (*Hosta* ssp.), Prachtspierenarten (*Astilbe* ssp.), Kreuzkrautarten (*Ligularia* ssp.), Nieswurzarten (*Helleborus* ssp.).

Praktische Ratschläge

 Aussaat oder Pflanzung
Anfang Frühjahr bei zunehmendem Mond in den Tierkreiszeichen Wassermann, Zwillinge oder Waage.

 Pflege
Bei Mond in den Zeichen Wassermann, Zwillinge oder Waage.

Der Schmetterlingsstrauch

Buddleja davidii Scrophulariaceae

Der graugrün belaubte Schmetterlingsstrauch oder Schmetterlingsflieder *Buddleja davidii* kam über Russland aus Zentral- und Westchina nach Europa, hat sich jedoch so gut etabliert, dass er sich mittlerweile in zahlreichen Regionen ausgewildert hat. Dieser Strauch wurde nach dem französischen Missionar und Botaniker Armand David benannt, der diese Art 1869 entdeckte. Der mittelgroße, bis vier Meter hohe, sehr vitale Strauch treibt lange, lavendelblaue Blütenrispen mit zartem Duft aus, die Schmetterlinge, Hummeln und Bienen in großer Zahl anziehen. Die fruchtbaren Samen des Braunwurzgewächses werden vom Wind verbreitet. Sie keimen dort, wo sie landen, vorausgesetzt, der Boden ist nicht zu schwer. Vom Schmetterlingsstrauch *Buddleja davidii* existieren viele Sorten in einer breiten Auswahl von Blütenfarben (Weiß bis Dunkelrot und Purpur). Alle Varietäten profitieren von einem radikalen, etwa kniehohen Rückschnitt im Frühjahr, der den Blütenaustrieb an den diesjährigen Zweigen begünstigt. Auch bei Frostschäden kann ohne Bedenken weit ins Altholz hineingeschnitten werden.

Gleichermaßen zu behandeln sind:
Sämtliche Pflanzen mit grauem oder silbrigem Laub.

 **Pflanzentyp**
Blatt

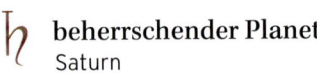 **Element**
Wasser

ℏ beherrschender Planet
Saturn

Pflanzengesellschaften

 Begleitpflanzen
Rotbuche (*Fagus sylvatica*), Eibe (*Taxus baccata*), Eingriffeliger Weißdorn (*Crataegus monogyna*), Schlehdorn (*Prunus spinosa*), Berberitzenarten (*Berberis ssp.*), Fingerkrautarten (*Potentilla ssp.*).

 Unverträgliche Pflanzen
Silberweide (*Salix alba*), Sumpfzypresse (*Taxodium distichum*).

Praktische Ratschläge

 Aussaat oder Pflanzung
Gegen Ende des Winters und Anfang des Frühjahrs bei zunehmendem Mond in den Zeichen Fische, Krebs oder Skorpion.

 Pflege
Bei Mond in den Zeichen Fische, Krebs oder Skorpion.

 Ernte
Bei zunehmendem Mond im Sommer, wenn der Saftgehalt am höchsten steht, um ein besonders hartes Holz zu erhalten.

Der Buchsbaum

Buxus sempervirens Buxaceae

Der Gemeine Buchsbaum *Buxus sempervirens* ist ein immergrüner, robuster und frostharter Strauch, langsamwüchsig, anpassungsfähig und außerordentlich schattenverträglich. Er treibt eine Masse kleiner, dunkelgrüner Blätter aus und verströmt während der unscheinbaren Blütenperiode einen charakteristischen Duft. Aus der Art entstanden zahlreiche Formen, deren überwiegende Mehrheit sich ideal zur Begrenzung von Beeten und Rabatten und für die Kunst der Gartenformschnitte eignet. Ursprünglich war der Buchsbaum bis Mitteleuropa verbreitet, und sein Verbreitungsgebiet reicht bis in den Nordiran, wo der Buchsbaum im Elbursgebirge am Kaspischen Meer sogar Waldbestände bildet, da er dort ausgeprägt baumförmig wächst. Seine Ansprüche an den Boden sind nicht besonders ausgeprägt. Er gedeiht auf mäßig trockenen bis frischen, basenreichen Bodensubstraten, die nicht unbedingt kalkreich sein müssen. Obwohl er schattenverträglich ist, vertragen die meisten Sorten auch sonnige Standorte ohne jedes Problem. In Gesellschaft mit Eibe (*Taxus baccata*) trifft man Buchs vor allem in den großen klassischen Gartenanlagen, in Rabatten, als Formschnitte oder in kompakten, immergrünen Hecken. Das gelbe Holz des Buchsbaums ist feinfaserig, sehr hart und so dicht, dass es im frischen Zustand sofort unter Wasser sinkt. Buchsbaumholz wurde lange in der Holzbildhauerei, bei der Herstellung mathematischer Geräte und für Druckstöcke verwendet.

Gleichermaßen zu behandeln sind:
Die Eibe (*Taxus baccata*).

Pflanzentyp
Frucht/Nuss/Samen

Element
Feuer

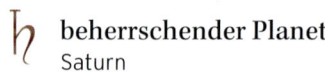

beherrschender Planet
Saturn

Pflanzengesellschaften

Begleitpflanzen
Andere Wald- und Zierpflanzen.

Unverträgliche Pflanzen
Besenheidearten (*Calluna* ssp.),
Heidekrautarten (*Erica* ssp.),
Weidenarten (*Salix* ssp.).

Praktische Ratschläge

Aussaat oder Pflanzung
Im Winter bei abnehmendem
Mond in den Zeichen Widder,
Löwe oder Schütze.

Pflege
Bei Mond in den Zeichen
Widder, Löwe oder Schütze.

Ernte
Das Holz ist für kommerzielle
Zwecke nicht geeignet.

Der Liebesperlenstrauch

Callicarpa bodinieri var. *giraldii* ›Profusion‹ Verbenaceae

Der Liebesperlenstrauch var. *giraldii* ›Profusion‹, dessen Urform *Callicarpa bodinieri* aus West- und Zentralchina stammt, ist ein ungewöhnlicher, etwa zwei bis drei Meter hoher Zierstrauch, dessen im Herbst rotviolette, in dichten Dolden stehende Beeren ausgesprochen dekorativ wirken. Die langen, elliptisch spitz zulaufenden Blätter sind bronze-violett im Frühjahr und nehmen im Herbst eine dunkelrosa Färbung an. Seine lila Blüten entfalten sich gegen Ende des Sommers. Die rotvioletten Beeren, botanisch eher den Steinfrüchten zuzurechnen, sind nicht essbar, sollen aber auch nicht giftig sein. Sie erscheinen in Massen, wenn mehrere Exemplare nebeneinanderstehen und sich gegenseitig bestäuben. Dieser pflegeleichte Strauch gedeiht prächtig in fruchtbaren, humosen und sauren Böden in der Sonne bis im Halbschatten (wo er allerdings weniger Beeren produziert), toleriert aber auch ärmere Substrate. Er ist perfekt für den Unterstand oder als winterlicher Blickpunkt in einer Rabatte, die er mit seinen leuchtend gefärbten Beeren deutlich belebt. Der Strauch wurde zu Ehren des französischen Missionars Emile Marie Bodinier (1842–1901) benannt.

Gleichermaßen zu behandeln sind:
Gemeine Eberesche oder Vogelbeere (*Sorbus aucuparia*), Europäisches Pfaffenhütchen (*Euonymus europaeus*).

 **Pflanzentyp**
Blatt

 **Element**
Wasser

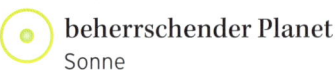 **beherrschender Planet**
Sonne

Pflanzengesellschaften

 Begleitpflanzen
Strauchiges Kreuzkraut (*Brachyglottis*, ›Sunshine‹, Dunedin-Gruppe), Silberblättriges Heiligenkraut (*Santolina chamaecyparissus*), Italienische Strohblume (*Helichrysum italicum*), Strauchiges Brandkraut (*Phlomis fruticosa*).

 Unverträgliche Pflanzen
Funkienarten (*Hosta* ssp.), Prachtspierenarten (*Astilbe* ssp.), Goldkolben (*Ligularia* ssp.).

Praktische Ratschläge

 Aussaat oder Pflanzung
Anfang Frühjahr bei zunehmendem Mond in den Tierkreiszeichen Fische, Krebs oder Skorpion.

 Pflege
Bei Mond in den Zeichen Fische, Krebs oder Skorpion.

Die Orangenblüte

Choisya ternata ›Sundance‹ Rutaceae

›Sundance‹, eine gelblaubige Sorte der aus dem südlichen Nordamerika (Mexiko, südliches Nordamerika) stammenden Orangenblume *Choisya ternata*, gehört wie die Zitruspflanzen, Weinraute und der Diptam zu den Rautengewächsen (Rutaceae). Sie trägt wohlriechendes, dreilappiges Laub, dessen leuchtend gelbe Farbe den Blick auf sich zieht. Gegen Ende des Frühjahrs, Anfang Sommer und erneut Anfang Herbst treibt die Orangenblume Unmengen von weißen, zart duftenden Blüten aus, die sich auf Trugdolden entfalten. Die Sorte ›Sundance‹ ist aufgrund des geringeren Chlorophyllanteils in den Blättern weniger vital als die grünlaubige *Choisya ternata*, doch mit fortschreitendem Alter wächst sie zu einem sehr attraktiven, mittelgroßen Strauch mit rundlicher Wuchsform heran. Obwohl sie aus warmen Regionen stammt, toleriert ›Sundance‹ auch halbschattige Standorte und gedeiht ebenfalls in Küstenregionen. Die lebhafte Tönung ihres Laubes kann in Rabatten leicht aufdringlich wirken, kommt jedoch in Kombination mit Pflanzen mit grauem oder silbrigem Laub und gelben Blüten ausgesprochen gut zur Geltung. Sie eignet sich auch ausgezeichnet als Kübelpflanze zur Begrünung von Terrassen und überglasten Wintergärten.

> **Gleichermaßen zu behandeln sind:**
> Die grünlaubige Orangenblüte (*Choisya ternata*), die Orangenblüte ›Aztec Pearl‹ mit größeren, in der Mitte leicht rosa überlaufenen Blüten.

Pflanzentyp
Frucht/Nuss/Samen

Element
Feuer

beherrschender Planet
Jupiter

Pflanzengesellschaften

Begleitpflanzen

Stieleiche (*Quercus robur*), Eingriffeliger Weißdorn (*Crataegus monogyna*), Schlehdorn (*Prunus spinosa*), Gemeine Stechpalme (*Ilex aquifolium*).

Unverträgliche Pflanzen

Eukalyptusarten (*Eucalyptus ssp.*), andere Pflanzen mit aromatischem grauem oder silbrigem Laub.

Praktische Ratschläge

Aussaat oder Pflanzung

Im Winter bei zunehmendem Mond in den Zeichen Widder, Löwe oder Schütze.

Pflege

Bei Mond in den Zeichen Widder, Löwe oder Schütze.

Ernte

Für eine lange Haltbarkeit der Haselnüsse sollte die Ernte bei abnehmendem Mond möglichst im Widder, aber nicht im Zeichen Fische erfolgen.

Die Lambertshasel

Corylus maxima Betulaceae

Die in der türkischen Schwarzmeerregion beheimatete Lambertsnuss oder Lambertshasel *Corylus maxima* ist ein hoher, schöner, jedoch weniger frostfester Strauch als die bei uns beheimatete Gemeine Hasel (*Corylus avellana*), deren Früchte und Holz vom Menschen seit Jahrtausenden genutzt werden. Ihre Nüsse sind seit einer Ewigkeit Teil unseres Speiseplanes, und ihre Zweige dienen zur Herstellung von Zäunen und Flechtwerk sowie als Bauholz. Um den Wuchs von langen, geraden Zweigen zu fördern, werden die Sträucher traditionsgemäß meist in Niederwaldungen ungefähr alle sieben Jahre bis zum Boden zurückgeschnitten (das heißt »auf Stock gesetzt«). Für Holz, das zum Bau verwendet werden sollte, wurden die Haselsträucher als Bäume gezogen und in solchen Fällen oft zusammen mit Eichen (*Quercus* ssp.) vergesellschaftet, die bekanntlich das härteste europäische Holz für die Bauschreinerei liefern. Die auf Windbestäubung ausgerichteten Blüten des einhäusigen (weibliche und männliche Blüten getrennt, aber auf einem Individuum) Haselstrauchs zeigen sich Anfang des Jahres in langen, hängenden männlichen Kätzchen, während die weiblichen Blüten sich fast verstecken. Die Nüsse, reich an Proteinen und anderen Nährstoffen, können zum Herbstende geerntet werden.

Gleichermaßen zu behandeln sind:

Die Echte Walnuss (*Juglans regia*), die Gemeine Hasel (*Corylus avellana* aus Mitteleuropa), die Mandel (*Prunus dulcis*).

Pflanzentyp
Frucht/Nuss/Samen

Element
Feuer

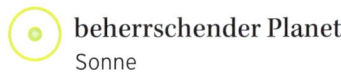

beherrschender Planet
Sonne

Pflanzengesellschaften

Begleitpflanzen
Wolliger Schneeball (*Viburnum lantana*), Hartriegel (*Cornus ssp.*), Schwarzer Holunder (*Sambucus nigra*), Wiesenschafgarbe (*Achillea millefolium*).

Unverträgliche Pflanzen
Hortensienarten (*Hydrangea ssp.*), Prachtspieren (*Astilbe ssp.*), Funkien (*Hosta ssp.*).

Praktische Ratschläge

Aussaat oder Pflanzung
Im Winter bei zunehmendem Mond in den Zeichen Widder, Löwe oder Schütze.

Pflege
Bei Mond in den Zeichen Widder, Löwe oder Schütze.

Ernte
Zur Herstellung kleinerer Gerätschaften schneiden Sie das Holz bei zunehmendem Mond, unmittelbar nach der Sommersonnenwende; für Holzkohle bei abnehmendem Mond zum Winterende.

Das Europäische Pfaffenhütchen

Euonymus europaeus ›Red Cascade‹ Celastraceae

Die besonders prächtige Zuchtform des Spindelstrauchs oder Europäischen Pfaffenhütchens *Euonymus europaeus* ›Red Cascade‹ finden wir als Strauch deutlich seltener denn als kleinen Baum in Hecken. Über die meiste Zeit des Jahres bleibt dieses Pfaffenhütchen mit seinem kleinen, hellgrünen Laub und den grünlichweißen Blüten reichlich unauffällig. Im Herbst allerdings nehmen die Blätter vor dem Blattfall eine scharlachrote Tönung an, und die Pflanze biegt sich förmlich unter der Last einer Unmenge von vierfächrigen, breiten, purpurrosa Früchten, die bei der Öffnung vier orangefarbene Samen enthüllen. Das Holz ist hell, hart, kompakt sowie drechselfähig und wurde in der Vergangenheit zur Herstellung von Spindeln für das Spinnen von Wolle, von Spießen (Fleisch-, Fisch-) oder von Wäscheklammern verwendet. Heute macht man Zeichenkohle für Künstler daraus. Die Früchte des Pfaffenhütchens gelten in der Naturheilkunde als ein Brechmittel, und sein getrocknetes und pulverisiertes Laub wurde zur Läusevertilgung genutzt. Achtung: Die gesamten Pflanzenteile, besonders die Früchte, sind stark giftig und können schon bei Einnahme weniger Früchte vor allem bei Kindern zu ernsten Konsequenzen führen. Die Urform *Euonymus europaeus* gedeiht bevorzugt auf Kalk- und Lehmböden. Die Samen werden durch Vögel verbreitet.

Gleichermaßen zu behandeln sind:
Wolliger Schneeball (*Viburnum lantana*), Schwarzer Holunder (*Sambucus nigra*).

 **Pflanzentyp**
Frucht/Nuss/Samen

 **Element**
Feuer

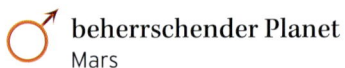 **beherrschender Planet**
Mars

Pflanzengesellschaften

 Begleitpflanzen
Stechginster (*Ulex europaeus*),
Berberitze (*Berberis*), Weiden
(*Salix* ssp.), Besenginster
(*Cytisus scoparius*).

 Unverträgliche Pflanzen
Funkien (*Hosta* ssp.), Prachtspieren (*Astilbe* ssp.), Gewöhnlicher Schneeball (*Viburnum
opulus*).

Praktische Ratschläge

 Aussaat oder Pflanzung
In einem Wintermonat und
Anfang Frühjahr bei zuneh-
mendem Mond in den Zeichen
Widder, Löwe oder Schütze.

 Pflege
Bei Mond in den Zeichen
Widder, Löwe oder Schütze.

 Ernte
Bei abnehmendem Mond in
den Tierkreiszeichen Widder,
Löwe oder Schütze.

Der Gemeine Sanddorn

Hippophae rhamnoides Elaeagnaceae

Der Gemeine Sanddorn *Hippophae rhamnoides* ist
ein großer Strauch mit Verbreitungsschwerpunkt in
Ost- und Westasien. Inzwischen ist er auch in vielen
Gebieten Europas verbreitet. Zuweilen wächst er als
kleiner Baum heran. Die schmalen, lanzettlichen und
silbriggrünen Blätter ähneln dem Laub der Weide.
Der dornenbewehrte Sanddorn ist eine zweihäusi-
ge Pflanze, das heißt, es gibt männliche und weibliche Exemplare, die benachbart sein müssen, um zu
fruchten. Die weiblichen Pflanzen zeigen im Winter
lebhaft orangegelbe Beeren. Diese Beeren sind ausgesprochen sauer und außerordentlich reich an Vitamin C. Der Sanddorn ist ein an sandige Standorte,
Küsten- und Binnendünen, kiesige Uferbereiche und
Schotterflure hoch angepasstes Pioniergehölz, das
die Eigenschaft besitzt, mithilfe von symbiotischen
Bakterien Luftstickstoff zu binden und damit den
Boden für die nachfolgende Vegetation vorzubereiten. Außerdem ist dieses Gehölz salzverträglich. Die
Pflanze ist lichthungrig, benötigt viel Platz und wird,
hat sie den Boden erst einmal verbessert, von nach-
wachsender Konkurrenz meist erstickt. Die Eigenschaft, sich durch Wurzelschösslinge zu vermehren,
macht den Sanddorn zum idealen Strauch für die Bodenverbesserung und Stabilisierung von Dünen oder
als Windschutz auf exponiertem Gelände in Meeres-
nähe. Sanddorn wird auch als Obstgehölz angebaut.

Gleichermaßen zu behandeln sind:
Europäisches Pfaffenhütchen (*Euonymus europaeus*),
Schlehdorn (*Prunus spinosa*).

 **Pflanzentyp**
Blatt

 **Element**
Wasser

 **beherrschender Planet**
Mars

Pflanzengesellschaften

 Begleitpflanzen
Rotbuche (*Fagus sylvatica*),
Stieleiche (*Quercus robur*), Eingriffeliger Weißdorn (*Crataegus
monogyna*).

 Unverträgliche Pflanzen
Große Nadelbäume wie Schein-
zypressen (*Chamaecyparis*) und
die Bastardzypresse (x *Cupres-
socyparis leylandii*).

Praktische Ratschläge

 Aussaat oder Pflanzung
Im Winter bei zunehmendem
Mond in den Zeichen Fische,
Krebs oder Skorpion – oder
in einem regenreichen Jahr
Ende des Frühjahrs.

 Pflege
Bei Mond in den Zeichen
Fische, Krebs oder Skorpion.
Schnittmaßnahmen mit der
Gartenschere bei abnehmen-
dem Mond in den Zeichen
Wassermann, Zwillinge oder
Waage (Luft).

Die Igelstechpalme

Ilex aquifolium ›Ferox argentea‹ Aquifoliaceae

Die buntlaubige und immergrüne Igelstechpalme
Ilex aquifolium ›Ferox argentea‹ ist ein sehr bemer-
kenswerter Stechpalmen-Klon. Blattrand und sogar
die Blattspreite sind mit zahlreichen kurzen, spitzen
Stachelzähnen bewehrt. Diese Stachelzähne sowie
der Blattrand sind cremefarben, eine Zeichnung, die
einen lebhaften Kontrast zu den violett überhauchten Zweigen bildet. Dies ergibt im Gesamtbild einen
sehr ungewöhnlichen und ausgesprochen hübschen
Strauch. Die Igelstechpalme ist eine männliche
Pflanze, die im Winter keine Früchte trägt, aber rote
Knospen zeigt, die man fast mit Früchten verwech-
seln könnte. Sie wächst sehr langsam und bietet sich
für wirksame und attraktive Hecken oder als solitä-
rer Blickfang an. Sie toleriert sowohl Sonne als auch
Schatten und gedeiht auf den meisten gut dränierten
Böden, leidet jedoch auf nassen Substraten.

Gleichermaßen zu behandeln sind:
Die meisten anderen immergrünen Pflanzen, die aufgrund ihres attraktiven Laubes gezogen werden.

 **Pflanzentyp**
Blüte

 **Element**
Luft

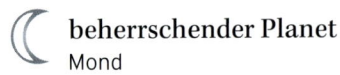 **beherrschender Planet**
Mond

Pflanzengesellschaften

 Begleitpflanzen
Die große Mehrzahl der traditionellen Beetstauden und -sträucher.

 Unverträgliche Pflanzen
Azaleen und Rhododendren (*Rhododendron* ssp.).

Praktische Ratschläge

 Aussaat oder Pflanzung
In einem Wintermonat bei zunehmendem Mond in den Tierkreiszeichen Wassermann, Waage oder Zwillinge.

 Pflege
Bei Mond in den Zeichen Wassermann, Waage oder Zwillinge.

Der Pfeifenstrauch

Philadelphus x *lemoinei* ›Belle Étoile‹   Hydrangeaceae

Der Pfeifenstrauch oder Gartenjasmin *Philadelphus × lemoinei* ›Belle Étoile‹ ist eine exquisite Zuchtform des Pfeifenstrauchs, die aus einer Kreuzung zwischen dem Europäischen Pfeifenstrauch (*Philadelphus coronarius*) und dem Kleinblütigen Pfeifenstrauch (*Philadelphus microphyllus*) hervorgegangen ist. Dieser Strauch von aufrechtem Wuchs treibt seine später bogenförmig überhängenden Zweige vom Boden und kranzförmig aus. Sein Laub ist grün und klein mit einer deutlichen Mittelrippe und verfärbt sich im Herbst gelb. Seine weißen, intensiv nach Jasmin (er wird deswegen auch Falscher Jasmin genannt) duftenden Blüten sind in der Mitte blass purpurn überhaucht und öffnen sich in großen Mengen im Juni. Ihren charakteristischen und betörenden Duft nimmt man schon von Weitem und vor allem an lauen Abenden wahr – ein Duft, dem auch Nachtschmetterlinge nicht widerstehen können. Der den Hortensiengewächsen zugeordnete Pfeifenstrauch stammt aus Südeuropa und toleriert alle möglichen Böden, darunter sogar ganz flachgründige, und gedeiht sowohl in der Sonne als auch im Halbschatten, wo er allerdings weniger reichlich blüht. Der Pfeifenstrauch ›Belle Étoile‹ muss kurz nach der Blüte geschnitten werden. Dabei kürzt man die abgeblühten Zweige bis zum alten Holz ein, um den Neuaustrieb anzuregen, der dann im Folgejahr blüht. Ein fortlaufender Schnitt ist empfehlenswert.

> ### Gleichermaßen zu behandeln sind:
> Sämtliche Pfeifensträucher (*Philadelphus* ssp.), Weigelien (*Weigela* ssp.) und Deutzien (*Deutzia* ssp.).

 **Pflanzentyp**
Blüte

 **Element**
Luft

 **beherrschender Planet**
Sonne

Pflanzengesellschaften

 ### Begleitpflanzen
Pflanzen mit grauem oder silbrigem Laub wie das Strauchige Brandkraut (*Phlomis fruticosa*), das Silberblättrige Heiligenkraut (*Santolina chamaecyparissus*), die Italienische Strohblume (*Helichrysum italicum*), Echter Salbei (*Salvia officinalis*), Zistrosen (*Cistus* ssp.), Rosmarin (*Rosmarinus officinalis*), Säckelblumen (*Ceanothus* ssp.), Schmucklilienhybriden (*Agapanthus*-Hybriden), Rosen (*Rosa* ssp.).

 ### Unverträgliche Pflanzen
Funkien (*Hosta* ssp.), Prachtspieren (*Astilbe* ssp.), Goldkolben (*Ligularia* ssp.), Silberweide (*Salix alba*), Sumpfzypresse (*Taxodium distichum*).

Praktische Ratschläge

 ### Aussaat oder Pflanzung
Während des auslaufenden Winters und Anfang Frühjahr bei zunehmendem Mond in den Tierkreiszeichen Wassermann, Zwillinge oder Waage.

 ### Pflege
Bei Mond in den Tierkreiszeichen Wassermann, Zwillinge oder Waage.

Das Strauchfingerkraut

Potentilla fruticosa ›Tilford Cream‹ Rosaceae

›Tilford Cream‹ ist eine zauberhafte, weiß blühende Variante des sommergrünen, gelbblütigen Strauchfingerkrauts *Potentilla fruticosa*, das in Westeuropa und Russland beheimatet ist. ›Tilford Cream‹ ist pflegeleicht und für die lange Haltbarkeit seines Laubes und seiner Blüten bekannt. Es handelt sich hier um einen 20 bis 100 Zentimeter niedrigen Zwergstrauch mit kompakter Wuchsform, dessen tiefgrüne Blätter fünf- oder sechsfach gefiedert sind und dessen cremeweiße Blüten verhältnismäßig groß ausfallen. Dieses Strauchfingerkraut ist ausgesprochen robust und gedeiht praktisch auf allen Substraten, wobei die Pflanze nährstoffreiche, humose, gut dränierte Böden und vor allem einen sonnigen Standort bevorzugt. Die rosenähnlichen Blüten sind einfach und verleihen dem Strauch noch lange nach dem Aufblühen am Anfang des Sommers bis Ende Herbst ein hübsches Aussehen.

Gleichermaßen zu behandeln sind:
Andere Strauchfingerkrautarten (*Potentilla* ssp.), Strauchrosen (*Rosa* ssp.).

Pflanzentyp
Blüte

Element
Luft

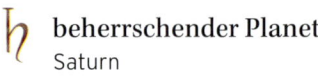

beherrschender Planet
Saturn

Pflanzengesellschaften

Begleitpflanzen

Andere widerstandsfähige *Rhododendron*-Hybriden, andere *Rhododendron*-Arten und Azaleen (*Rhododendron* ssp.), Kirschlorbeer (*Prunus laurocerasus*), Portugiesische Lorbeerkirsche (*Prunus lusitanica*), Japanische Goldorange oder Aukube (*Aucuba japonica*).

Unverträgliche Pflanzen

Pfeifensträucher (*Philadelphus* ssp.), Weigelien (*Weigela* ssp.), Deutzien (*Deutzia* ssp.), Zwergmispeln (*Cotoneaster* ssp.).

Praktische Ratschläge

Aussaat oder Pflanzung

Ende des Winters und Anfang Frühjahr bei zunehmendem Mond in den Tierkreiszeichen Wassermann, Zwillinge oder Waage.

Pflege

Bei Mond in den Tierkreiszeichen Wassermann, Zwillinge oder Waage.

Die Großblumige Rhododendronhybride ›Britannia‹

Rhododendron ›Britannia‹ Ericaceae

Die Großblumige Rhododendronhybride *Rhododendron* ›Britannia‹ ist nur eine von zahlreichen Hybriden, an deren Entstehung mehrere Rhododendrenarten beteiligt waren und die bekannt sind für ihr üppiges, breites Laub, ihre großen Blütendoldentrauben und ihre Fähigkeit, auch exponierte Standorte zu tolerieren. Die Rhododendronhybride ›Britannia‹ besitzt immergrüne hellgrüne Blätter, zu Beginn des Sommers leuchtend karmesinrote Blüten und gedeiht auf sauren Böden, sowohl in der Sonne als auch im Schatten. Trotz seiner Robustheit ist es ratsam, den Strauch vor der Mittagssonne zu schützen, denn plötzliche Hitze kann seine Blütenknospen schädigen, die nach Spätfrösten nur langsam und sukzessive auftauen dürfen. Die Hybride ›Britannia‹ ist selbst unter anderen großblütigen Rhododendrenhybriden eine spektakuläre Erscheinung und wirkt sowohl in Hecken als auch im Unterstand.

Gleichermaßen zu behandeln sind:

Andere widerstandsfähige Rhododendrenhybriden, andere Rhododendren und Azaleen (*Rhododendron* ssp.) sowie Kamelien (*Camellia* ssp.).

Pflanzentyp
Blüte

Element
Luft

beherrschender Planet
Mars, Venus

Pflanzengesellschaften

Begleitpflanzen
Küchenkräuter, darunter besonders Kräuter mit grauem oder silbrigem Laub sowie Zierlaucharten (*Allium* ssp.).

Unverträgliche Pflanzen
Die meisten Nadelbäume.

Praktische Ratschläge

Aussaat oder Pflanzung
Im Winter und Anfang Frühjahr bei zunehmendem Mond in den Zeichen Wassermann, Zwillinge oder Waage.

Pflege
Bei Mond in den Zeichen Wassermann, Zwillinge oder Waage.

Ernte
Wenn der Mond in den Zeichen Wassermann, Zwillinge oder Waage steht.

Die Strauchrose
›Golden Wings‹

Rosa ›Golden Wings‹ Rosaceae

Die etwa 1,50 Meter hohe Strauchrose ›Golden Wings‹ ist eine moderne Bibernell-Hybride, die aus einer Mehrfachkreuzung mit ›Soeur Thérèse‹ und *R. piminellifolia* ›Altaica‹ und ›Ormiston Roy‹ enstand und deren große Blüten sich zu einfachen, hellgelben Schalen mit mahagonibraunen Staubblättern öffnen. Diese Blüten verströmen einen frischen und reinen Duft. Die Blüte erscheint stets üppig, wiederholt sich über den gesamten Sommer und gelegentlich bis in den Herbst hinein. Das Laub der Rose ist hellgrün, die Zweige sind mit Stacheln bewehrt. ›Golden Wings‹ ist eine pflegeleichte Strauchrose, denn sie toleriert die unterschiedlichsten Situationen. Am besten gedeiht sie allerdings auf tiefgründigen, humosen Böden in der prallen Sonne oder in leicht marmoriertem Schatten. Diese Rosen sind, was Dünger betrifft, ausgesprochen unersättlich das heißt Starkzehrer. Daher ist es sehr wichtig, die Pflanze jährlich Anfang Frühjahr (bei abnehmendem Mond) mit Kompost oder gut zersetztem Mist zu düngen. Das garantiert eine reiche und schöne Blüte. Während der Blüte sollte regelmäßig Blattdünger auf der Basis von Beinwell oder Brennnesseln ausgebracht werden. Dünnes, totes oder zu dicht wachsendes Holz im Februar bei abnehmendem Mond entfernen. Die Blütenblätter setzen reizvolle Farbakzente in Salaten.

Gleichermaßen zu behandeln sind:
Sämtliche Rosen, die aufgrund des Duftes ihrer Blüten gezogen werden.

 **Pflanzentyp**
Frucht/Nuss/Samen

 Element
Feuer

 **beherrschender Planet**
Mars, Venus

 ## Pflanzengesellschaften

Begleitpflanzen
Andere Strauchrosen, Zierlauch (*Allium* ssp.), Malven (*Malva* ssp.), Pflanzen mit grauem oder silbrigem Laub.

 ### Unverträgliche Pflanzen
Die meisten Koniferen und Pflanzen, die einen frischen, humosen Boden benötigen.

Praktische Ratschläge

 ### Aussaat oder Pflanzung
Im Winter bei zunehmendem Mond in den Zeichen Widder, Löwe oder Schütze.

 ### Pflege
Bei Mond in den Zeichen Widder, Löwe oder Schütze.

Die Strauchrose ›Geranium‹

Rosa moyesii ›Geranium‹ Rosaceae

Die bekannteste Moyesii-Hybride *Rosa moyesii* ›Geranium‹ ist eine bis zu 2,50 Meter hohe Strauchrose mit starker Persönlichkeit, die aus einem Sämling von *Rosa moyesii* hervorgegangen ist. Sie besitzt die kompakte Form ihrer Art und eine offene, aufrechte Gestalt, Zweige mit wenigen Stacheln und ein zartes Laub. Ihre großen, einfachen, leuchtend geranienroten Blüten mit cremefarbenen Staubfäden entfalten sich im Sommer. Ihnen folgen große, karmesinrote, flaschenförmige Hagebutten. Als nahe Verwandte der Hundsrose gedeiht die *Rosa moyesii* ›Geranium‹ in offenen, sonnigen Situationen auf tiefgründigen, nährstoffreichen und humosen Böden, die im Sommer nicht zu stark austrocknen, toleriert jedoch auch weniger optimale Bedingungen und Halbschatten. Diese Strauchrose wird im Allgemeinen aufgrund ihrer schönen und charakteristischen Hagebutten kultiviert, und wir finden sie in manchen Strauchrabatten. Schnitttechnisch wird diese Strauchrose ähnlich behandelt wie ›Golden Wings‹, das heißt, der Rückschnitt ist nur erforderlich, wenn zu dünnes, totes oder zu dicht wachsendes Holz den Strauch behindert. Der Rückschnitt erfolgt im Februar bei abnehmendem Mond.

Gleichermaßen zu behandeln sind:
Die Kartoffelrose (*Rosa rugosa*), die Hundsrose (*Rosa canina*).

Pflanzentyp
Frucht/Nuss/Samen

Element
Feuer

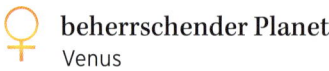

beherrschender Planet
Venus

Pflanzengesellschaften

Begleitpflanzen
Rainfarn (*Tanacetum*), Garten-
oder Weinraute (*Ruta graveolens*).

Unverträgliche Pflanzen
Die Ulmenblättrige Brombeere
(*Rubus ulmifolius*), die Amerikanische Blaubeere (*Vaccinium
corymbosum*), Kartoffeln (*Solanum tuberosum*).

Praktische Ratschläge

Aussaat oder Pflanzung
Im Winter bei zunehmendem
Mond in den Zeichen Widder,
Löwe oder Schütze.

Pflege
Bei Mond in den Zeichen
Widder, Löwe oder Schütze.

Ernte
Bei abnehmendem Mond und
vorzugsweise im Tierkreiszeichen Widder. Keinesfalls im
Zeichen Fische.

Die Echte Himbeere

Rubus idaeus Rosaceae

Die Himbeere *Rubus idaeus* repräsentiert eine besonders köstliche, wunderbar frischaromatische Pflanze aus der großen Auswahl an unkomplizierten,
genießbaren Beerenfrüchten. Ursprünglich war sie
eine Pflanze der Waldlichtungen, der Staudenfluren
und Steinschutthalden des nördlichen Europas und
Asiens. Die Himbeere entwickelt Kriechwurzeln und
Wurzelbrut, die sich oberflächennah oder auf dem
Boden ausbreiten und den Boden für nachfolgende
Vegetation vorbereiten. Die Himbeere gilt deshalb als
ein Waldpionier. Überdies ist sie ein Nitratzeiger. Das
Beerenobst wurde nachweislich schon in der Stein-
zeit geerntet. Sie liebt sickerfrische Lehmböden mit
hohem Humusanteil und einen Platz an einem sonnigen, aber windgeschützten Standort – also Standorte, wie sie sie auch in den Waldlichtungen vorfindet.
Es gibt mittlerweile viele Sorten, die nahezu jeden
Wunsch erfüllen: Früchte in den Farben Weiß, Gelb,
Rot, Blau in vielen Aroma- und Geschmacksvariati-
onen, frühe und späte, robuste und empfindlichere
Sorten sowie Sorten, die Ausläufer bilden, und solche,
die verhaltener sind. Einmal tragende Sorten fruchten aus dem Trieb des Vorjahres im Sommer, der unmittelbar nach der Ernte bis auf den Boden zurückgeschnitten wird. Remontierende beziehungsweise
mehrfach tragende Sorten fruchten bis in den Herbst
hinein. Hier erfolgt der Rückschnitt bis auf den Boden erst im November.

Gleichermaßen zu behandeln sind:
Stachelbeeren (*Ribes uva-crispa*), Rote Johannisbeeren (*Ribes rubrum*), Schwarze Johannisbeeren (*Ribes
nigrum*).

Pflanzentyp
Blüte

Element
Luft

beherrschender Planet
Venus

Pflanzengesellschaften

Begleitpflanzen
Andere große Ziersträucher wie
die Liebliche Weigelie (*Weigela
florida*) und die Eskallonie
(*Escallonia* ›Donard Seedling‹).

Unverträgliche Pflanzen
Die meisten Koniferen und
Pflanzen, die ein sehr feuchtes
Klima bevorzugen.

Praktische Ratschläge

Aussaat oder Pflanzung
In einem Wintermonat und
Anfang Frühjahr bei zunehmendem Mond in den Tierkreiszeichen Wassermann, Zwillinge
oder Waage.

Pflege
Bei Mond in den Zeichen
Wassermann, Zwillinge oder
Waage.

Der Duftende Schneeball

Viburnum farreri Caprifoliaceae

Der zwei bis vier Meter hohe Duftende Schneeball
oder Winterschneeball *Viburnum farreri*, gelegentlich auch *Viburnum fragrans* genannt, ist einer der
Blütensträucher in unseren Gärten, der sich zunehmender Beliebtheit erfreut, wo er aufgrund seiner
dekorativen winterlichen Blütenstände für freudige
Überraschung sorgt. Er stammt ursprünglich aus
den Bergregionen Westchinas, wo er zu Beginn des
20. Jahrhunderts von dem Botaniker Reginald Far-
rer entdeckt wurde. Er ist ein sommergrüner, mittelgroßer Strauch mit kräftigen, aufrecht wachsenden Zweigen, die im Alter ausladend werden. Seine
rosafarbenen Blütenknospen öffnen sich zu zartrosa
überhauchten weißen Blüten mit betörend intensivem, nelken- oder vanilleartigem Duft. Die Blüte beginnt oft schon im November an den nackten Ästen
und setzt sich bis weit ins Frühjahr fort, wenn die
Blätter erscheinen. Das dekorativ gerippte Laub ist
im Frühjahr bronzefarben, geht dann in Grün über
und verabschiedet sich im Herbst mit einem wahren Feuerwerk an gelben, orangefarbenen und roten
Farbtönen. Der Duftende Schneeball *Viburnum farreri* gedeiht sowohl in der prallen Sonne als auch im
Halbschatten. Der frostharte Strauch ist anpassungsfähig und wächst auf sauren bis schwach alkalischen,
mäßig frischen bis mäßig trockenen Böden. Früchte
werden nur selten gebildet.

Gleichermaßen zu behandeln sind:
Der Bodnant-Schneeball (*Viburnum x bodnantense*),
das Wintergeißblatt (*Lonicera fragrantissima*) und die
Chinesische Winterblüte (*Chimonanthus praecox*).

Stauden

Im Volksmund ist der Begriff Staude nicht klar umrissen. In manchen Regionen werden beispielsweise Himbeeren oder das Unterholz im Wald als Stauden bezeichnet – alles Pflanzen, die meist den Sträuchern zugerechnet werden müssen. Anders als die einjährigen oder zweijährigen Pflanzen repräsentiert die Staude eine Lebensform, deren Lebenszyklus mehrjährig bis langjährig ist. Wie Gehölze sind sie also ausdauernde Pflanzen. Sie passen sich im Gegensatz zu den Bäumen und Sträuchern dem Winter dergestalt an, dass ihre oberirdischen, krautigen Triebe absterben. Die Überwinterung erfolgt meist im, seltener auf oder gar über dem Boden, indem sie Überwinterungsknospen ausbilden. Auch bei den Stauden sind die Übergänge zu den Sträuchern oder kurzlebigen Arten fließend. Manche Pflanzen verhalten sich in nördlichen Breiten wie typische Stauden, entwickeln sich aber in milden Zonen zu Sträuchern. Lebensdauer und Vegetationszyklen, der ewige Kreislauf von Blüte und Fruchtbildung, die Auferstehung und der Tod, das alles ist nirgends so gut zu beobachten wie bei den Stauden. Alljährlich geben sie in Verbindung mit Sonne, Mond und Erde ihr Bestes und erscheinen im Folgejahr in neuer Pracht und bereit, mit allem wieder von vorn anzufangen.

Pflanzentyp
Blüte

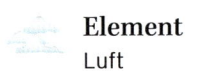

Element
Luft

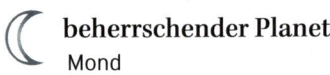

beherrschender Planet
Mond

Pflanzengesellschaften

Begleitpflanzen
Leuchtender Sonnenhut (*Rudbeckia fulgida* var. *sullivantii* ›Goldsturm‹), Pastellorange Schafgarbe (*Achillea* ›Terracotta‹), Perowskie (*Perovskia atriplicifolia* ›Blue Spire‹).

Unverträgliche Pflanzen
Funkien (*Hosta* ssp.), Prachtspieren (*Astilbe* ssp.), diverse Farne, Trollblumen (*Trollius* ssp.).

Praktische Ratschläge

Aussaat oder Pflanzung
In einem Frühlingsmonat bei zunehmendem Mond in den Tierkreiszeichen Wassermann, Zwillinge oder Waage.

Pflege
Bei Mond in den Zeichen Wassermann, Zwillinge oder Waage.

Ernte
Schnittblumen bei zunehmendem Mond in den Tierkreiszeichen Wassermann, Zwillinge oder Waage.

Die Schafgarbe

Achillea ›Moonshine‹ Asteraceae

Die Schafgarbe ›Moonshine‹ ist eine kompakte, aufrechte und horstbildende, sich jedoch nicht invasiv ausbreitende Hybride. Ihr aromatisches, stark gefiedertes, silbergraues bis graugrünes Laub erinnert an Farnwedel. Ihre aufrechten Stängel tragen abgeflachte Scheindolden, in denen dicht an dicht kleine, zitronengelbe Korbblüten stehen, die lange halten und Bienen, Schmetterlinge und Käfer anziehen. Diese Schafgarbe muss vor starken Winden geschützt oder gestützt werden. Schafgarben gedeihen in der Vollsonne auf sandigen, humosen, trockenen und gut dränierten Böden, tolerieren jedoch auch karge Substrate, vorausgesetzt, sie besitzen einen guten Wasserabfluss. Das sukzessive Entfernen verwelkter Triebe verlängert die Blütezeit bis weit in den Herbst hinein. Ebenso kann man die letzte Blüte an den Pflanzen belassen, um auch im Winter einen dekorativen Blickfang im Garten zu haben. Die Schafgarbe ›Moonshine‹ muss alle zwei oder drei Jahre im Frühjahr geteilt werden, will man ihre Vitalität erhalten. Diese anspruchslose Sorte ist ein typischer Vertreter klassischer, aber auch moderner Staudenrabatten.

Gleichermaßen zu behandeln sind:
Andere Schafgarbenarten (*Achillea* ssp.) und deren Sorten, zahlreiche vitale und kräftige Rabattenstauden.

 **Pflanzentyp**
Blatt

 **Element**
Wasser

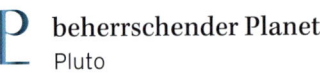 **beherrschender Planet**
Pluto

Pflanzengesellschaften

 Begleitpflanzen
Die Stinkende Schwertlilie (*Iris foetidissima*), Salomonssiegel (*Polygonatum x hybridum*), Astilben (*Astilbe* ssp.), Waldscheinmohn (*Meconopsis* ssp.).

 Unverträgliche Pflanzen
Sämtliche Pflanzen, die einen guten Wasserabfluss, trockene Substrate und pralle Sonne benötigen.

Praktische Ratschläge

 Aussaat oder Pflanzung
Anfang Sommer bei zunehmendem Mond in den Tierkreiszeichen Fische, Krebs oder Skorpion.

 Pflege
Bei Mond in den Zeichen Fische, Krebs oder Skorpion.

Der Italienische Aronstab

Arum italicum ssp. *italicum* ›Marmoratum‹   Araceae

Der panaschierte Italienische Aronstab *Arum italicum* ssp. *italicum* ›Marmoratum‹ ist eine Pflanze, die durch ihr grünes, glänzendes und cremefarben panaschiertes oder marmoriertes Laub die Blicke auf sich zieht. Im Laufe der Jahre bildet dieser Aronstab einen dichten Blatteppich aus, der den Boden von Ende Herbst bis Mitte des Frühjahrs überdeckt. Im Frühjahr erscheinen hoch über den Blättern seltsame, sehr fremdartig wirkende, tütenähnliche Blütengebilde, die aus blassgrünen Hochblättern (Spatha genannt) und aus kolbigen Blütenstandsachsen (als Spadix bezeichnet) bestehen. Dieser Blütentyp stellt eine raffiniert konstruierte Fliegen- und Mückenfalle dar, die die Bestäubung vollziehen. Zum Sommerende und Herbstbeginn erscheint eine Unmenge leuchtend roter Beeren. ›Marmoratum‹ gedeiht im Schatten auf frischen Böden im Unterstand von Bäumen und Sträuchern, benötigt jedoch mehrere Jahre, um größere Flächen zu überdecken. Sind die Pflanzen alt genug, beginnen sie zu blühen und Früchte zu bilden, können sich jedoch spontan versamen und drohen dann zu wuchern. Sämtliche Teile der Pflanze sind sehr stark giftig und können zu Schädigungen des Zentralnervensystems und inneren Blutungen führen. Da die roten Beeren verlockend aussehen, sind Kinder besonders gefährdet. Dieser Aronstab ist eine Waldpflanze für wenig pflegebedürftige Gartenpartien.

Gleichermaßen zu behandeln sind:

Die Zimmerkalla (*Zantedeschia aethiopica*), das Großblütige Dreiblatt (*Trillium grandiflorum*), Maiapfelarten (*Podophyllum* ssp.) und hier genannte Schattenstauder

Pflanzentyp
Blüte

Element
Luft

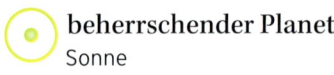

beherrschender Planet
Sonne

Pflanzengesellschaften

Begleitpflanzen

Weißer Sonnenhut (*Echinacea purpurea* ›White Swan‹), Mauerpfeffer (*Sedum* ›Herbstfreude‹), Silberblättriges Heiligenkraut (*Santolina chamaecyparissus*), Schafgarben (*Achillea* ssp.), Strauchmalve (*Lavatera* x *clementii* ›Rosea‹).

Unverträgliche Pflanzen

Feuchtigkeit liebende Schattenpflanzen wie Funkien (*Hosta* ssp.), Prachtspieren (*Astilbe* ssp.), diverse Farne, aber auch die lichtbedürftigeren Trollblumen (*Trollius* ssp.).

Praktische Ratschläge

Aussaat oder Pflanzung

In einem Frühlingsmonat bei zunehmendem Mond in den Tierkreiszeichen Wassermann, Zwillinge oder Waage.

Pflege

Bei Mond in den Zeichen Wassermann, Zwillinge oder Waage.

Die Sommeraster ›Mönch‹

Aster x *frikartii* ›Mönch‹ Asteraceae

Die Sommeraster oder Bergaster *Aster* x *frikartii* ›Mönch‹ ist eine der schönsten Asternhybriden (oder Herbstastern) und passt praktisch in jeden Garten. Von der Blütezeit an, die in der Mitte des Sommers beginnt und bis weit in den Herbst hinein dauert, produziert die Herbstaster zauberhaft lavendelblaue Korbblüten mit orangegelber Mitte. Trotz ihres aufrechten Wuchses benötigt sie keinerlei Stütze, es sei denn, sie hat einen dem Wind ausgesetzten Standort. Außerdem ist sie immun gegen Mehltau. Obwohl sie verhältnismäßig viel Zeit braucht, um sich zu etablieren – besonders übrigens auf schweren Böden – bildet sie nach und nach eine umfangreiche Pflanze aus, zeigt allerdings während einiger Jahre eine nur spärliche Blüte. Sie liebt Sonne, verträgt aber auch Halbschatten und muss nur in lang anhaltenden Trockenperioden gegossen werden. Die Sommeraster zieht Bienen und Schmetterlinge an.

Gleichermaßen zu behandeln sind:

Weißer Sonnenhut (*Echinacea purpurea* ›White Swan‹), Purpurroter Sonnenhut (*Echinacea purpurea*), Zieroregano (*Origanum laevigatum* ›Herrenhausen‹).

Pflanzentyp
Blatt

Element
Wasser

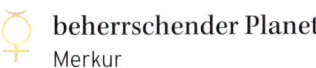

beherrschender Planet
Merkur

Pflanzengesellschaften

Begleitpflanzen

Kalifornischer Goldmohn oder Schlafmützchen (*Eschscholzia californica*), Neuseeländer Flachs (*Phormium* ›Bronze Baby‹), Prachtkerze (*Gaura lindheimeri* ›Siskiyou Pink‹), Blaue Katzenminze (*Nepeta* x *faassenii*).

Unverträgliche Pflanzen

Feuchtigkeit und/oder Schatten liebende Pflanzen wie Funkien (*Hosta* ssp.), Sumpfdotterblume (*Caltha palustris*), Farne und Trollblumen (*Trollius* ssp.).

Praktische Ratschläge

Aussaat oder Pflanzung

In einem Monat im Frühjahr bei zunehmendem Mond in den Tierkreiszeichen Fische, Krebs oder Skorpion.

Pflege

Bei Mond in den Zeichen Fische, Krebs oder Skorpion.

Ernte

Um Schnittblumen zu ernten bei zunehmendem Mond in den Tierkreiszeichen Wassermann, Zwillinge oder Waage.

Die Kretanessel

Ballota pseudodictamnus Lamiaceae

Die Kretanessel oder Gottvergess *Ballota pseudodictamnus* ist in der Westtürkei und auf den Ägäischen Inseln heimisch und hat sich so gut etabliert, dass sie in zahlreichen Regionen (Italien, Sizilien) ausgewildert ist. Diese mittelgroße, jedoch sehr wüchsige und vitale, zur Ausbreitung neigende Staude bildet lange, beblätterte Ähren aus, an denen die weißen, lavendelblauen oder purpurnen Lippenblüten etagenweise stehen. Die zwittrigen Lippenblüten verströmen einen zarten Duft, der Bienen und Schmetterlinge unwiderstehlich anzieht. Die Samen sind fruchtbar und werden vom Wind verbreitet. Letztere keimen dort, wohin der Wind sie getragen hat, vorausgesetzt, der Boden ist nicht zu schwer. Es gibt zahlreiche Sorten der Schwarznessel *Ballota* in einer breiten Palette an Blütenfarben. Sämtliche Schwarznesseln profitieren von einem radikalen Schnitt Ende des Frühjahrs, der zu üppiger Blüte an den neuen Trieben anregt.

Gleichermaßen zu behandeln sind:

Die Silberwinde (*Convolvulus cneorum*), der Kaukasus-Storchschnabel (*Geranium renardii*), der Wollziest (*Stachys byzantina*).

 **Pflanzentyp**
Blüte

 **Element**
Luft

 **beherrschender Planet**
Mond, Jupiter

Pflanzengesellschaften

 Begleitpflanzen
Federnelke (*Dianthus pluma-rius*), Purpurroter Fingerhut (*Digitalis purpurea*), Frauenman-tel (*Alchemilla mollis*), Akelei (*Aquilegia ssp.*), Hainanemone (*Anemone sylvestris*), Graslilie (*Anthericum liliago*), Diptam (*Dictamnus ssp.*).

 Unverträgliche Pflanzen
Eibe (*Taxus baccata*), Lorbeer-schneeball (*Viburnum tinus*), zahlreiche Koniferen.

Praktische Ratschläge

 Aussaat oder Pflanzung
Anfang Frühjahr bei zunehmen-dem Mond in den Tierkreiszei-chen Wassermann, Zwillinge oder Waage.

 Pflege
Bei Mond in den Zeichen Was-sermann, Zwillinge oder Waage.

 Ernte
Schnittblumen bei zunehmen-dem Mond in den Tierkreiszei-chen Wassermann, Zwillinge oder Waage.

Die Pfirsichblättrige Glockenblume

Campanula persicifolia Campanulaceae

Die 30 bis 70 Zentimeter hoch werdende Pfirsich-blättrige Glockenblume *Campanula persicifolia* ist eine schöne und zarte Bauerngartenpflanze und eine zuverlässige Beet- und Rabattenstaude, die ursprüng-lich in kontinental bis submediterran getönten Gebie-ten Europas und Asiens vorkommt. Dort gedeiht sie an den sonnigen bis halbschattigen gras- und kraut-reichen Waldrändern, Heckensäumen und Wegrän-dern. Ihr lateinischer Gattungsname bedeutet »Klei-ne Glocke« und beschreibt damit sehr treffend ihre zahlreichen blauen Blüten an aufrechten Stängeln, die aus immergrünen Blattrosetten wachsen und perfekte Schnittblumen liefern. Die nickenden Blüten entfalten sich den ganzen Sommer über und Anfang Herbst je nach Sorte in Weiß- und Lilatönen sowie in Blau. Die Pfirsichblättrige Glockenblume gedeiht in allen basenreichen und gut dränierten Böden. Sie samt sich problemlos von selbst aus und bildet stän-dig dichter werdende Gruppen in Beeten an sonnigen bis absonnigen Gehölzrändern. Die jungen Sprossen lassen sich wie Spargel zubereiten. Die Blätter sind eine köstliche Ergänzung zu Mischsalaten und die Blüten eine essbare Dekoration für verschiedene Ge-richte und Salate.

Gleichermaßen zu behandeln sind:

Der Frauenmantel (*Alchemilla mollis*), die Gartenson-nenbraut (*Helenium ›Moerheim Beauty‹*), die Indianer-nessel (*Monarda didyma*).

Pflanzentyp
Blüte

Element
Luft

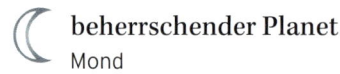

beherrschender Planet
Mond

Pflanzengesellschaften

Begleitpflanzen
Funkien (*Hosta* ssp.), Frauenmantel (*Alchemilla mollis*),
China-Waldspiere (*Astilbe chi-
nesis*), Goldnessel (*Lamiastrum
galeobdolon*), Immergrün (*Vinca
minor*), Waldmeister (*Galium
odoratum*).

Unverträgliche Pflanzen
Pflanzen für sonnige Standorte
und mit grauem oder silbrigem
Laub wie das Silberblättrige
Heiligenkraut (*Santolina chamaecyparissus*) oder die Italienische Strohblume (*Helichrysum
italicum*), das Strauchige Kreuzkraut (*Brachyglottis* ›Sunshine‹,
Dunedin-Gruppe).

Praktische Ratschläge

Aussaat oder Pflanzung
Anfang Frühjahr oder Mitte
Herbst bei zunehmendem Mond
in den Tierkreiszeichen Wassermann, Zwillinge oder Waage.

Pflege
Bei Mond in den Zeichen Wassermann, Zwillinge oder Waage.

Ernte
Schnittblumen bei zunehmendem Mond in den Tierkreiszeichen Wassermann, Zwillinge
oder Waage.

Das Gewöhnliche Maiglöckchen

Convallaria majalis Ruscaceae

Das Gewöhnliche Maiglöckchen *Convallaria majalis*
ist eine allzeit beliebte wie auch alte Gartenpflan-
ze und die Blume der Brautsträuße im Frühjahr. Es
ist das Symbol für Glück und Liebe und war wegen
seiner herzstärkenden Wirkung im 15. und 16. Jahrhundert ein Berufsemblem humanistischer Ärzte.
Aber um Missverständnissen vorzubeugen, sei hier
ausdrücklich angemerkt, dass diese Pflanze aufgrund
ihres hohen Glycosidgehaltes als sehr stark giftig eingestuft wird. Besonders gefährdet sind Kinder, die
den appetitlich aussehenden, leuchtend roten Beerenfrüchten zuweilen nicht widerstehen können. Das
Gewöhnliche Maiglöckchen gedeiht dank unterirdischer Ausläufer gesellig in subozeanisch getönten,
mull- oder moderreichen Buchen- und Eichenwäldern. Wegen seiner Ausbreitungsstrategie mit Aus-
läufern ist es ratsam, der Staude viel Platz zu gönnen.
Das Maiglöckchen eignet sich daher nicht für dicht
mit Stauden belegte Beete oder Rabatten. Seine zarten, weißen Blütenglöckchen mit intensivem, für
Maiglöckchen so typischem Duft erscheinen Ende
des Frühjahrs. Das Maiglöckchen ist ein ausgezeichneter Bodendecker auf humosen, frischen Böden. Es
breitet sich im Halb- bis Vollschatten schnell aus und
bildet duftende Teppiche aus weißen Blüten, die über
dem kräftig grünen Laub besonders gut zur Geltung
kommen. Einige Sorten gedeihen aber durchaus auch
auf sonnigen Plätzen.

Gleichermaßen zu behandeln sind:
Der Kriechende Günsel (*Ajuga reptans*).

 **Pflanzentyp**
Blüte

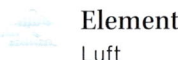 **Element**
Luft

 **beherrschender Planet**
Mond, Merkur

Pflanzengesellschaften

 Begleitpflanzen
Strandgrasnelke (*Armeria maritima*), Blaukissen (*Aubrieta* ssp.), Kriechender Phlox (*Phlox x procumbens*), Felsensteinkraut (*Aurinia saxatilis*), Silberwurz (*Dryas octopetala*), Glockenblume (*Campanula poscharskyana*).

 Unverträgliche Pflanzen
Prachtspieren (*Astilbe* ssp.), Trollblumen (*Trollius* ssp.), Weiden (*Salix* ssp.), Gelbe Scheinkalla (*Lysichiton americanus*).

Praktische Ratschläge

 Aussaat oder Pflanzung
In einem Monat im Frühjahr bei zunehmendem Mond in den Tierkreiszeichen Wassermann, Zwillinge oder Waage. Stecklinge können gewonnen werden ab Mitte Herbst oder bei abnehmendem Mond in den Tierkreiszeichen Wassermann, Zwillinge oder Waage.

 Pflege
Bei Mond in den Zeichen Wassermann, Zwillinge oder Waage.

Die Federnelke

Dianthus plumarius ›Mrs. Sinkins‹ Caryophyllaceae

Die Federnelke (*Dianthus plumarius* ›Mrs. Sinkins‹) ist eine gefüllte Form der Federnelke und eine zauberhafte alte Beetstaude. Sie entwickelt grasartiges, immergrünes Laub in einem hübschen Graugrün an knotigen Stielen, die zum Boden überhängen. Die reinweißen, gefüllten Blüten erscheinen auf aufrechten Stängeln knapp über dem Laub. Sie verströmen einen intensiven Nelkenduft, den sie auch geschnitten und in der Vase beibehalten. Aus den ursprünglich in den Kalkalpen beheimateten Federnelken ist eine Reihe von sehr ansprechenden und robusten Gartensorten hervorgegangen. Sie gedeihen an sonnigen Standorten in nährstoffreichen, kalkhaltigen Böden mit gutem Wasserabfluss und sind ideal für den Vordergrund von Beeten und Rabatten, Wegsäumen, an Böschungen oder unter Rosen. Staunasse Substrate, Kaninchen, Tauben und austrocknende Winde im Frühjahr, die den alten Pflanzen Energie nehmen, sind ihre Feinde. Sie lassen sich problemlos durch Stecklinge vermehren, die man in der Herbstmitte nimmt und direkt in die Erde pflanzt. Eine weitere sehr einfache und sichere Vermehrungsmethode ist das Teilen der Nelkenpolster.

Gleichermaßen zu behandeln sind:
Die Garten- oder Landnelke (*Dianthus caryophillus*).

 **Pflanzentyp**
Blüte

 **Element**
Luft

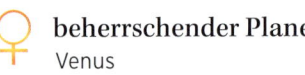 **beherrschender Planet**
Venus

Der Purpurrote Fingerhut

Digitalis purpurea Plantaginaceae

Der Purpurrote Fingerhut *Digitalis purpurea* ist eine zweijährige, seltener eine kurzlebige, mehrjährige Staude, die ihren Namen der einem Fingerhut ähnlichen Form ihrer Blüten verdankt. Der Fingerhut bildet eine bodennahe Rosette aus weich behaarten Blättern aus. Im zweiten Jahr tragen seine hohen Stängel schräg abwärts gerichtete, weiße, rosarote oder purpurne Blüten mit kastanienbraunen bis purpurfarbenen Saftmalen – nach neueren Erkenntnissen Staubbeutelattrappen –, die in dichten, ährenartigen Blütenständen erscheinen. Fingerhüte gedeihen praktisch auf allen kalkarmen Böden, vorausgesetzt, diese trocknen nie aus. Die anspruchslosen Pflanzen vertragen sowohl Vollsonne als auch Schatten, samen sich üppig aus und produzieren auch ganz von selbst eine lang anhaltende Serie neuer Pflanzen, die immer wieder in den Farben und Mustern variieren und an überraschenden Orten, zwischen Steinritzen oder unter Bäumen auftauchen. Der Fingerhut ist eine Pflanze der Waldlichtungen und Schläge, die ganz überwiegend von Hummeln aufgesucht wird. Davon abgesehen gilt der Fingerhut seit alters her und nur zu Recht als sehr stark wirkendes Heilmittel für Herzkrankheiten, das jedoch nicht ohne ärztliche Anordnung eingenommen werden darf. Sämtliche Teile der Pflanze und vor allem die Blätter sind außerordentlich giftig. Sie enthalten verschiedene herzwirksame Glycoside.

Gleichermaßen zu behandeln sind:
Die Gestreifte Binsenlilie (*Sisyrinchum striatum*), die Kandelaberkönigskerze (*Verbascum olympicum*).

Pflanzentyp
Frucht/Nuss/Samen

Element
Feuer

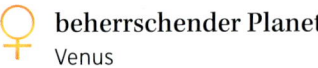

beherrschender Planet
Venus

Pflanzengesellschaften

Begleitpflanzen
Grüne Bohnen, Busch- und Stangenbohnen (*Phaseolus* ssp.), Pferde- oder Saubohnen (*Vicia faba*), Zwiebeln, Lauch, Knoblauch (*Allium* ssp.), Borretsch (*Borago officinalis*), Gartensalat (*Lactuca sativa*), Aschblättrige Wucherblume (*Tanacetum cinerariifolium*).

Unverträgliche Pflanzen
Sämtliche Kopfkohlsorten, Blumenkohl, Brokkoli, Atlantischer Wildkohl (*Brassica oleracea*).

Praktische Ratschläge

Aussaat oder Pflanzung
Ende Herbst oder im Frühjahr bei zunehmendem Mond in den Tierkreiszeichen Widder, Löwe oder Schütze.

Pflege
Mond in den Zeichen Widder, Löwe oder Schütze.

Ernte
Mond in den Tierkreiszeichen Widder (vorzugsweise), Löwe, Schütze, Steinbock, Wassermann, Stier oder Zwillinge – niemals im Zeichen Fische!

Die Gartenerdbeere

Fragaria x *ananassa*   Rosaceae

Die Gartenerdbeere oder Ananaserdbeere *Fragaria* x *ananassa*, auch Kulturerdbeere genannt, ist eine Kreuzung aus zwei in Südamerika heimischen Erdbeeren: Die eine stammt aus dem Osten Nordamerikas, die andere von der Pazifikküste von Alaska bis Chile. Die Erdbeere ist einfach zu kultivieren, denn sie ist mehrjährig, robust und gedeiht in der Vollsonne auf nährstoffreichen Böden mit gutem Wasserabfluss. Eine gesunde Pflanze bildet drei bis vier Jahre lang im Sommer Unmengen von Früchten aus. Danach sinkt die Qualität der Früchte. Ist dieses Stadium erreicht, sollte man die Ausläufer von der Mutterpflanze trennen, um neue und junge Pflanzen zu ziehen. Die Erdbeere findet eine breit gefächerte kulinarische Verwendung, angefangen von Konfitüren über Eissorten bis zu Likören. Außerdem ist sie ein wichtiges Nahrungsergänzungsmittel bei Schlankheitskuren, da sie reich an Vitamin C und Bioflavonoiden ist.

Pflanzentyp
Blatt

Element
Wasser

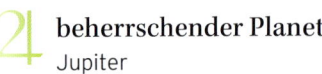

beherrschender Planet
Jupiter

Pflanzengesellschaften

Begleitpflanzen

Sumpfschwertlilie (*Iris pseuda-corus*), Japanischer Goldkolben (*Ligularia dentata* ›Desdemona‹), Chinesische Trollblume (*Trollius chinensis* ›Golden Queen‹), Kronrhabarber oder Medizinal-rhabarber (*Rheum palmatum*).

Unverträgliche Pflanzen

Pflanzen, die trockene und son-nige Standorte lieben, wie zum Beispiel das Strauchige Kreuz-kraut (*Brachyglottis* ›Sunshine‹, Dunedin-Gruppe), Rosmarin (*Rosmarinus officinalis*), Echter Salbei (*Salvia officinalis*), Heili-genkrautarten (*Santolina* ssp.), Italienische Strohblume (*Heli-chrysum italicum*).

Praktische Ratschläge

Aussaat oder Pflanzung

In einem Monat im Frühjahr, sobald die Sonne mehr Kraft besitzt, und bei zunehmendem Mond in den Tierkreiszeichen Fische, Krebs oder Skorpion.

Pflege

Bei Mond in den Zeichen Fische, Krebs oder Skorpion.

Der Mammutblatt

Gunnera manicata Gunneraceae

Das Mammutblatt oder die Langarmige Gunnera *Gunnera manicata* ist, wie der deutsche Name schon andeutet, wirklich eine gewaltige Blattpflanze, die allen anderen Stauden die Schau zu stehlen droht und die Sensation in Ihrem Garten sein kann. In ihrer äußeren Erscheinung erinnert sie an den Rha-barber – daher auch der umgangssprachliche Name »Riesen-Rhabarber« –, ist jedoch nicht mit dieser Staude verwandt. Vielmehr handelt es sich bei die-ser kleinen Artengruppe botanisch gesehen um eine sehr isolierte Gruppe von altertümlichen und schwer zuzuordnenden Blütenpflanzen. Das Mammutblatt ist ein wahrer Gigant unter den Stauden, denn es kann tief gelappte Blätter von beinahe drei Metern Durchmesser und Länge ausbilden. Die Laubblätter dieser Staude gehören damit zu den größten in der Pflanzenwelt. Diese haben stachelige Blattstiele und scharfkantige Blattränder, die einen Umgang mit der Pflanze erschweren – vor allem, da diese Haut-irritationen oder allergische Reaktionen hervorrufen können. Ihre olivgrünen bis bronzegetönten Blüten an langen und stattlichen, rohrbürstenähnlichen Ähren treibt sie Anfang Sommer aus. Das Mammut-blatt braucht einen stets feuchten, aber dennoch gut durchlüfteten, humus- und nährstoffreichen Boden und viel Platz in Bach- oder Teichnähe. Wind und all-zu starke Sonneneinstrahlung verträgt es nicht gut. Im Winter schützt nur eine dichte Reisig- und Stroh-auflage die Tropenpflanze vor Frost.

Gleichermaßen zu behandeln sind:

Kron- oder Medizinalrhabarber (*Rheum palmatum*), der aber keinen so guten Frostschutz benötigt.

Pflanzentyp
Blatt

Element
Wasser

♃ beherrschender Planet
Jupiter

Pflanzengesellschaften

Begleitpflanzen
Funkien (*Hosta* ssp.), diverse Farne, Primeln (*Primula* ssp.), Prachtspieren (*Astilbe* ssp.).

Unverträgliche Pflanzen
Pflanzen, die Sonne und trockenen Boden benötigen, wie das Strauchige Kreuzkraut (*Brachyglottis* ›Sunshine‹, Dunedin-Gruppe), Heiligenkrautarten (*Santolina* ssp.), Italienische Strohblume (*Helichrysum italicum*), Rosmarin (*Rosmarinus officinalis*), Echter Salbei (*Salvia officinalis*).

Praktische Ratschläge

Aussaat oder Pflanzung
Anfang Frühjahr bei zunehmendem Mond in den Zeichen Fische, Krebs oder Skorpion.

Pflege
Bei Mond in den Zeichen Fische, Krebs oder Skorpion.

Die Blaublattfunkie

Hosta sieboldiana var. *elegans* Hostaceae

Die Blaublattfunkie *Hosta sieboldiana* var. *elegans* besitzt sehr großes und dekoratives Laub. Herzförmig und elegant bogig gefältelt, erreicht das Blatt eine Länge von 30 Zentimetern, gehört damit zu den Funkien mit den stattlichsten Laubblättern und setzt mit einer graublau bereiften Farbe wunderbare Akzente nicht nur im Garten, sondern auch in Sträußen. Die blasslila oder lila überhauchten, weißen Trauben aus trompetenförmigen, lilienähnlichen Blüten erscheinen Ende des Sommers. Die verwelkten Blüten müssen entfernt werden, um den Charme der Pflanze zu erhalten. Die große Blaublattfunkie *Hosta sieboldiana* var. *elegans* lässt sich in einem frischen, aber gut dränierten Boden problemlos ziehen, gedeiht im Schatten oder Halbschatten und ist ein sehr wirkungsvoller Bodendecker auch entlang überschatteter Wasserläufe und Uferbereiche. Die Pflanze gedeiht auch in großen Töpfen außerordentlich dekorativ. Obwohl ihr der Ruf vorauseilt, gern von Nackt- und Weinbergschnecken heimgesucht zu werden, ist diese Sorte doch sehr zuverlässig, überhaupt nicht krankheitsanfällig und ausgesprochen pflegeleicht. An dieser Stelle sei an das riesige Angebot an Funkiensorten erinnert, die kaum einen Wunsch unerfüllt lassen. Die Funkien stammen aus China und Japan und wurden schon dort gezüchtet. In Europa widmen sich etliche Gärtnereien schwerpunkthaft der Funkie.

> ### Gleichermaßen zu behandeln sind:
> Andere Funkien (*Hosta* ssp.), Kalifornisches Schildblatt (*Darmera peltata* Syn. *Peltiphyllum peltatum*), Mammutblatt (*Gunnera manicata*).

 **Pflanzentyp**
Blatt

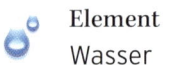 **Element**
Wasser

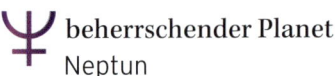 **beherrschender Planet**
Neptun

Pflanzengesellschaften

 Begleitpflanzen
Sumpfdotterblume (*Caltha palustris*), Bach- oder Wasserminze (*Mentha aquatica*).

 Unverträgliche Pflanzen
Sämtliche niedrigwüchsigen Stauden, besonders wenn langsamwüchsig, oder Stauden, die man unbedingt bewahren möchte, da Nachbarpflanzen Gefahr laufen, von der Chamaeleonpflanze *Houttuynia cordata* ›Chamaeleon‹ erstickt zu werden.

Praktische Ratschläge

 Aussaat oder Pflanzung
Ende des Frühjahrs bei zunehmendem Mond in den Tierkreiszeichen Fische, Krebs oder Skorpion.

 Pflege
Bei Mond in den Zeichen Fische, Krebs oder Skorpion.

Die Chamaeleonpflanze

Houttuynia cordata ›Chamaeleon‹ Saururaceae

›Chamaeleon‹ ist eine Züchtung der in Ostasien verbreiteten *Houttuynia cordata* – ein sogenanntes Eidechsenschwanzgewächs und eine sehr altertümliche, den Pfeffergewächsen nahestehende Pflanze, von der schon die Dinosaurier genascht haben dürften. Obwohl sie häufig als Sumpfpflanze empfohlen wird, da sie in stehendem Gewässer bis zum Wurzelhals im Wasser gedeihen kann, passt sie sich auch gut an trockenere Standorte an und toleriert sowohl Sonne als auch Schatten. Ihr panaschiertes Laub entwickelt sich nur langsam und erscheint in der Sonne in kräftigen Rosé-, Creme-, Grün- und Bronzetönen. Beim Zerreiben der Blätter verströmen diese einen Duft nach Zitrone oder Orange, der so stark ist, dass er zu Kopfschmerzen führen kann. Die weißen Blüten (eigentlich weiß gefärbte Hochblätter eines kleinen, ährigen Blütenstandes aus gelbgrünen Blüten) entfalten sich von Mitte bis Ende des Sommers. Die Chamaeleonpflanze *Houttuynia cordata* ›Chamaeleon‹ hat die Tendenz zu wuchern, denn schon ein kleiner Abschnitt ihres dicht verzweigten Netzes aus Adventivwurzeln genügt, um eine neue Pflanze hervorzubringen. Davon abgesehen ist sie gegen viele Herbizide resistent. In Asien werden ihre Blätter zur Zubereitung von Salaten verwendet, und ihre weißen Adventivwurzeln, gewaschen und in Stücke geschnitten, dienen als Ersatz für die würzigen Sojasprossen.

Gleichermaßen zu behandeln sind:
Panaschierter Giersch (*Aegopodium podagraria* ›Variegatum‹), panaschierte Rundblättrige Minze (*Mentha suaveolens* ›Variegata‹).

 **Pflanzentyp**
Frucht/Nuss/Samen

 **Element**
Feuer

 **beherrschender Planet**
Saturn

Pflanzengesellschaften

 Begleitpflanzen
Mandelblättrige Wolfsmilch (*Euphorbia amygdaloides* var. *robbiae*), Zwerg-Frühjahrszwiebelpflanzen, Weiße Gefleckte Taubnessel (*Lamium maculatum* ›Album‹), Berggoldnessel (*Lamium galeobdolon* ssp. *montanum* ›Florentinum‹), Mahonie (*Mahonia* x *media* ›Charity‹).

 Unverträgliche Pflanzen
-

Praktische Ratschläge

 Aussaat oder Pflanzung
Im Herbst bei zunehmendem Mond in den Zeichen Widder, Löwe oder Schütze. Teilung der Tuffs bei zunehmendem Mond in den Zeichen Widder, Löwe oder Schütze.

 Pflege
Bei Mond in den Zeichen Widder, Löwe oder Schütze.

 Ernte
Ende Herbst bei zunehmendem Mond in den Zeichen Widder, Löwe oder Schütze, Zwillinge oder Waage.

Die Stinkende Schwertlilie

Iris foetidissima Iridaceae

Die Stinkende Schwertlilie *Iris feotidissima* ist ursprünglich in Westeuropa und Nordafrika heimisch und eine unschätzbare Bereicherung eines jeden Ziergartens. Ihre langen, immergrünen und lanzettlichen Blätter verströmen beim Zerreiben einen unangenehmen Geruch – daher ihr Name. Die Hängeblätter der Blüten dieser bartlosen Iris zeigen eine deutliche zart purpurrote, braune bis violette Maserung auf hellerem, gelblichem bis violettem Untergrund, die aufrechten Domblätter und blütenblattähnlichen Narbenäste sind verwaschener und nochmals blasser – eine für Schwertlilien recht unscheinbare, aber variantenreiche Blüte, die ihre reizvollen Details erst bei näherem Hinsehen oder anhand einer Nahaufnahme mit dem Fotoapparat offenbart. Der besondere Zauber dieser Schwertlilien entfaltet sich schließlich im Herbst, wenn sie sich mit ihren leuchtend orangeroten Samen schmückt, die die meiste Zeit des Winters überdauern. Sie werden gern zum Binden von Sträußen und Gestecken verwendet. Die hohe, mindestens 75 Zentimeter erreichende Stinkende Schwertlilie *Iris foetidissima* gedeiht mit Vorliebe auf frischen Böden mit gutem Wasserablauf, in der Sonne oder im Schatten, passt sich jedoch auch an sehr trockene Standorte an. Trockenheit toleriert sie, sobald sie gut etabliert ist. Damit ist sie eine ausgezeichnete Wahl für den trockenen Schatten, der bekanntermaßen einen der schwierigsten Gartenstandorte darstellt.

Gleichermaßen zu behandeln sind:
Schwarzblättriger Schlangenbart (*Ophiopogon planiscapus* ›Nigrescens‹).

 **Pflanzentyp**
Blüte

 **Element**
Luft

 **beherrschender Planet**
Merkur

Pflanzengesellschaften

 Begleitpflanzen
Silberblättriges Heiligenkraut
(*Santolina chamaecyparissus*),
Italienische Strohblume (*Helichrysum italicum*), Strauchiges
Brandkraut (*Phlomis fruticosa*),
Gewöhnlicher Dost oder Wilder
Majoran (*Origanum vulgare*).

 Unverträgliche Pflanzen
Prachtspieren (*Astilbe* ssp.),
Kron- oder Medizinalrhabarber
(*Rheum palmatum*), Sumpf-
dotterblume (*Caltha palustris*),
Trollblumen (*Trollius* ssp.).

Praktische Ratschläge

 Aussaat oder Pflanzung
Teilung des Rhizoms Ende des
Sommers oder Anfang Herbst
bei zunehmendem Mond in den
Tierkreiszeichen Wassermann,
Zwillinge oder Waage.

 Pflege
Bei Mond in den Zeichen Wassermann, Zwillinge oder Waage.

Die Kretische Schwertlilie

Iris unguicularis (Syn. *Iris stylosa*) Iridaceae

Die keinesfalls auf Kreta beschränkte (auch in Nordafrika und in den Mittelmeergebieten verbreitete) Kretische Schwertlilie *Iris unguicularis* ist eine Freude im winterlichen Garten, denn sie blüht praktisch durchgehend vom Ende des Herbstes bis zum Frühjahr. Sie produziert in Folge Wellen mit blauvioletten und weiß gemaserten Blüten, die in der Mitte der Hängeblätter gelbstrichige Saftmale aufweisen. Sie wirken sehr ansprechend in Sträußen und verströmen noch dazu einen köstlichen Duft nach Honig, der bei Zimmertemperatur noch deutlicher wahrzunehmen ist. Diese bartlose Iris ist immergrün, und ihre schmalen, mittelgrünen Blätter schießen fast vertikal aus fächerartig geformten Tuffen. Die Rhizome verlaufen an der Bodenoberfläche und müssen sich im Sommer in der Sonne aufwärmen. Der ideale Standort für die nicht ganz frostharte Kretische Schwertlilie ist daher am Fuß einer nach Süden oder Westen ausgerichteten Mauer. Sie gedeiht sogar kräftig in einem vorzugsweise neutralen, leicht basischen Boden. Ist sie einmal eingewachsen, blüht sie auch ohne Düngergabe ausgesprochen üppig. Leider verstecken sich die Blüten gerne im Laub. Schneidet man die Blätter im Frühwinter vorsichtig zurück, ohne die Blütenstängel zu entfernen, so kommen die Blüten besser zur Geltung.

Gleichermaßen zu behandeln sind:
Das Schwertliliengewächs (*Libertia formosa*), die Herz-
blattbergenie (*Bergenia cordifolia*).

 **Pflanzentyp**
Blüte

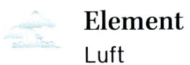 **Element**
Luft

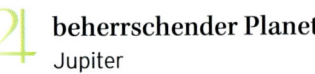 **beherrschender Planet**
Jupiter

Pflanzengesellschaften

 Begleitpflanzen
Funkien (*Hosta* ssp.), goldgelb blühende Taglilie (*Hemerocallis* ›Golden Chimes‹), tiefvioletter Eisenhut (*Aconitum* ›Bressingham Spire‹), Große Sterndolde (*Astrantia major*), Majoran (*Origanum vulgare*).

 Unverträgliche Pflanzen
Heiden (*Erica* ssp., *Calluna* ssp.).

Praktische Ratschläge

 Aussaat oder Pflanzung
Anfang Frühjahr bei zunehmendem Mond in den Tierkreiszeichen Wassermann, Zwillinge oder Waage.

 Pflege
Bei Mond in den Zeichen Wassermann, Zwillinge oder Waage.

 Ernte
Für Schnittblumen bei zunehmendem Mond in den Tierkreiszeichen Wassermann, Zwillinge oder Waage.

Die Indianernessel ›Cambridge Scarlet‹

Monarda ›Cambridge Scarlet‹ Lamiaceae

Die scharlachrote Indianernessel *Monarda* ›Cambridge Scarlet‹ gehört zur selben Pflanzenfamilie der Lippenblütler wie die Minze. Sie ist eine sehr lang blühende Staude, und ihre zahlreichen aufrechten Stängel tragen dunkelgrünes Laub, das nach Minze duftet. Im Sommer und Anfang Herbst erscheinen die kopfigen Blütenstände in leuchtendem Rot über dunkelroten Hochblättern, die den Eindruck erwecken, als stünde die Pflanze in Flammen. Die Indianernessel gedeiht am besten in der Vollsonne auf einem Boden, der die Feuchtigkeit gut hält, breitet sich schnell aus und muss regelmäßig geteilt werden, um eine vertretbare Form und Größe zu behalten. Ihre langen Triebe sind ideal für die Verwendung als Schnittblumen, doch leider neigen sie an der Basis dazu zu verkahlen. Es ist daher ratsam, diese Indianernessel hinter eine Kulisse aus niedrigen Pflanzen zu setzen. Sie zieht Bienen und Schmetterlinge an. Darüber hinaus besitzt sie heilmedizinische Wirkstoffe gegen Schnupfen und Halsschmerzen, wenn man sie in Form von Aufgüssen verwendet, und als Breiumschlag lindert sie Reizungen durch Bienenstiche. Die *Monarda* stammt aus den Prärie- und Waldgebieten Nordamerikas und wurde von den Indianern traditionell als wichtige Heilpflanze genutzt.

Gleichermaßen zu behandeln sind:
Wiesen- oder Schlangenknöterich (*Persicaria bistorta* ›Superba‹), Kandelaberehrenpreis oder Virginischer Riesenehrenpreis (*Veronicastrum virginicum*).

Pflanzentyp
Frucht/Nuss/Samen

Element
Feuer

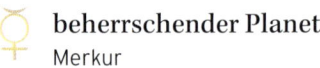
beherrschender Planet
Merkur

Pflanzengesellschaften

Begleitpflanzen
Funkien (*Hosta* ssp.), Bubikopf (*Soleirolia soleirolii*), Weiße Prächtige Zeitlose (*Colchicum speciosum* ›Album‹), Kampferraute (*Artemisia alba* ›Canescens‹), Herbstalpenveilchen (*Cyclamen hederifolium*).

Unverträgliche Pflanzen
Hängesegge (*Carex pendula*), Sumpfdotterblume (*Caltha palustris*), Federnelke (*Dianthus* ›White Ladies‹).

Praktische Ratschläge

Aussaat oder Pflanzung
In einem Frühlingsmonat bei zunehmendem Mond in den Tierkreiszeichen Widder, Löwe oder Schütze.

Pflege
Bei Mond in den Zeichen Widder, Löwe oder Schütze.

Der Schwarzblättrige Schlangenbart

Ophiopogon planiscapus ›Nigrescens‹   Ruscaceae

Der Schwarzblättrige Schlangenbart *Ophiopogon planiscapus* ›Nigrescens‹ ist eine ausgezeichnete immergrüne, horstbildende Staude mit grasartigen, dunkelvioletten bis fast schwarzen Blättern. Gegen Ende des Sommers erscheinen kleine Ähren mit glockenförmigen, blassrosa Blüten, die einen angenehmen, dekorativen Kontrast zum dunklen Laub der Pflanze bilden. Die Heimat des Schlangenbarts ist Japan und Korea. Der Schwarzblättrige Schlangenbart *Ophiopogon planiscapus* ›Nigrescens‹ gedeiht sowohl in der Vollsonne als auch im Halbschatten auf frischem, aber gut dräniertem, nährstoffreichem und humosem Boden und breitet sich problemlos aus. Diese ungewöhnliche Staude kontrastiert vorteilhaft mit den meisten anderen Pflanzen. Ganz besonders wirkt sie jedoch in der Nachbarschaft von Pflanzen mit panaschiertem oder goldgelbem und silbrigem Laub. Der Schwarzblättrige Schlangenbart eignet sich perfekt für Gärten sowohl im neugotisch-romantischen Stil als auch in modernen Anlagen in einer formalen Gestaltungssprache. Darüber hinaus empfiehlt sich seine Verwendung als Kontraststaude für den Vordergrund von Rabatten und Beeten, für die Saumgestaltung von Alleen oder in Wasserbecken. Wie das Maiglöckchen gehört dieses Gewächs zur Familie der Mäusedorngewächse (Ruscaceae).

> **Gleichermaßen zu behandeln sind:**
> Stinkende Schwertlilie (*Iris foetidissima*).

 **Pflanzentyp**
Frucht/Nuss/Samen

 **Element**
Feuer

 **beherrschender Planet**
Venus, Jupiter

Pflanzengesellschaften

 Begleitpflanzen
Ziersträucher wie die Escallonie (*Escallonia* ›Apple Blossom‹), Hortensien (*Hydrangea* ssp.) und der Prachtspierstrauch (*Spiraea* x *vanhouttei*).

 Unverträgliche Pflanzen
Sämtliche empfindlichen Stauden oder solche, an denen Ihr Herz hängt.

Praktische Ratschläge

 Aussaat oder Pflanzung
In einem Frühlingsmonat bei zunehmendem Mond in den Tierkreiszeichen Widder, Löwe oder Schütze.

 Pflege
Bei Mond in den Zeichen Widder, Löwe oder Schütze.

 Ernte
Bei zunehmendem Mond in den Zeichen Widder, Löwe oder Schütze.

Die Lampionpflanze

Physalis alkekengi var. *franchetii* Solanaceae

Die Lampionpflanze *Physalis alkekengi* var. *franchetii* ist eine Staude und ein Nachtschattengewächs von unauffälliger Erscheinungsform mit graziös überhängenden, langen Zweigen und zartem, üppigem Laub. Ihre unscheinbaren, sternförmigen, cremefarbenen Blüten verwandeln sich bei Reife in pergamentartige »Lampions« in einem leuchtenden Orangerot, die vitaminreiche, essbare Beeren enthalten (ein weiterer landläufiger Name dieser Pflanze ist »Japanische Laterne«). Frisch von der Pflanze geerntet, ergeben diese einen bezaubernden Schmuck in Vasen und halten sich in getrocknetem Zustand den ganzen Winter über. Die Lampionpflanze *Physalis alkekengi* var. *franchetii* gedeiht in der Vollsonne auf sämtlichen Bodenarten – sehr karge Böden allerdings ausgenommen –, wuchert jedoch stark, steht sie auf einem guten Humussubstrat, da ihre Rhizome jeden auch nur ansatzweise freien Platz durchdringen. In guter Erde ist es ratsam, sie in einen Behälter zu setzen. Sie kommt in einem weiten Areal vor, das von Südosteuropa bis Japan reicht; das Ursprungsgebiet ist heute nicht mehr zu ermitteln.

 **Pflanzentyp**
Blatt

 **Element**
Wasser

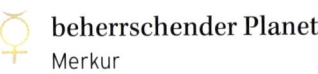 **beherrschender Planet**
Merkur

Pflanzengesellschaften

 Begleitpflanzen
Blauschwingel (*Festuca glauca* ›Elijah Blue‹), Banater Kugeldistel (*Echinops banaticus* ›Blue Globe‹), Silberwinde (*Convolvulus cneorum*), Schafgarben (*Achillea* ssp.), Echter Salbei (*Salvia officinalis*), Rosmarin (*Rosmarinus officinalis*).

 Unverträgliche Pflanzen
Feuchtigkeit und Schatten liebende Pflanzen wie Funkien (*Hosta* ssp.), Sumpfdotterblumen (*Caltha palustris*), Farne und Trollblumen (*Trollius* ssp.).

Praktische Ratschläge

 Aussaat oder Pflanzung
Im Frühjahr bei zunehmendem Mond in den Tierkreiszeichen Fische, Krebs oder Skorpion.

 Pflege
Bei Mond in den Zeichen Fische, Krebs oder Skorpion.

Der Wollziest

Stachys byzantina ›Silver Carpet‹   Lamiaceae

Der sehr selten blühende Wollziest *Stachys byzantina* ›Silver Carpet‹ auch Eselsohr genannt, ist ein Cultivar des Wollziests und wird ausschließlich wegen seiner breiten und samtig-silbrigweiß behaarten, graugrünen Blätter geschätzt. Er breitet sich rasch aus, und sein feinfilziges Laub, das zum Streicheln einlädt, bildet einen etwa 15 Zentimeter dicken Teppich, der Unkräuter nahezu vollständig erstickt. Der Farbton der Blattpflanze ›Silver Carpet‹ ist etwas silbriger ausgeprägt als die zuverlässiger blütentragenden, silberblättrigen *Stachys byzantina*-Sorten. Damit ist der Wollziest ein sehr guter Bodendecker oder eine Saumpflanze, die auf einem gut dränierten Standort in der Vollsonne auch Trockenheit toleriert. Der Wollziest gedeiht auf fast allen Substraten, schwere und tonhaltige Böden eingeschlossen. Übermäßige Feuchtigkeit allerdings verursacht Fäuleschäden an Laub und Wurzel. Man sollte daher übermäßiges Gießen vermeiden. Das Laub wird weder von Kaninchen noch von Ziegen gefressen.

Gleichermaßen zu behandeln sind:
Die Silberwinde (*Convolvulus cneorum*), der Kaukasus-Storchschnabel (*Geranium renardii*), die Kretanessel (*Ballota pseudodictamnus*).

Kletterpflanzen

Kletterpflanzen oder Lianen sind eine besondere Anpassungsform unterschiedlichster Pflanzenarten, die in der Lage sind, auf verschiedene Weise und mit bestimmten Methoden Bäume, Mauern, Felsen oder andere Hindernisse emporzuklimmen oder zu überwinden. Sie haben in der Regel nicht die Kraft, von selbst in die Höhe zu wachsen. Die bekannteste Gruppe unter den Lianen bilden die Schlingpflanzen mit stark verlängerten Internodien, die sich um eine Kletterstütze winden. Beispiele sind Blauregen und Bohne. Die Rankenkletterer wiederum bilden fadenförmige Organe aus, mit denen sie ihre Stützen regelrecht umwickeln (Passionsblume, Zaunrübe, Kürbis, Erbse, Clematis). Mit seinen Haftwurzeln ist Efeu hingegen der prominenteste Vertreter der sogenannten Wurzelkletterer. Spreizklimmer dagegen halten sich im Geäst anderer Gehölze durch Stacheln (Rosen, Brombeeren), durch Kletthaare (Klebkraut), Seitensprossen (wie beim Nachtschatten) oder durch Dornen (Bougainvillea).

Kletterpflanzen ranken sich vital vom Boden aus in die Höhe und scheinen Mond und Sterne erobern zu wollen, gerade so als wüssten sie um den Einfluss der Himmelskörper auf ihre Welt und ihr Verhalten. Sie klettern dem Mond entgegen, während ihre Wurzeln fest in der Erde verankert bleiben, und akzeptieren das Himmelszelt als Grenze ihres ureigenen Universums.

 **Pflanzentyp**
Frucht

 **Element**
Feuer

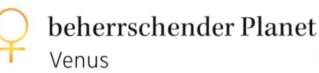 **beherrschender Planet**
Venus

Pflanzengesellschaften

 Begleitpflanzen
Pfirsich (*Prunus persica*),
Süßmandel (*Prunus dulcis*),
Zitrusfrüchte (*Citrus* ssp.).

 Unverträgliche Pflanzen
-

Praktische Ratschläge

 Aussaat oder Pflanzung
Im Frühjahr bei zunehmendem
Mond in den Tierkreiszeichen
Widder, Löwe oder Schütze.

 Pflege
Bei Mond in den Zeichen
Widder, Löwe oder Schütze.

 Ernte
Im Frühwinter bei zunehmendem Mond in den Zeichen
Widder, Löwe oder Schütze –
nicht im Zeichen Fische.

Die Kiwi

Actinidia deliciosa Actinidiaceae

Die Kiwi oder der Chinesische Strahlengriffel *Actinidia deliciosa* ist eine robuste, ausdauernde, schnellwüchsige und sommergrüne Kletterpflanze. Ihre vitalen und oft zopfartig verflochtenen Triebe sind von einem braunroten Haarpelz überzogen, tragen große, herzförmige, dunkelgrüne Blätter und gegen Ende des Sommers cremeweiße, duftende Blüten. Die essbaren grünen Früchte mit samtweicher Haut nehmen in der Reife (gegen Ende des Winters) eine braune Färbung an. Sie haben einen leicht säuerlichen, erfrischenden Geschmack und sind sehr saftig. Für eine optimale Reife der Früchte braucht die Kiwi einen frischen, nährstoffreichen, humosen, aber kalkfreien Boden, vorzugsweise an einem geschützten Standort in der Vollsonne, aber ebenso im Halbschatten. Für die Fruchtbildung der zweihäusigen Liane ist die Nähe von Pflanzen beiderlei Geschlechts vonnöten. Dabei reicht eine männliche Pflanze für sieben weibliche Pflanzen aus. Einige Klone wurden ausschließlich aufgrund der Qualität ihrer Früchte ausgewählt. Eine Rankhilfe, etwa mit einem Drahtrahmengerüst oder an einer Pergola, ist nötig. Achtet man besonders auf den Fruchtertrag, lässt sich die Kiwi ähnlich wie die Weinrebe beispielsweise in Fächerform, U-Form, als Palmette oder als Schnurbaum erziehen, wobei beim Erziehungs- und Rückschnitt darauf geachtet werden muss, dass die Fruchtbildung nur an einjährigen Trieben erfolgt, das heißt, alle älteren Triebe bilden keine Früchte aus. Ein vollständiger Rückschnitt all der Triebe, die bereits gefruchtet haben, empfiehlt sich für eingewachsene Exemplare. Ursprünglich aus China stammend und 1904 von dort nach Neuseeland ausgeführt, wurde die Vitamin-C-reiche Kiwi zu einem äußerst erfolgreichen Handelsgut.

Pflanzentyp
Blatt

Element
Wasser

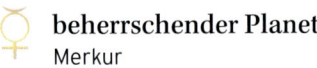
beherrschender Planet
Merkur

Pflanzengesellschaften

Begleitpflanzen
Wermut (*Artemisia* ›Powis Castle‹), Strauchiges Brandkraut (*Phlomis fruticosa*), Silberkamille (*Anthemis punctata* ssp. *cupaniana*), Prachtstorchschnabel (*Geranium* x *magnificum*), Felsenstorchschnabel (*Geranium macrorrhizum*), Rosa Storchschnabel (*Geranium endressii*).

Unverträgliche Pflanzen
Schatten und Feuchtigkeit liebende Pflanzen wie Funkien (*Hosta* ssp.), Farne, das Mammutblatt oder die Langarmige Gunnera (*Gunnera manicata*).

Praktische Ratschläge

Aussaat oder Pflanzung
Anfang Frühjahr bei zunehmendem Mond in den Zeichen Fische, Krebs oder Skorpion.

Pflege
Bei Mond in den Zeichen Fische, Krebs oder Skorpion.

Der Kolomikta-Strahlengriffel

Actinidia kolomikta   Actinidiaceae

Der Kolomikta-Strahlengriffel *Actinidia kolomikta* kommt ursprünglich aus China und Japan und ist ein Verwandter der Kiwi. Dieser zierliche Schlinger wird stets wegen seines auffällig bunt gescheckten Laubes gepflanzt. Seine Blätter sind länglich herzförmig und dreifarbig panaschiert. Die Oberseite eines Großteils der Blätter ist grün, und die Spitzen sind rosa und weiß gefärbt. Diese Dreifarbigkeit tritt bei den jungen Pflanzen noch nicht auf. Der Kolomikta-Strahlengriffel bringt kleine, weiße, duftende Blüten in der Sommermitte hervor, denen gelbliche, ovale und süße Früchte folgen, die einen hohen Vitamin-C-Gehalt besitzen. Ein Großteil der in Gärten gezogenen Pflanzen bildet allerdings keine Früchte aus, weil entweder der weibliche oder der männliche Pflanzenpartner der zweihäusigen Liane fehlt. Diese frostharte Kiwiart gedeiht in den meisten nährstoffreichen Substraten, vorzugsweise in der Vollsonne. Dennoch toleriert sie auch Halbschatten. Die lebhafteste Farbmischung des Laubes erhält man in gemäßigten und kälteren Klimazonen. Ihre vitale Wüchsigkeit (bis zehn Meter Höhe) macht sie zu einer idealen Wahl als Spalierpflanze, als Überwurf über eine Pergola, einen Zaun oder eine Mauer. Die Katzen lieben diese Pflanze, können sie jedoch beschädigen, wenn sie daran ihre Krallen wetzen.

Gleichermaßen zu behandeln sind:
Das Gelbbunte Geißblatt (*Lonicera japonica* ›Aureoreticulata‹).

Pflanzentyp
Blüte

Element
Luft

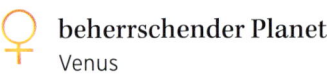

beherrschender Planet
Venus

Pflanzengesellschaften

Begleitpflanzen

Jackmanns Weinrebe (*Clematis* ›Jackmanii Superba‹), Staudenphlox (*Phlox paniculata* ›Düsterlohe‹), Staudenphlox (*Phlox paniculata* ›Starfire‹), Orangenblume oder Orangenblüte (*Choisya ternata*).

Unverträgliche Pflanzen

Behindert das Wachstum von Leguminosen wie zum Beispiel der Geißkleearten (*Cytisus* ssp.) und Ginsterarten (*Genista* ssp.), der Baumlupine (*Lupinus arboreus*) und Garten- oder Staudenlupine (*Lupinus polyphyllus*), der Amerikanischen Gleditschie oder Lederhülsenbaum (*Gleditsia triacanthos*).

Praktische Ratschläge

Aussaat oder Pflanzung

In einem Monat im Frühjahr bei zunehmendem Mond in den Tierkreiszeichen Wassermann, Zwillinge oder Waage.

Pflege

Bei Mond in den Zeichen Wassermann, Zwillinge oder Waage.

Die Mandelwaldrebe

Clematis flammula Ranunculaceae

Die Mandelwaldrebe *Clematis flammula* ist eine sehr vitale, wüchsige Kletterpflanze und ideal für einen Überwurf über Mauern oder Hecken. Sie bildet ein dichtes Gewirr von Trieben aus. Diese tragen dreiblättriges bis gelapptes Laub und kleine, sternförmige und köstlich nach Mandeln duftende Blüten. Die Blüten entfalten sich relativ spät gegen Ende des Sommers bis Anfang Herbst über die ganze Pflanze verteilt in großen Mengen. Ihnen folgen dekorative, silbriggraue und fedrige Samenbüschel (eigentlich Achänenfrüchte). Die Mandelwaldrebe ist ursprünglich in Südeuropa und Nordafrika beheimatet. Sie gedeiht auf den meisten frischen, gut dränierten Böden und auf Kalkböden. Unbedingt nötig ist, dass ihre Wurzeln im Schatten stehen. Davon abgesehen, toleriert sie weder nasse Böden noch Nordlagen. Sie benötigt einen warmen, geschützten Platz, und in raueren Breiten kommt es zuweilen vor, dass sie bis zum Boden zurückfriert, sich also eher wie eine rankende Staude verhält. Wichtig ist, sie Anfang Frühjahr radikal bis zum Boden zurückzuschneiden, denn sie neigt dazu, zu verfilzen – besonders dann, wenn sie keine Rankhilfe bekommt. Die spät blühende *Clematis flammula* ist eine alte Zierpflanze, die in Großbritannien bereits seit dem 16. Jahrhundert kultiviert wird und sich besser zwischen Sträuchern macht als an einem Spalier.

Gleichermaßen zu behandeln sind:

Die Berg- oder Anemonenwaldrebe (*Clematis montana*).

 **Pflanzentyp**
Blatt

 **Element**
Wasser

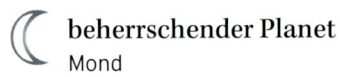 **beherrschender Planet**
Mond

Pflanzengesellschaften

 Begleitpflanzen
Als Zimmerpflanzen: Rautenblättrige Klimme (*Cissus rhombifolia*), Kletternder Philodendron (*Philodendron scandens*).

 Unverträgliche Pflanzen
Bei Zimmerpflanzen: Feigen-
kakteen (*Opuntia* ssp.), Warzen-
kakteen (*Mammillaria* ssp.).

Praktische Ratschläge

 Aussaat oder Pflanzung
Im Frühjahr bei zunehmendem
Mond in den Tierkreiszeichen
Fische, Krebs oder Skorpion.

 Pflege
Bei Mond in den Zeichen
Fische, Krebs oder Skorpion.

Die Känguruhklimme

Cissus antarctica Vitaceae

Die Känguruh- oder Zimmerklimme *Cissus antarctica*
ist ein robuster Kletterstrauch aus Australien. Ihre
wechselständigen Blätter sind graugrün und ledrig
oder dunkelgrün und flaumig behaart, an den Rändern grob gezähnt und an der Unterseite rostbraun
gefärbt. Sie stehen an sehr langen, faserigen, biegsamen und kräftigen Trieben, und jedem Blatt liegt eine
Blüte oder eine Sprossranke gegenüber. Ihre essbaren
Beeren haben einen starken, säuerlichen Geschmack.
Die Känguruhklimme finden wir in den tropischen
Feuchtwäldern Australiens von New South Wales bis
Queensland. Es handelt sich hier um eine alte Kulturpflanze der australischen Ureinwohner, die Seile daraus fertigen und die Beeren nutzen, um ihren Durst
zu stillen. Die zerquetschten Beeren von *Cissus antarctica* werden zudem auf Wunden von Stachelro-
chenstichen oder bei Schnittverletzungen von Scha-
lentieren aufgetragen. Die sehr kälteempfindliche
Känguruhklimme wird in gemäßigten Klimazonen
stets als Zimmerpflanze gezogen und nicht dem direkten Sonnenlicht ausgesetzt. Ein dem Osten zuge-
wandtes Fenster ist ein idealer Platz. Sie ist leicht zu
ziehen, braucht nur gelegentliche Wassergaben und
gedeiht in gewöhnlicher Blumentopferde.

Gleichermaßen zu behandeln sind:
Die Rautenblättrige Klimme (*Cissus rhombifolia*) und
deren Hybride (*Cissus rhombifolia* ›Ellen Danica‹).

Pflanzentyp
Blüte

Element
Luft

beherrschender Planet
Jupiter

Pflanzengesellschaften

Begleitpflanzen
Nur wenige Pflanzen bestehen neben dieser geradezu furchterregend expansiven Pflanze. Alte und hohe Laubbäume und Koniferen dienen ihr als gute Rankhilfe.

Unverträgliche Pflanzen
Sämtliche langsamwüchsigen oder empfindlichen Pflanzen.

Praktische Ratschläge

Aussaat oder Pflanzung
Ende des Winters und des Frühjahrs bei zunehmendem Mond in den Zeichen Wassermann, Zwillinge oder Waage.

Pflege
Bei Mond in den Zeichen Wassermann, Zwillinge oder Waage.

Der Schlingknöterich

Fallopia baldschuanica (Syn. *Polygonum baldschuanica*)
Polygonaceae

Der Schlingknöterich *Fallopia baldschuanica* stammt ursprünglich aus Tadschikistan und ist eine laubabwerfende, außerordentlich schnellwüchsige, verholzende Schlingpflanze, deren Triebe bis zu fünfzehn Meter Länge und mehr erreichen. Dieser Knöterich ist in der Lage, in einer einzigen Vegetationsperiode sechs Meter zu wachsen. Seine herzförmigen Blätter sind blassgrün und seine duftenden Blüten von einem rosa überhauchten Weiß. Letzteren folgen kleine, weißlich rosafarbene Früchte. Die Blüten erscheinen in großen, hängenden, dichten Rispen an den Triebenden sowie den kurzen Seitentrieben und entfalten sich Ende des Sommers und im Herbst. Die Pflanzen sehen dann aus, als seien sie mit Raureif überzogen. Der Schlingknöterich gedeiht praktisch auf allen Bodentypen in der Vollsonne oder im Halbschatten und toleriert Trockenheit gut. Karge Böden begrenzen seine invasiven Eigenschaften kaum. Regelmäßiger, radikaler Rückschnitt ist erforderlich, um Pergolen, Dächer oder zierlichere Bäume nicht über Gebühr zu belasten. Diese Liane ist eine gute Vogelbrutpflanze.

Gleichermaßen zu behandeln sind:
Die Rostrote Weinrebe (*Vitis coignetiae*).

Pflanzentyp
Blatt

Element
Wasser

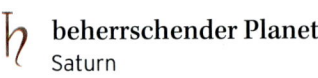
beherrschender Planet
Saturn

Pflanzengesellschaften

Begleitpflanzen
Vitale und wüchsige Pflanzen wie die Berggoldnessel (*Lamium galeobdolon* ssp. *montanum* ›Florentinum‹), Schatten liebende Pflanzen wie die Stinkende Schwertlilie (*Iris foetidissima*), sämtliche Waldpflanzen.

Unverträgliche Pflanzen
Sumpfpflanzen wie die Sumpfdotterblume (*Caltha palustris*).

Praktische Ratschläge

Aussaat oder Pflanzung
Im Winter bei zunehmendem Mond in den Zeichen Fische, Krebs oder Skorpion.

Pflege
Bei Mond in den Zeichen Fische, Krebs oder Skorpion Schnitt, um das Wachstum anzuregen; bei abnehmendem Mond im Zeichen Löwe, um das Wachstum zu bremsen.

Der Gemeine Efeu

Hedera helix Araliaceae

Der Gemeine Efeu *Hedera helix* ist entweder eine vitale Kletterpflanze oder ein Bodendecker, der sich an seinem Wirt oder einer Kletterstütze (Mauer, Fels, Zaun, Gehölze, Boden) mit Haftwurzeln festklammert, die sich an sämtlichen Blattnodien befinden. Damit ist er ein sogenannter Wurzelkletterer und dennoch keine Schmarotzerpflanze, denn er bezieht alle seine Nährstoffe allein aus dem Boden und über die Photosynthese. Die Efeublätter sind unterschiedlich ausgeformt und drei- oder fünflappig. Seine cremefarbenen bis gelbgrünen Blüten öffnen sich im Herbst, und Früchte und Samen reifen im Winter. Der Efeu passt sich sehr unterschiedlichen Bedingungen an und gedeiht unter anderem auch im Vollschatten. Selbst Luftverschmutzung kann ihm nichts anhaben. Allerdings toleriert er vernässte, sehr trockene und sehr saure Böden nicht. Die Pflanze ist vor allem ein Refugium für Kleintiere. Sie bietet Vögeln, kleinen Säugetieren und Insekten guten Schutz, dazu reichlich Nektar für kleine Insekten und Bienen gegen Jahresende und Vogelnahrung im Winter. Eine weitere Besonderheit des Efeus ist, dass er in der Jugendphase gelappte Laubblätter und Haftwurzeln ausbildet, während die Altersform ungelappte Laubblätter, keine Haftwurzeln, aber dafür Blütenstände entwickelt. Der Efeu ist ausgesprochen variantenreich in seiner Erscheinungsform und in seinem Wuchsverhalten, und es existiert eine große Zahl von Sorten.

Gleichermaßen zu behandeln sind:
Das Gelbbunte Geißblatt (*Lonicera japonica* ›Aureoreticulata‹).

 **Pflanzentyp**
Frucht/Nuss/Samen

 Element
Feuer

 **beherrschender Planet**
Sonne, Jupiter

Pflanzengesellschaften

 Begleitpflanzen
Clematis ›Étoile Violette‹
(Viticella-Gruppe), Riesen-
lebensbaum (*Thuja plicata*),
Falscher oder Sommerjasmin
(*Philadelphus* ›Virginal‹).

 Unverträgliche Pflanzen
Silberweide (*Salix alba*), Gewöhnlicher Schneeball (*Viburnum opulus*), Sumpfzypresse
(*Taxodium distichum*).

Praktische Ratschläge

 Aussaat oder Pflanzung
Anfang des Frühjahrs bei
zunehmendem Mond in Widder,
Löwe oder Schütze.

 Pflege
Bei abnehmendem Mond in
den Zeichen Widder, Löwe oder
Schütze. Vermeiden Sie Mond-
phasen in den Zeichen Fische,
Krebs oder Skorpion.

 Ernte
Ernte der Hopfendolden Ende
August bis Anfang September;
zum Trocknen bei Mond in den
Zeichen Widder, Löwe oder
Schütze - niemals Fische.

Der Goldhopfen

Humulus lupulus ›Aureus‹ Cannabaceae

Der Goldhopfen *Humulus lupulus* ›Aureus‹ ist eine ausdauernde, vitale, linkswindende Schlingpflanze mit langen, biegsamen Trieben, die hauptsächlich zu Zierzwecken gehalten wird, deren junge Triebe genießbar sind und die sich auch sonst auf ähnliche Weise nutzen lässt wie der Wildhopfen oder dessen Ertragssorten. Die goldgelben Blätter dieses Hopfens sind gelappt und die Ränder deutlich gesägt. Die Hopfenpflanze besitzt eine ausgeprägte Textur, die Kontaktallergien der Haut auslösen kann. Die weiblichen Blüten des Goldhopfens duften harzig nach Kiefern, stehen in konischen Ähren (landläufig als Dolden oder Zapfen bezeichnet), entfalten sich Ende des Sommers/Anfang Herbst und lassen sich durch den Wind von Pollen bestäuben, die von den männlichen Individuen herangetragen werden. Anschließend wachsen die Ähren und reifen zu Früchten heran. Die wild wachsende Form des Hopfens, der Gewöhnliche Hopfen *Humulus lupulus*, ist in Europas und Westasiens Auwäldern beheimatet. Dort gedeiht er in lichten Partien und am Flussufer auf grundfeuchten, zeitweise nassen, nähr- und stickstoffreichen Lehm- und Tonböden. Er wird seit der Römerzeit kultiviert, als man ihn wahrscheinlich überwiegend zu medizinischen Zwecken gebrauchte. Erst seit mehr als 400 Jahren liefern die Dolden die Grundlage für die Bierwürze. Der Goldhopfen schmückt sich mit Zierfrüchten, die, sind sie einmal gepflückt, ausgesprochen dekorativ als Pflanzenschmuck wirken. Davon abgesehen haben diese Früchte medizinische Wirkstoffe. Die sedativen Wirkstoffe Humulon und Lupulon helfen besonders in Kombination mit Baldrian bei Schlaflosigkeit und wirken nervenberuhigend.

 **Pflanzentyp**
Blüte

 **Element**
Luft

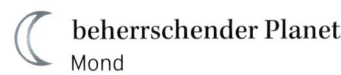 **beherrschender Planet**
Mond

Pflanzengesellschaften

 Begleitpflanzen
Fleischbeere (*Sarcococca confusa*), Japanische Skimmie (*Skimmia japonica*), Weißer oder Tartarischer Hartriegel (*Cornus alba*), Funkien (*Hosta* ssp.).

 Unverträgliche Pflanzen
Pflanzen, die trockene und sonnige Standorte benötigen, wie zum Beispiel das Strauchige Kreuzkraut oder Jakobskraut (*Brachyglottis* ›Sunshine‹, Dunedin-Gruppe), Graues oder Silberblättriges Heiligenkraut (*Santolina chamaecyparissus*), Echter Lavendel (*Lavandula angustifoli*a), Italienische Strohblume (*Helichrysum italicum*).

Praktische Ratschläge

 Aussaat oder Pflanzung
Ende des Winters und Anfang Frühling bei zunehmendem Mond in den Tierkreiszeichen Wassermann, Zwillinge oder Waage. Entnahme von Ablegern bei zunehmendem Mond im Tierkreiszeichen Jungfrau.

 Pflege
Schnittmaßnahmen nach der Blüte bei Mond im Zeichen Wassermann oder Waage.

Die Kletterhortensie

Hydrangea anomala ssp. *petiolaris* Hydrangeaceae

Ursprünglich in Japan, Korea und auf der Pazifikinsel Sachalin beheimatet, ist die Kletterhortensie *Hydrangea anomala* ssp. *petiolaris* eine vitale, holzige Kletterpflanze, die allerdings sehr lange braucht, um sich zu etablieren. Dafür ist sie ausgesprochen langlebig – weit über 50-jährige Exemplare sind bekannt. Wie der Efeu rankt sie sich mit sprossbürtigen Haftwurzeln eigentlich von selbst hoch, doch werden bei großflächigeren und glatten Wandbegrünungen Kletterhilfen empfohlen, damit sie tatsächlich eine stabile Verbindung zur Wand hat. Außerdem lässt sich an solchen Kletterhilfen dann eine zweite Rankpflanze hochziehen, wie zum Beispiel Geißblatt oder Clematis. Eine Kletterhilfe ist auch dann von Vorteil, wenn die Hortensie auf hellen Wänden bei ungünstigen Lichtverhältnissen hochranken soll, denn sie bildet umso weniger Haftwurzeln aus, je schattiger das Milieu ist. Dem Austrieb ihrer herzförmigen, dunkelgrünen und glänzenden Blätter folgen duftende Blüten in einem grünlich getönten Weiß, die in zusammengesetzten, für die Tellerhortensien typischen, abgeflachten Rispen erscheinen, deren Mitte aus kleinen, fertilen Blüten, umgeben von zahlreichen großen, sterilen Blüten besteht. Von Mitte bis Ende des Sommers ist diese Hortensie von einer wahren Blütenpracht überzogen. Größere Schnittmaßnahmen sind erst nach dieser Periode zu empfehlen. Sie gedeiht auf frischen, nicht zu feuchten Böden.

> ## Gleichermaßen zu behandeln sind:
> Das Waldgeißblatt (*Lonicera periclymenum*) und dessen Cultivare.

 **Pflanzentyp**
Blüte

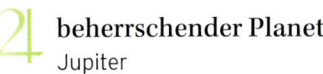 **Element**
Luft

beherrschender Planet
Jupiter

Pflanzengesellschaften

 Begleitpflanzen
Sonne liebende Pflanzen wie Strauchiges Brandkraut (*Phlomis fruticosa*), Rosmarin (*Rosmarinus officinalis*), Strauchiges Kreuzkraut oder Jakobskraut (*Brachyglottis* ›Sunshine‹, Dunedin-Gruppe), in vielen Regionen winterharte Schmucklilienhybriden (*Agapanthus*-Headbourne-Hybriden).

 Unverträgliche Pflanzen
Pflanzen, die feuchte Substrate lieben, wie die Sumpfdotterblume (*Caltha palustris*), Trollblumen (*Trollius* ssp.), Funkien (*Hosta* ssp.), Gemeiner Schneeball (*Viburnum opulus*).

Praktische Ratschläge

 Aussaat oder Pflanzung
In einem Monat im Frühjahr bei zunehmendem Mond in den Tierkreiszeichen Wassermann, Zwillinge oder Waage.

 Pflege
Bei Mond in den Zeichen Wassermann, Zwillinge oder Waage.

Der Echte Jasmin

Jasminum officinale Oleaceae

Der Echte Jasmin *Jasminum officinale* ist eine schnellwüchsige, vitale, laubabwerfende oder halbimmergrüne Kletterpflanze mit kleinen, dunkelgrünen, gefiederten Blättern. Seine weißen, sternförmigen Blüten verströmen einen köstlichen Duft, stehen in lockeren Blütenständen an den Enden der Zweige und öffnen sich Ende des Sommers, Anfang Herbst. Der Echte Jasmin kommt ursprünglich aus dem Kaukasus, Nordiran, Afghanistan, Indien sowie China und wird in Südeuropa seit Langem kultiviert, wo er auch hin und wieder im Freien zu finden ist. Er gedeiht auf diversen Bodentypen in der Vollsonne oder im Halbschatten und gibt eine ausgezeichnete Topfpflanze ab. Wird er an einen Wind und Wetter ausgesetzten Standort gepflanzt, benötigt er unbedingt einen Schutz, denn diese Jasminart kann nach starker Frosteinwirkung eingehen (schlägt jedoch meist im folgenden Frühjahr wieder vom Boden aus). Das ätherische Jasminöl ist ein exquisiter, sehr kostbarer Aromastoff, der sowohl in der Parfümindustrie als auch als Mittel gegen Depressionen verwendet wird. In ummauerten Gärten des alten Orients versüßte der Jasmin zusammen mit blühenden Zitrusfrüchten und Rosen die nächtlichen Aufenthalte, wo es weniger auf die Blütenfarbe als auf den Duft ankam. Die Blüten locken mit ihrer weißen Farbe und ihrem Duft Nachtschmetterlinge an.

Gleichermaßen zu behandeln sind:
Die Rostrote Weinrebe (*Vitis coignetiae*), der Duftjasmin (*Jasminum officinale* ›Fiona Sunrise‹) und Panaschierter Jasmin (*Jasminum officinale* ›Argenteovariegatum‹).

 **Pflanzentyp**
Blüte

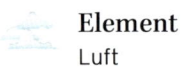 **Element**
Luft

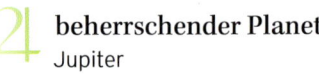 **beherrschender Planet**
Jupiter

Pflanzengesellschaften

 Begleitpflanzen
Die Duftwicken sind seit Jahrhunderten beliebte Beimischungen in Bauerngärten zusammen mit anderen einjährigen Sommerblumen und Kräutern wie Sonnenblume (*Helianthus annuus*), Dill, Kerbel, Borretsch, Petersilie, Gartenkresse usw.

 Unverträgliche Pflanzen
Küchenzwiebel (*Allium cepa*), Winterlauch (*Allium porrum*), Knoblauch (*Allium sativum*).

Praktische Ratschläge

 Aussaat oder Pflanzung
Aussaat Anfang Frühjahr, Pflanzung zu Beginn des Sommers bei zunehmendem Mond in den Tierkreiszeichen Wassermann, Zwillinge oder Waage.

 Pflege
Bei Mond in den Zeichen Wassermann, Zwillinge oder Waage.

Die Duftwicke

Lathyrus odoratus Papilionaceae

Die ursprünglich in Süditalien beheimatete Duftwicke oder Duftende Platterbse *Lathyrus odoratus* ist von jeher eine ausgesprochen beliebte Zierpflanze in ländlichen Gärten und Bauerngärten. Diese vitale Kletterpflanze klettert mit ihren Blattranken und den behaarten und geflügelten Stängeln an Stützhilfen empor und überwächst in ihrer eleganten Manier Zäune, Rankgitter, Gartenbögen oder eine Pergola. Sie besitzt intensiv duftende Blüten, die sich im Hochsommer bis Anfang Herbst entfalten. Ein einziger Stängel kann bis zu sieben anmutige Schmetterlingsblüten hervorbringen. Die Blütenblätter sind stets leicht gewellt und erscheinen in sämtlichen Farben von Gelb über Orange bis zu einem reinen und leuchtenden Blau. Die Duftwicke entwickelt sich am vorteilhaftesten auf tiefen, nährstoffreichen, frischen neutralen oder basenreichen Böden. Wie die meisten Leguminosen, zu denen auch die Duftwicke zählt, vermag sie mit Bakterien Luftstickstoff zu binden und auf indirekte Weise damit den Boden anzureichern, was den benachbarten Pflanzen zugutekommt. Die recht anspruchslose Pflanze fordert eine Rankhilfe. Dabei müssen die verwelkten Blüten stets entfernt werden, um eine regelmäßige Blütenfolge zu garantieren. Die einjährige Duftwicke gedeiht in der Vollsonne, toleriert allerdings auch halbschattige Situationen.

Weitere Pflegehinweise:
Regelmäßige Schnittmaßnahmen vorzugsweise bei einem Mond in Wassermann, Zwillinge oder Waage. Mondperioden im Zeichen Fische unbedingt meiden.

 **Pflanzentyp**
Blatt

 **Element**
Wasser

 beherrschender Planet
Sonne, Jupiter

Pflanzengesellschaften

 Begleitpflanzen
Bodendeckerpflanzen wie die Silberkamille (*Anthemis punctata* ssp. *cupaniana*), Prachtstorchschnabel (*Geranium* x *magnificum*) und Weißer Felsenstorchschnabel.

 Unverträgliche Pflanzen
Pflanzen, die unbedingt feuchte Substrate benötigen, wie zum Beispiel die Sumpfdotterblume (*Caltha palustris*), die Wasser- oder Bachminze (*Mentha aquatica*).

Praktische Ratschläge

 Aussaat oder Pflanzung
Anfang Frühjahr bei zunehmendem Mond in den Tierkreiszeichen Fische, Krebs oder Skorpion.

 Pflege
Bei Mond in den Zeichen Fische, Krebs oder Skorpion.

Das Japanische Goldnetzgeißblatt

Lonicera japonica ›Aureoreticulata‹ Caprifoliaceae

Hier haben wir eine äußerst vitale, linksschlingende Kletterpflanze mit einfachen, ovalen oder eiförmigen Blättern in grünem Grundton und mit dichter, goldgelber, netzartiger Nervatur. Ihre kleinen, weißen, röhrenförmigen Blüten entfalten sich Ende des Sommers und Anfang Herbst und nehmen mit der Zeit eine gelbe Färbung an. Sie verströmen einen starken und süßen Duft. Den Blüten folgen schwarze, violett überhauchte Beeren mit einem leicht wachsartigen Überzug, die zwar die Vögel anziehen, wegen ihrer schwach giftigen cyanogenen Glykoside aber nicht für den menschlichen Verzehr geeignet sind (das gilt übrigens für fast alle *Lonicera*-Arten). Das Goldnetzgeißblatt *Lonicera japonica* ›Aureoreticulata‹ passt sich an sehr unterschiedliche Böden an. Allerdings verliert seine netzartige Nervatur im Vollschatten die leuchtende Färbung. Dieses Geißblatt eignet sich ideal als Überwurf über Laubengänge, Pergolen und andere Kletterhilfen, besonders solche in Hausnähe, damit man in den Genuss seines herrlichen Duftes kommt. Außerdem ist diese *Lonicera* ein ausgezeichneter Bodendecker, um der Erosion von Hängen und Böschungen entgegenzuwirken. Die Kletterpflanze profitiert von einem radikalen Rückschnitt auf etwa 0,5 Meter über dem Boden vor dem Austrieb ungefähr alle drei Jahre, damit sie die reizvolle Blattzeichnung und ihre buschige Wuchsform beibehält.

Gleichermaßen zu behandeln sind:
Jungfernrebe oder Wilder Wein (*Parthenocissus tricuspidata*), das Geißblatt (*Lonicera japonica* ›Halliana‹).

 **Pflanzentyp**
Blüte

 **Element**
Luft

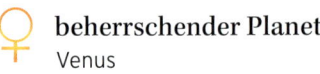 **beherrschender Planet**
Venus

Pflanzengesellschaften

 Begleitpflanzen
Hundsrose (*Rosa canina*), Eingriffeliger Weißdorn (*Crataegus monogyna*), Gemeine Waldrebe (*Clematis vitalba*), Wolliger Schneeball (*Viburnum lantana*).

 Unverträgliche Pflanzen
Gemeiner Schneeball (*Viburnum opulus*), Silberweide (*Salix alba*), Sumpfdotterblume (*Caltha palustris*).

Praktische Ratschläge

 Aussaat oder Pflanzung
Gegen Ende des Winters und Anfang Frühjahr bei zunehmendem Mond in den Tierkreiszeichen Wassermann, Zwillinge oder Waage.

 Pflege
Bei Mond in den Zeichen Wassermann, Zwillinge oder Waage.

Das Waldgeißblatt

Lonicera periclymenum   Caprifoliaceae

Diese wuchsfreudige Liane fächert sich in mehrere Schlingen auf, mit denen sie Bäume komplett einspinnen und überwerfen kann. Das Waldgeißblatt *Lonicera periclymenum* klettert und kriecht zwischen anderen Pflanzen hindurch. Seine langröhrigen, trichterförmigen Blüten, außen purpurn und gelb, im Inneren cremeweiß, dunkeln mit der Zeit nach. Sie stehen in Quirlen zusammengefasst an den Spitzen der Zweige und entfalten sich im Sommer und Anfang Herbst. Sie werden von Nachtfaltern bestäubt, die sich von ihrem intensiven Duft und der hellen Farbe anlocken lassen. Ihnen folgen Trauben aus leuchtend roten Beeren, die von den Vögeln geliebt werden, aber nichts für Kinder sind, die davon Brechdurchfall sowie Magen- und Darmreizungen bekommen können. Diese Pflanze wird vor allem von Nachtfaltern wie Eulen, Schwärmern und dem tagschwärmenden Taubenschwanz aufgesucht – allesamt Falter mit langen Rüsseln, die in der Lage sind, an den Nektar am Boden der langen Blütenröhre zu gelangen. Die dichte Vegetation bietet idealen Schutz und Platz für frei brütende Vögel. Die Heckenkirsche sollte in einem Rhythmus von mehreren Jahren stark zurückgeschnitten werden (etwa in Kniehöhe über dem Boden vor dem Neuaustrieb), um ihre Wüchsigkeit anzuregen und reichlichen Blütenansatz zu fördern. Als schlingende Pflanze erfordert sie stabile Rankhilfen an Wänden und Mauern.

Gleichermaßen zu behandeln sind:
Die Gemeine Waldrebe (*Clematis vitalba*), andere Geißblattsorten wie das Geißblatt mit purpurroten Blüten (*L. periclymenum* ›Belgica‹) und das mit innen weißen, außen roten Blüten (*L. periclymenum* ›Serotina‹).

Pflanzentyp
Blatt

Element
Wasser

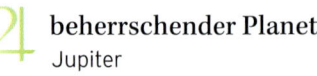

beherrschender Planet
Jupiter

Pflanzengesellschaften

Begleitpflanzen
Storchschnabelarten (*Geranium* ssp.), *Clematis* ›Comtesse de Bouchard‹ (tiefrosa Blüten, Jackmanii-Gruppe), *Clematis* ›Mrs. Cholmondeley‹ (lavendelblaue Blüten, Languinosa-Gruppe) – sie alle können an den Fuß dieser Pflanze gesetzt werden.

Unverträgliche Pflanzen
Essigbaum oder Hirschkolben-Sumach (*Rhus typhina*), Sumpfzypresse (*Taxodium distichum*).

Praktische Ratschläge

Aussaat oder Pflanzung
Frühjahr bei zunehmendem Mond in den Tierkreiszeichen Fische, Krebs oder Skorpion.

Pflege
Schnitt bei zunehmendem Mond; Fische, Krebs oder Skorpion. Bei abnehmendem Mond im Zeichen Löwe gegen zu starkes Wachstum.

Die Dreispitzige Jungfernrebe

Parthenocissus tricuspidata Vitaceae

Die Dreispitzige Jungfernrebe oder der Wilde Wein *Parthenocissus tricuspidata* ist eine außerordentlich vitale, laubabwerfende Kletterpflanze und berühmt für die fulminante Herbstfärbung ihres Laubs. Die Blätter ändern je nach Alter der Pflanze ihre Form: Sie zeigen sich klein und rundlich an den jungen Jungfernreben und werden dann an den älteren Exemplaren dreilappig. Die Sprossranken der Jungfernrebe halten sich mit ihren Haftscheiben an der Rankhilfe fest, sodass es außerordentlich schwierig ist, die Pflanze von einer Mauer zu entfernen, wenn sie sich einmal etabliert hat. Im Herbst verfärbt sich das Laub in einer breiten Skala aus spektakulären Rot- und Karmesinrottönen und bietet damit während mehrerer Wochen den Anblick eines flammenden Blätterteppichs. Die Jungfernrebe oder der Wilde Wein gedeiht auf allen Böden (mit Ausnahme von vernässten Substraten) und auf Standorten in der Vollsonne bis zum dichten Schatten. Sie klettert erstaunlich gut an Mauern, Rankgerüsten, Laubengängen oder Zäunen. Als Bodendecker legt sie sich wie ein charmanter Teppich über alte Baumstämme, Steinhaufen oder andere unansehnliche Gartenelemente, die man verdecken möchte. Außerdem erweist sie sich als gute Befestigung an instabilen Hanglagen. Lebende Bäume allerdings können durch diesen Wein geschädigt werden. Auch kriecht er gerne in Mauerfugen und verstopft die Dachentwässerung. Er ist neben dem Efeu die beliebteste Pflanze zur Fassadenbegrünung.

Gleichermaßen zu behandeln sind:
Die Fünfblättrige Jungfernrebe oder der Fünfblättrige Wilde Wein (*Parthenocissus quinquefolia*).

 **Pflanzentyp**
Frucht/Nuss/Samen

 **Element**
Feuer

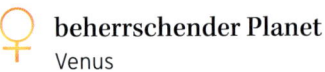 **beherrschender Planet**
Venus

Pflanzengesellschaften

 Begleitpflanzen
Guave (*Psidium guajava*), Flanellstrauch oder Kalifornischer Fremontodendron (*Fremontodendron californicum*), Echte Myrte (*Myrtus communis*).

 Unverträgliche Pflanzen
Funkien (*Hosta* ssp.), Prachtspieren (*Astilbe* ssp.), Mammutblatt (*Gunnera manicata*).

Praktische Ratschläge

 Aussaat oder Pflanzung
In einem Monat im Frühjahr bei zunehmendem Mond in den Tierkreiszeichen Widder, Löwe oder Schütze, um reichlich Früchte zu ernten. Für eine üppige Blüte bei zunehmendem Mond in den Zeichen Wassermann, Zwillinge oder Waage.

 Pflege
Bei Mond in den Zeichen Widder, Löwe oder Schütze für eine gute Ernte der Früchte. Zunehmender Mond in den Zeichen Wassermann, Zwillinge oder Waage für eine prächtige Blüte.

 Ernte
Bei zunehmendem Mond in den Zeichen Widder, Löwe oder Schütze. Meiden Sie unbedingt den Mond im Zeichen Fische.

Die Blaue Passionsblume

Passiflora caerulea Passifloraceae

Die Blaue Passionsblume *Passiflora caerulea* ist eine schöne Blütenpflanze, vital und schon beinahe wuchernd. Mit ihren Sprossranken bildet sie einen dichten Teppich aus sich ineinanderschlingenden Trieben. Ihr Laub ist halb immergrün und fächerartig fünf- oder sechsfach gelappt. Vom Hochsommer bis zum Herbst entfalten sich Blüten mit ihrem unverwechselbaren und prächtigen Erscheinungsbild, die auch einen charakteristischen Duft verbreiten. Die Blüten zeigen eine außerordentlich eindrucksvolle, radiärsymmetrische Ornamentik. Ihre Blütenarchitektur ist überraschend komplex und zeigt eine hochgradige Anpassung an ihre jeweiligen Bestäuber – durchaus in ähnlicher Weise wie bei den Orchideen. Die jeweils fünfzähligen, alternierende Kelch- und Blütenblätter sind weiß bis grünlich überhaucht. Der gut sichtbare Strahlenkranz, auch Corona genannt, weist sehr auffällige, unterschiedlich gefärbte, konzentrische, purpurne, weiße und schließlich breite, blaue Ringe auf. Besonders ornamental und symbolträchtig wirkt ein kreuzförmig gewachsenes Gebilde aus Staub- und Fruchtblättern, das sogenannte Androgynophor, welches zu ihrem Namen führte. Diesen Blüten folgen genießbare, vitaminreiche, orangefarbene und eiförmige Früchte – allerdings nur wenn eine Kreuzbestäubung erfolgreich war, denn ihre Blüten sind selbststeril. Die in Brasilien und Argentinien beheimatete Passionsblume gilt als eine der frosthärtesten und anspruchslosesten ihrer Gattung und ist heute selbst im Baumarkt zu erwerben. Sie kann auf frischen Böden entlang einer warmen Mauer, in geschützten Situationen sogar im Freien überwintern, aber auch als Topfpflanze in Innenräumen gezogen werden.

Pflanzentyp
Blüte

Element
Luft

4 **beherrschender Planet**
Jupiter (und Venus und Mar

Pflanzengesellschaften

Begleitpflanzen

Hohe, ausgewachsene Bäume wie zum Beispiel die Blutbuche (*Fagus sylvatica* ›Riversii‹), alte Apfelbäume, Bodendecker wie Storchschnabel (*Geranium* ssp.), Beinwell (*Symphytum* ssp.), Lauch- und Zwiebelpflanzen (*Allium* ssp.).

Unverträgliche Pflanzen

Wasser und Feuchtigkeit liebende Pflanzen wie die Sumpfzypresse (*Taxodium distichum*) und das Mammutblatt (*Gunnera manicata*).

Praktische Ratschläge

Aussaat oder Pflanzung

In einem Wintermonat bei zunehmendem Mond in den Tierkreiszeichen Wassermann, Zwillinge oder Waage.

Pflege

Bei Mond in den Zeichen Wassermann, Zwillinge oder Waage.

Die Ramblerrose ›Kiftsgate‹

Rosa filipes ›Kiftsgate‹ Rosaceae

Die Ramblerrose *Rosa filipes* ›Kiftsgate‹ ist eine ausgesprochen wüchsige Kletterrose, das heißt, ein sogenannter Baumkletterer, der über einer geeigneten Kletterhilfe einen regelrechten Pflanzenvorhang ausbilden kann. Das Laub von ›Kiftsgate‹ ist hellgrün und im jugendlichen Stadium kupferfarben getönt. Dem Laubaustrieb folgt eine Masse an dicht stehenden Büscheln cremeweißer, betörend duftender Blüten mit auffällig goldgelben Staubfäden, wobei jede Rispe aus ungefähr zehn – wenn nicht sogar noch mehr – Einzelblüten besteht. Die ›Kiftsgate‹ zeigt ihr Blütenkleid nur einmal in der Mitte bis Ende des Sommers. Anschließend bildet sie zahlreiche kleine, rote Hagebutten aus, die wiederum ein ähnlich spektakuläres Bild abgeben wie zuvor die Blüte. Dieser Baumkletterer erfordert einen fruchtbaren, frischen, humosen und gut dränierten Boden in der Sonne oder im Halbschatten. Er kann sich zu einer zauberhaften, aber wuchernden Pflanze auswachsen, die einen dichten Überwurf über eine Hecke und Pergola bildet oder durch hohe Bäume rankt. ›Kiftsgate‹ hat unangenehme Stacheln, die sie allerdings benötigt, um ihr Gewicht zu stabilisieren und die gleichzeitig einen wirksamen Schutz darstellen, wenn sie über einem Zaun gezogen wird.

Gleichermaßen zu behandeln sind:

Kletterrosen wie die *Moschata*-Hybride ›Rambling Rector‹ und die *R. sinowilsonii*-Hybride ›Wedding Day‹.

Pflanzentyp
Frucht/Nuss/Samen

Element
Feuer

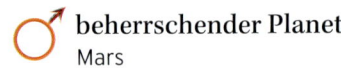

beherrschender Planet
Mars

Pflanzengesellschaften

Begleitpflanzen

In freier Natur: Birke (*Betula pendula*), Gemeine Esche (*Fraxinus excelsior*), Stieleiche (*Quercus robur*), Gemeine Hasel (*Corylus avellana*).
In Kultur sollte man sie einzeln ziehen.

Unverträgliche Pflanzen

Pflanzen mit einer Vorliebe für sehr trockene Substrate wie das Silberblättrige oder Zypressen-Heiligenkraut (*Santolina chamaecyparissus*), das Strauchige Brandkraut (*Phlomis fruticosa*), Schmucklilienhybriden (*Agapanthus*).

Praktische Ratschläge

Aussaat oder Pflanzung

Ende des Winters und Anfang Frühling bei zunehmendem Mond in den Tierkreiszeichen Widder, Löwe oder Schütze.

Pflege

Bei Mond in den Zeichen Widder, Löwe oder Schütze.

Ernte

Keinesfalls nach der Herbst-Tagundnachtgleiche, aber bei zunehmendem Mond; Widder, Löwe oder Schütze - nicht im Zeichen Fische.

Die Ulmenblättrige Brombeere

Rubus ulmifolius Rosaceae

Die Ulmenblättrige oder Mittelmeerbrombeere *Rubus ulmifolius* gehört in die Gruppe der Zweifarbigen Brombeeren und stellt nur eine Möglichkeit aus dem sehr umfangreichen Sortimentsangebot der süßen bis sauren, mehr oder weniger robusten, ertragreichen und unterschiedlich (rot, blau, schwarz) gefärbten Brombeeren dar. Sie ist eine vitale und mit reichlichen, gleich langen Stacheln bewehrte Rank- und Kriechpflanze. Die wintergrüne Brombeere gedeiht in ihrer Heimat im mediterranen oder submediterranen Auengebüsch und in Hecken. Ihre langen, bogenförmig überhängenden, teilweise auch kriechenden Triebe schlagen Wurzeln, sobald sie nur den Boden berühren, und bilden damit neue Pflanzen mit der Tendenz zu wuchern aus. Sich selbst überlassen, werden sie schnell ein völlig undurchdringliches Gestrüpp, das aber vielen Tieren eine Rückzugsmöglichkeit bietet und unerwünschte Besucher fernhält. Ihr Laub ist gefiedert und besteht aus drei bis fünf spitz zulaufenden, gesägten Fiederblättchen, die häufig eine ulmenblattähnliche, asymmetrische Spreitenbasis aufweisen – daher ihr Name. Den kleinen, weißen oder rosa getönten Blüten folgen an den Enden der älteren Zweige an traubenähnlichen Fruchtständen Früchte, die eigentlich keine Beeren, sondern botanisch gesehen Sammelsteinfrüchte sind. Sie sind reich an Vitaminen und wertvollen Begleitstoffen.

> ### Gleichermaßen zu behandeln sind:
> Die Loganbeere (*Rubus loganobaccus*), eine amerikanische Kreuzung aus Himbeere und Brombeere.

Pflanzentyp
Frucht/Nuss/Samen

Element
Feuer

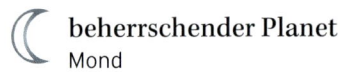

beherrschender Planet
Mond

Pflanzengesellschaften

Begleitpflanzen
Andere tropische Waldpflanzen wie der Echte Kakaobaum (*Theobroma cacao*).

Unverträgliche Pflanzen
-

Praktische Ratschläge

Aussaat oder Pflanzung
Bei zunehmendem Mond in den Tierkreiszeichen Widder, Löwe oder Schütze.

Pflege
Bei Mond in den Zeichen Widder, Löwe oder Schütze.

Ernte
Bei zunehmendem Mond in den Tierkreiszeichen Widder, Löwe oder Schütze.

Die Echte Vanille

Vanilla planifolia Orchidaceae

Die Echte Vanille oder Gewürzvanille *Vanilla planifolia* ist eine ausdauernde, kletternde Orchidee aus den tropischen Wäldern Mittelamerikas. Sie beginnt dort ihren Lebenszyklus häufig und sehr orchideentypisch auf den Bäumen, lebt also epiphytisch, ist aber kein Schmarotzer. Oft startet sie jedoch mit ihrer Entwicklung am Boden und bildet Lianen aus, die eine Länge von über zehn bis 30 Metern erreichen, und ist damit die bei Weitem größte Orchidee. Sie hat ledrige, flächige Blätter, Luftwurzeln und grünlichgelbliche, im Vergleich zu anderen Orchideen eher unscheinbare Orchideenblüten, die sich am Morgen öffnen und im Tagesverlauf bestäubt werden müssen, da sie am Abend bereits wieder verwelken. Anbauversuche außerhalb ihrer Heimat waren anfänglich erfolglos, da ihre Bestäuber – Kolibris und bestimmte Bienenarten – fehlten, die dann vom Menschen ersetzt wurden. Die reifen Früchte, gemeinhin als Vanilleschoten bezeichnet, sind botanisch gesehen aromatische Kapseln, die sich bei der Reife schwarz verfärben und zur Aromaextraktion getrocknet werden. Die Duftessenzen sind in den Tausenden winziger Samen und der ölhaltigen Flüssigkeit enthalten, in die diese eingebettet sind. Der typische Geschmack der Vanille ist süß, aromatisch und zuckrig. Die Mayas und Azteken mischten sie mit Kakaobohnen, Wasser, Honig und Gewürzen zu einem moussierenden Getränk, das sie sowohl heiß als auch kalt genossen. Heute würzt Vanille Gebäck, Kompotte und Eiscreme. Sie ist das zweitteuerste Gewürz, und die Ersatzstoffe haben weder dieselbe Geschmacksqualität noch ihre beruhigende Wirkung. Für die Kultur im Zimmer der ansonsten recht anspruchslosen Orchidee empfiehlt sich ein Ast oder Moosstab.

 **Pflanzentyp**
Blatt

 **Element**
Wasser

 **beherrschender Planet**
Sonne, Jupiter

Pflanzengesellschaften

 Begleitpflanzen
Angesichts ihrer Wüchsigkeit und der Dichte ihres Laubteppichs ist es ratsam, die Rostrote Weinrebe solitär zu pflanzen.

 Unverträgliche Pflanzen
-

Praktische Ratschläge

 Aussaat oder Pflanzung
In einem Monat im Frühjahr bei zunehmendem Mond in den Tierkreiszeichen Fische, Krebs oder Skorpion.

 Pflege
Bei zunehmendem Mond in den Zeichen Fische, Krebs oder Skorpion.

 Ernte
Bei Mond in den Tierkreiszeichen Widder, Löwe oder Schütze.

Die Rostrote Weinrebe

Vitis coignetiae Vitaceae

Die außerordentlich wüchsige Rostrote Weinrebe *Vitis coignetiae* ist ursprünglich in Korea, Japan und auf der Pazifikinsel Sachalin beheimatet. Ihr sommergrünes Laub ist herzförmig, drei- oder fünffach gelappt und an der Unterseite mit einem feinen braunen Pelz überzogen. Sie zeigt eine intensive Herbstfärbung in flammenden Tönen von Orange, Karmesinrot bis Scharlachrot. Diese sehr spektakuläre Kletterpflanze gedeiht am prächtigsten auf kargen Böden oder Standorten, wo ihrem weitläufigen Wurzelsystem keine Grenzen gesetzt sind (zum Beispiel allein vor einer Mauer). Die Rostrote Weinrebe klettert mithilfe von Sprossranken. Ihre zarten, leicht duftenden Blüten entfalten sich gegen Ende des Sommers. Ihnen folgen kleine, blauschwarze, nicht zum Verzehr geeignete Weintrauben. Die Rostrote Weinrebe erfordert keinerlei Schnittmaßnahmen, es sei denn, der Platz für die Pflanze ist zu knapp bemessen. Dann sollte man jedoch beachten, dass der Saft bei dieser Pflanze reichlich aus sämtlichen Wunden austritt, die der Pflanze außerhalb Perioden des abnehmenden Mondes zugefügt werden. Dieser Wilde Wein hat eine Vorliebe für tiefe, nährstoffreiche, frische, gut dränierte, humose und mäßig fruchtbare Böden und entfaltet seine ganze Pracht am besten auf Kalksubstraten. Außerdem gedeiht er in der Sonne wie im Halbschatten. Davon abgesehen braucht die Rostrote Weinrebe einen sonnigen Standort für die Reife ihrer Beeren.

Pflanzentyp
Frucht/Nuss/Samen

Element
Feuer

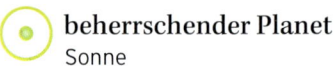

beherrschender Planet
Sonne

Pflanzengesellschaften

Begleitpflanzen
Zahlreiche Kräuterpflanzen wie Rainfarn (*Tanacetum vulgare*), Gewöhnlicher Ysop (*Hyssopus officinalis*), Borretsch (*Borago officinalis*), Echter Salbei (*Salvia officinalis*), Kletter- und Ramblerrosen.

Unverträgliche Pflanzen
Atlantischer Wildkohl (*Brassica oleracea*), Rettich (*Raphanus sativus*).

Praktische Ratschläge

Aussaat oder Pflanzung
Im Frühjahr bei zunehmendem Mond im Zeichen Widder, Löwe oder Schütze.

Pflege
Schnitt Anfang Winter bei abnehmendem Mond in den Zeichen Widder, Löwe oder Schütze. Rückschnitt der Seitentriebe auf zwei oder drei Augen; Rückschnitt eines Drittels der Triebe, die für die Ausbreitung der Pflanze nötig sind.

Ernte
Die Weinernte fällt üppiger aus, wenn es in der ersten Hälfte des Junis Neumond gibt, also während der Blüte des Weins. Bei zunehmendem Mond in den Zeichen Widder, Löwe oder Schütze. Nicht im Zeichen Fische.

Die Echte Weinrebe

Vitis vinifera Vitaceae

Die Echte Weinrebe *Vitis vinifera* wird seit mindestens 6000 Jahren vom Menschen kultiviert, und ihr Ursprung ist uns unbekannt. Die Weinrebe ist eine Liane mit einem komplizierten sogenannten sympodialen Verzweigungsmodus, das heißt, die Spitze jedes Sprossgliedes endet jeweils mit einer Sprossranke, und der Seitentrieb übernimmt das weitere Längenwachstum. Zahlreiche Reben werden ausschließlich wegen ihrer Früchte gepflanzt, und die Verfahren, den Fruchtertrag und die Fruchtqualität zu optimieren, sind so vielfältig und komplex, dass es hier den Rahmen sprengen würde, darauf einzugehen. Doch auf die Weinrebe im eigenen Garten braucht man keineswegs zu verzichten. Selbst in weniger begünstigten Gebieten steht eine Reihe robuster, wohlschmeckender und dekorativ belaubter Sorten zur Verfügung. Das tief eingeschnittene Laub aus drei bis vier Lappen liefert stets eine interessante Herbstfärbung, und die langen Zweige zeigen eine reizvoll abblätternde Rinde. Die Echte Weinrebe ergibt gute Ernten auf neutralen bis basischen Böden, wobei für die Reife der Früchte ein entsprechend sonniger Standort nötig ist. Ihre Früchte, die Weintrauben, können grün, gelb, weißlich, rosa, rot, blau bis schwarzviolett sein. Die Anwendung im Garten ist vielfältig. Kräftige Bäume vertragen einen Überwurf aus Weinreben, die sich gut mit Ramblerrosen mischen lassen und in dieser Kombination ein sehr romantisches Bild liefern. Dass die Trauben zur Herstellung von Wein oder Fruchtsäften dienen, bedarf wohl kaum der Erwähnung. Man verzehrt sie frisch oder getrocknet als Rosinen. Auch die Blätter sind essbar, und sämtliche Pflanzenteile besitzen überdies wertvolle Nähr- und heilmedizinische Wirkstoffe.

 **Pflanzentyp**
Blüte

 **Element**
Luft

 **beherrschender Planet**
Neptun

Pflanzengesellschaften

 Begleitpflanzen

Sonnenhungrige Pflanzen wie das Strauchige Brandkraut (*Phlomis fruticosa*), Rosmarin (*Rosmarinus officinalis*), Echter Salbei (*Salvia officinalis*), Winterharte Schmucklilien (*Agapanthus*), Kletter- und Ramblerrosen, Weinreben.

 Unverträgliche Pflanzen

Feuchtigkeit liebende Pflanzen wie die Sumpfdotterblume (*Caltha palustris*), Trollblumen (*Trollis* ssp.), Gewöhnlicher Schneeball (*Viburnum opulus*).

Praktische Ratschläge

 Aussaat oder Pflanzung

Ende des Winters und Anfang Frühling bei zunehmendem Mond in den Tierkreiszeichen Wassermann, Zwillinge oder Waage.

 Pflege

Bei Mond in den Zeichen Wassermann, Zwillinge oder Waage.

Der Chinesische Blauregen

Wisteria sinensis Papilionaceae

Der Chinesische Blauregen oder die Glyzinie *Wisteria sinensis* ist eine ausgesprochen vitale, laubabwerfende Kletterpflanze, deren lange, biegsame Triebe sich um jede erdenkliche Kletterhilfe ranken und schlingen. Ihre intensiv duftenden, malvenfarbenen bis lila Blüten stehen in auffällig großen, hängenden Trauben und entfalten sich alle zum selben Zeitpunkt, kurz vor dem Austrieb des fiedrigen Laubes. Später im Sommer kommt es gelegentlich zu einer zweiten Blüte, bevor sich die samtig behaarten Hülsen ausbilden. Die Glyzinie, die übrigens weit über 100 Jahre alt werden kann, braucht einen Platz in der Vollsonne und einen humosen, fruchtbaren Boden. Ein zu nährstoffreiches Substrat allerdings führt zur Ausbildung eines Übermaßes an Holz, und die Pflanze muss dann im Sommer radikal eingekürzt und im Winter stark zurückgeschnitten werden. *Wisteria sinensis* kann auch als Halbstamm erzogen werden und ist eine ideale Pflanze für einen Spalier entlang einer Mauer oder als Überwurf über eine Pergola. Sie droht jedoch auf einem Standort überhand zu nehmen, der ihr besonders gut behagt. Im Übrigen sind vor allem die verlockend bohnenähnlichen Hülsenfrüchte giftig. In Asien ist sie seit Langem ein wichtiges Element der Gartenkunst. Rankhilfen sollten sehr stabil und mehr auf eine linienhafte als auf eine flächige Führung ausgelegt sein. Gibt es Probleme mit der Blühzuverlässigkeit, so sollte man die Seitentriebe im Herbst auf etwa drei Augen zurückkürzen.

Gleichermaßen zu behandeln sind:

Bergwaldrebe oder Anemonenwaldrebe (*Clematis montana*), Schlingknöterich (*Fallopia baldschuanica*).

Gemüse

Die Produkte des eigenen Gartens in die Küche und auf den Tisch zu bringen ist ein großes Vergnügen. Richtet man sich bei Pflanz- und Pflegearbeiten nach den Mondphasen, geschieht dies nicht nur in dem Bewusstsein, dass dies alles Früchte unserer Mutter Erde sind, sondern diese auch noch unter dem Einfluss von Sonne, Mond, Planeten und Sternen gedeihen. Qualität und Nährwert, Vitalität und ein schönes Äußeres des Gemüses, dies alles verbessert sich, folgt man bei der Kultur dem Mondkalender.

Der Brockhaus bezeichnet Gemüse als »Nutzpflanzen, deren verschiedene Teile wie Blätter, Blattstiele, Stängel, Früchte, rüben- oder knollenartige Wurzeln roh oder gekocht der menschlichen Nahrung dienen.« Üblicherweise untergliedert man das Gemüse verwendungsbezogen etwa in Kohl-, Blatt-, Wurzel-, Knollen-, Zwiebel-, Lauch- und Fruchtgemüse. Gemüseanbau und Landwirtschaft sind menschliche Aktivitäten, die den Menschen in der Jungsteinzeit sesshaft werden ließen, was wiederum bedeutet, dass dies die größte Veränderung der menschlichen Sozialstruktur, die sogenannte Neolithische Revolution, herbeiführte. Ein Umbruch, der hauptsächlich vom Vorderen Orient und dem Mittelmeerraum ausging und von dem der überwiegende Anteil heute kultivierter Gemüsesorten abstammt. Der Lebensrhythmus der Menschen wurde in Folge vor allem durch die Rhythmik der Kulturpflanzen bestimmt. Den zuverlässigsten Zeittakt, unter anderem für Aussaat- und Erntetermine sowie religiöse Feiern, lieferte die Beobachtung der Himmelskörper, was sich in überraschend präzisen astronomischen, kalenderartigen Konstruktionen – wie zum Beispiel der Himmelsscheibe von Nebra aus der Bronzezeit – niederschlug. Etymologisch lässt sich der Begriff Gemüse auf das mittelhochdeutsche *mus*, das heißt »zu Mus gekochten Brei« zurückführen.

Pflanzentyp
Wurzel

Element
Erde

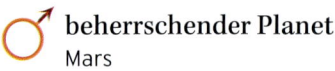

beherrschender Planet
Mars

Pflanzengesellschaften

Begleitpflanzen
Rosen (*Rosa* ssp.), Grüner Salat (*Lactuca sativa*), Karotten oder Gartenmöhren (*Daucus carota*), Rote Bete (*Beta vulgaris* var. *conditiva*), Tomate (*Lycopersicon esculentum*), Dill (*Anethum graveolens*).

Unverträgliche Pflanzen
Auberginen (*Solanum melongena*), Erbsen (*Pisum sativum*), Feuerbohnen (*Phaseolus coccineus*), Pferde- oder Saubohnen (*Vicia faba*), Gartenbohnen (*Phaseolus vulgaris*), Kohl (*Brassica*).

Praktische Ratschläge

Aussaat oder Pflanzung
Bei abnehmendem Mond in den Tierkreiszeichen Steinbock, Stier oder Jungfrau.

Pflege
Bei Mond in den Zeichen Steinbock, Stier oder Jungfrau.

Ernte
Steht der abnehmende Mond im Tierkreiszeichen Widder, so ist dies die beste Phase. Gut eignet sich auch der abnehmende Mond in den Zeichen Schütze, Steinbock, Wassermann, Stier oder Zwillinge.

Die Speisezwiebel

Allium cepa Alliaceae

Die Küchen- oder Speisezwiebel *Allium cepa* wird seit der Antike als Nahrungsmittel und Heilkraut angebaut und zählt zu den ältesten Kulturpflanzen. Römer brachten sie als *cipula* über die Alpen, eine Bezeichnung, die im Mittelhochdeutschen zu *Zwibolle* wurde. Ihre Heimat ist nicht mehr genau bekannt, man vermutet sie jedoch in Zentral- oder Westasien, der Heimat sehr vieler Zwiebelgewächse. Normalerweise ist sie eine zweijährige Pflanze, in deren Zwiebeln sich die Nährstoffe im ersten Jahr einlagern, um im folgenden Jahr für die Blüte zu sorgen. Ihre schlauchartigen Blätter sind schmal, und ihre großen, kugeligen Blütenstände, getragen von einem langen, aufrechten, schmalen und festen Stängel, bestehen aus zahlreichen grünlichweißen Blüten, die sich am Ende des Sommers entfalten. Man unterscheidet zahlreiche Sorten, die sich im Geschmack, in der Farbe und im Anspruchsverhalten sehr unterscheiden. Die Zwiebeln können gesät (preiswerter) oder als Steckzwiebel (sicherer und schneller) angebaut werden. Um das ganze Jahr zu ernten, bringt man die Zwiebel im Frühjahr und im Herbst aus. Zwiebeln brauchen reiche, leichte und gut dränierte Böden in der Vollsonne. Außerdem gedeihen sie hervorragend in Mischkultur (siehe Begleitpflanzen). Ihr Geruch ist würzig, scharf und reizt die Augen. Zwiebeln sind bei regelmäßigem Verzehr – roh oder gekocht – ausgesprochen gesund. Außerdem vertreiben sie Insekten und eignen sich zum Färben.

Gleichermaßen zu behandeln sind:
Der Knoblauch (*Allium sativum*), die Schalotte (*Allium cepa* var. *aggregatum*).

 **Pflanzentyp**
Wurzel

 **Element**
Erde

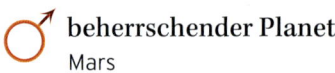 **beherrschender Planet**
Mars

Pflanzengesellschaften

 Begleitpflanzen
Rosen (*Rosa* ssp.), Grüner Salat (*Lactuca sativa*), Endivie (*Cichorium endivia*), Gartenmöhre, Karotte (*Daucus carota*), Petersilie (*Petroselinum*), Sellerie (*Apium*), Rote Bete (*Beta vulgaris* var. *conditiva*), Tomaten (*Lycopersicon esculentum*), Echte Römische Kamille.

 Unverträgliche Pflanzen
Erbsen (*Pisum sativum*), Feuerbohnen (*Phaseolus coccineus*), Pferde- oder Saubohnen (*Vicia faba*), Gartenbohnen oder Grüne Bohnen (*Phaseolus vulgaris*).

Praktische Ratschläge

 Aussaat oder Pflanzung
Im Frühjahr bei abnehmendem Mond in den Tierkreiszeichen Steinbock, Stier oder Jungfrau.

 Pflege
Bei Mond in den Zeichen Steinbock, Stier oder Jungfrau.

 Ernte
Ende Herbst ist bei abnehmendem Mond im Tierkreiszeichen Widder die optimale Zeit.
Gut ist der abnehmende Mond in den Zeichen Schütze, Steinbock, Wassermann, Stier oder Zwillinge.

Der Winterlauch

Allium porrum Alliaceae

Der Winterlauch oder Porree *Allium porrum* gehört zu einer Sortengruppe des Ackerlauchs (*Allium ampeloprasum*), der schon seit Tausenden von Jahren an den Küsten des Mittelmeeres und des Atlantiks heimisch ist. Diese als einjährige oder zweijährige kultivierte Gemüsepflanze treibt lange, flache und lanzettförmige Blätter von einem Mittelgrün bis Blaugrün mit deutlicher Parallelnervatur und intensivem Geruch aus. Die Blätter wachsen fächerförmig über einem Schaft, den sie wie eine Hülle überdecken. Ihre großen, kugeligen, aus zahllosen grünlichweißen Einzelblüten zusammengesetzten Blütendolden stehen auf langen, schmalen, festen und geraden Stängeln und entfalten sich gegen Ende des Sommers. Die unteren Blattabschnitte sind weiß, und es ist vor allem dieser Teil der Pflanze, den wir konsumieren, wenn auch die grünen Teile gleichermaßen gut genießbar sind. Der Winterlauch braucht Platz und einen sonnigen Standort auf nährstoffreichem, gut dräniertem Boden, entwickelt sich jedoch ebenso gut auf tonhaltigen Lagen. Das robuste Gemüse hat eine lange Wuchsperiode und bleibt den Winter über unter der Erde. Es besitzt einen süßlichen und feinen Geschmack, ohne auf der Zunge zu brennen, der an bestimmte Zwiebelsorten erinnert. Man kann Winterlauch roh oder gekocht genießen. Er enthält reichlich Vitamine und Spurenelemente.

 **Pflanzentyp**
Blatt

 **Element**
Wasser

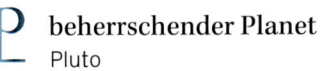 **beherrschender Planet**
Pluto

Pflanzengesellschaften

 Begleitpflanzen
Winterlauch oder Porree (*Allium porrum*), Tomaten (*Lycopersicon esculentum*), Gartenbohnen (*Phaseolus vulgaris*), Kopfkohl (Weiß- und Rotkohl, Wirsing), Blumenkohl, Brokkoli, Kohlrabi (*Brassica oleracea*).

 Unverträgliche Pflanzen
Liebstöckel oder Maggikraut (*Levisticum officinale*), Echte Engelwurz (*Angelica archangelica*).

Praktische Ratschläge

 Aussaat oder Pflanzung
Mitte Frühjahr bei zunehmendem Mond in den Zeichen Fische, Krebs oder Skorpion.

 Pflege
Bei Mond in den Zeichen Fische, Krebs oder Skorpion.

 Ernte
Bei zunehmendem Mond in den Tierkreiszeichen Schütze, Wassermann, Widder und Zwillinge. Vermeiden Sie die Mondphasen in den Zeichen Krebs oder Fische, wenn das Gemüse länger frisch und knackig bleiben soll.

Der Stangensellerie

Apium graveolens var. *dulce* Apiaceae

Die Wildform des Selleries wird seit Hunderten von Jahren in der ganzen Welt angebaut – ganz im Gegensatz zu seinen Zuchtformen, die erst in den letzten 300 Jahren entwickelt wurden. Sämtliche Teile dieser Gemüsepflanze besitzen ein intensives Aroma. Der Stauden- oder Stangensellerie *Apium graveolens* var. *dulce* ist eine zweijährige Pflanze, deren glänzend grüne Blätter auf sukkulenten, geraden und geriffelten Stängeln in aufrechten Rosetten stehen. Man bleicht diese Sellerieart stets, indem man die Basis der Pflanze mit Erde überdeckt, oder um ihr natürliches Aroma abzumildern. Stangensellerie lässt sich aber auch durch sogenannte Krägen bleichen, die man aus etwa 20 bis 25 Zentimeter breiten Pack- oder Zeitungspapierstreifen anfertigt und um die Stängel wickelt (vorher die Stängel vorsichtig zusammenbinden). Im zweiten Jahr bildet der Sellerie dann einen großen Blütenstängel aus, dessen kleine, grünlichweiße Blütendolden sich gegen Ende des Sommers und im Herbst öffnen. Wie fast alle Doldenblütler bildet auch der Sellerie eine ovale Spaltfrucht beziehungsweise Doppelachäne aus, in der die Samen heranreifen. Der Stangensellerie braucht nährstoffreiche, frische und leichte Erde, verlangt viel Platz und einen leicht beschatteten Standort im Sommer. Man verzehrt ihn roh als Salat und gedünstet, um viele Gerichte zu würzen. Die leicht bitteren Samen werden als Gewürz verwendet. Dieser Sellerie wird auch als Aufguss zubereitet und besitzt Heilwirkung.

Pflanzentyp
Blatt

Element
Wasser

2 **beherrschender Planet**
Jupiter

Pflanzengesellschaften

Begleitpflanzen
Tomaten (*Lycopersicon esculentum*), Petersilie (*Petroselinum crispum*), Basilikum (*Ocimum basilicum*).

Unverträgliche Pflanzen
Winterlauch (*Allium porrum*), Küchenzwiebel (*Allium cepa*), Knoblauch (*Allium sativum*), Schnittlauch (*Allium schoenoprasum*).

Praktische Ratschläge

Aussaat oder Pflanzung
Bei zunehmendem Mond in den Zeichen Fische, Krebs oder Skorpion.

Pflege
Bei Mond in den Zeichen Fische, Krebs oder Skorpion.

Ernte
Während der Saison kann der Spargel durchgehend geerntet werden. Meiden Sie allerdings die Mondphasen in den Zeichen Fische oder Krebs, wenn eine Konservierung von länger als 24 Stunden gewünscht ist.

Der Spargel

Asparagus officinalis Asparagaceae

Die Heimat des Spargels waren wohl ursprünglich die sandigen Küstenstriche des östlichen Mittelmeerraumes. Er wird schon seit mehreren 1000 Jahren sowohl als Gemüse wie auch als Heilkraut von Ägyptern, Griechen und Römern kultiviert. Vermutlich kam der Spargel mit den Römern über die Alpen. Entlang versandeter Uferläufe finden sich hin und wieder Spargelpflanzen, die durch Tiere verbreitet wurden. Der Spargel *Asparagus officinalis* ist eine Staude oder ein Halbstrauch, dessen jungen, fleischigen Trieb – die sogenannte Stange – man konsumiert. Die Pflanze beginnt Ende des Frühjahrs, Anfang Sommer produktiv zu werden. Die Triebe sind zylindrisch, besitzen eine grüne Spitze und eine weiße Basis. Die schuppenartigen Niederblätter am Stängel werden zur Triebspitze hin dichter. Werden die Sprosse nicht geerntet, bilden sie weitverzweigte Stängel mit zartem Erscheinungsbild, das durch winzige, nadelartige Blättchen hervorgerufen wird. Tatsächlich bildet der Spargel keine Blätter aus. Vielmehr handelt es sich um Büschel nadelartiger Zweige, die man als Phyllokladien bezeichnet. Den kleinen, gelblichgrünen Blüten folgen kleine, aber auffällig rote Beeren. Der Spargel braucht sandigen, tiefgründigen Sandboden, reich an Nährstoffen und gut dräniert, an einem sonnigen, warmen Standort. Heute werden zwei Formen des Spargels angeboten: weißer Spargel, der in Erdwällen herangezogen wird, und die besonders vitaminreiche Variante, der Grünspargel, dessen Jungtriebe nicht abgedeckt werden. Gut gepflegte Pflanzen sind sehr langlebig und überwintern mit einem Rhizom. Man verzehrt Spargel roh oder gedünstet. Er ist reich an Proteinen und Faserstoffen und wird in der Pflanzenmedizin und Naturheilkunde verwendet.

 **Pflanzentyp**
Frucht/Nuss/Samen

 **Element**
Feuer

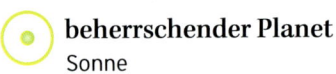 **beherrschender Planet**
Sonne

Pflanzengesellschaften

 Begleitpflanzen
Sau- oder Pferdebohnen (*Vicia fava*).

 Unverträgliche Pflanzen
Aprikosenbäume (*Prunus armeniaca*).

Praktische Ratschläge

 Aussaat oder Pflanzung
Anfang Frühjahr bei zunehmendem Mond in den Zeichen Schütze, Widder oder Löwe.

 Pflege
Bei Mond in den Zeichen Schütze, Widder oder Löwe.

 Ernte
Ende des Sommers und im Herbst bei Mond in den Zeichen Schütze, Widder, Löwe, Wassermann oder Zwillinge.

Der Echte Hafer

Avena sativa Poaceae

Der Hafer oder Saathafer *Avena sativa* ist ein Abkömmling des Wilden Hafers aus der Familie der Süßgräser, den es seit dem Bronzezeitalter in Europa gibt. Er ist also eine der wenigen von Anfang an heimischen Wirtschaftspflanzen. Der Saathafer ist ein einjähriges Getreide mit faseriger Wurzel, schmalem, glattem Halm, flachen, schmalen graugrünen Spreiten und langen, in alle Richtungen abstehenden (sogenannten allseitswendigen), lockeren Rispen, an denen relativ große Ährchen herabbaumeln. Dieses Rispengras ist eine Langtagpflanze, das heißt, sie ist nur in einer Periode fruchtbar, in der die Tageslänge deutlich (mehr als acht Stunden) über der Nachtlänge liegt. Sie gedeiht daher am besten in Regionen mit gemäßigtem Klima und hohen Niederschlägen, also in Mittelgebirgen, im Alpenvorland und in Küstenregionen wie Schottland, Dänemark und Island. Die sehr anspruchslose Getreidepflanze gedeiht am besten in einem mäßig nährstoffreichen, mäßig sauren Boden und verlangt einen Standort in der Vollsonne. Außer zur Zubereitung von Haferbrei verwendet man Hafer gekocht oder geröstet. Heute ist Hafer überwiegend eine Futterpflanze. Vor der Einführung der Kartoffel war er in vielen Gebieten Europas ein Grundnahrungsmittel. Er ist reich an Proteinen, besitzt zahlreiche medizinische Wirkstoffe und steht in dem Ruf, ein Aphrodisiakum zu sein.

Gleichermaßen zu behandeln sind:

Saatweizen (*Triticum aestivum*), Hartweizen (*Triticum durum*), Wildemmer (*Tricitum dicoccoides*), Roggen (*Secale cereale*), Saatgerste (*Hordeum vulgare*).

 **Pflanzentyp**
Blatt

 **Element**
Wasser

 **beherrschender Planet**
Jupiter

Pflanzengesellschaften

 Begleitpflanzen
Grüne oder Gartenbohnen (*Phaseolus vulgaris*), Kohlrabi (*Brassica oleracea* var. *gongylodes*), Winterlauch (*Allium porrum*), Küchenzwiebeln (*Allium cepa*), Knoblauch (*Allium sativum*), Schnittlauch (*Allium schoenoprasum*).

 Unverträgliche Pflanzen
Feuerbohnen (*Phaseolus coccineus*).

Praktische Ratschläge

 Aussaat oder Pflanzung
Bei zunehmendem Mond; Fische, Krebs oder Skorpion.

 Pflege
Bei Mond in den Zeichen Fische, Krebs oder Skorpion.

 Ernte
Mangold kann während der Saison fortlaufend geerntet werden. Vermeiden Sie allerdings Mondphasen in den Zeichen Fische oder Krebs, wenn das Gemüse länger als 24 Stunden frisch gehalten werden soll.

Der Bunte Mangold

Beta vulgaris Cicla-Gruppe Amaranthaceae

Sämtliche Mangoldsorten sind aus dem Seemangold *Beta vulgaris* ssp. *maritima* entstanden, einer Art, die aus den Küstenregionen des Mittelmeeres und des Atlantiks stammt. Inzwischen ist eine wildähnliche Form des Mangolds auch an den Küsten der Ostsee zu finden. Mangold wurde seit vorgeschichtlicher Zeit als Wurzel- und Blattgemüse kultiviert. Er gedeiht als ehemals salzverträgliche, halophile (= Salz liebende) Strandpflanze am besten an trockeneren Standorten, wenn man dem Substrat etwas Salz hinzufügt. Die speckig glänzenden, etwa 30 Zentimeter langen Blätter können je nach Sorte grün, rot oder gelb gefärbt sein und besitzen eine deutlich ausgeprägte, kräftige zentrale Nervatur mit einer Färbung in intensiv leuchtendem Weiß, Gelb oder Rot, die sich bis in die kantigen Stängel fortsetzt und dem Mangold eine ausgesprochen dekorative und appetitanregende Erscheinung verleiht. Für eine möglichst lange Verfügbarkeit sollte man den Mangold einmal im Frühjahr und dann im Hochsommer aussähen (siehe Praktische Ratschläge). Er wächst hervorragend in lockeren, tiefen und gut dränierten Böden, die reich an organischen Stoffen sind, und braucht Platz, um sich auszubreiten (tonhaltige Substrate sollte man meiden, denn dann kümmert er). Er besitzt einen leicht bitteren Geschmack und ist ein guter Ersatz für Spinat. Der Blattstängel und der zentrale Spreitenstängel lassen sich wie Spargel dünsten.

Gleichermaßen zu behandeln sind:
Alle anderen Mangoldsorten.

Pflanzentyp
Wurzel

Element
Erde

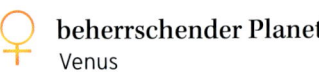

beherrschender Planet
Venus

Pflanzengesellschaften

Begleitpflanzen
Kohlrabi (*Brassica oleracea* var. *gongylodes*), Sau- oder Pferdebohnen (*Vicia faba*), Grüner oder Gartensalat (*Lactuca sativa*), Winterlauch (*Allium porrum*), Küchenzwiebeln (*Allium cepa*), Knoblauch (*Allium sativum*), Schnittlauch.

Unverträgliche Pflanzen
Feuerbohnen (*Phaseolus coccineus*).

Praktische Ratschläge

Aussaat oder Pflanzung
Bei abnehmendem Mond in den Tierkreiszeichen Steinbock, Stier oder Jungfrau.

Pflege
Bei Mond in den Zeichen Steinbock, Stier oder Jungfrau.

Ernte
Ende Herbst und Anfang Winter bei abnehmendem Mond im Tierkreiszeichen Widder für ein optimales Ergebnis. Dennoch stehen die Zeichen auch gut in Schütze, Steinbock, Wassermann, Stier oder Zwillinge.

Die Rote Bete

Beta vulgaris var. conditiva   Amaranthaceae

Sämtliche Sorten der Roten Bete *Beta vulgaris* var. *conditiva* stammen von dem Seemangold oder der Wildbete *Beta vulgaris* ssp. *maritima* ab. Daher sind sie mit Mangold und Zuckerrübe eng verwandt (nähere Informationen dazu siehe Mangold Seite 216). Als Nachfahre salzverträglicher Strandpflanzen erzielen Rote Bete *Beta vulgaris* var. *conditiva* daher die besten Resultate, wenn man eine Prise Salz unter die Erde mischt, bevor man pflanzt. Die Rote Bete ist eine zweijährige, krautige Pflanze, die aber einjährig angebaut wird. Rote Bete ist reich an Zucker (ähnlich wie die Zuckerrübe), Stärke und Faserstoffen. Die Blätter sind ebenso delikat wie die Blätter des Mangolds und lassen sich auf dieselbe Weise, zum Beispiel in Mischsalaten, zubereiten. Sie ist schnellwüchsig, benötigt einen nährstoffreichen, lockeren und gut dränierten Boden und einen offenen Standort, mag jedoch keine tonhaltigen Substrate. Rote Bete gibt es in zahlreichen Sorten mit unterschiedlichem Geschmack, diversen Verwendungsarten und in robusteren und weniger robusteren Varianten (Salat-, Einlege-, Lagersorten). Man genießt sie gekocht, geröstet, im Backofen gebraten, in Gemüseterrinen, in Essig eingelegt, in der Russischen Borschtsch (einer köstlichen russischen Rote-Bete-Suppe) oder in Salaten. Der deutsche Name Bete kommt von der lateinischen Bezeichnung *beta*.

Gleichermaßen zu behandeln sind:
Die Kohl- oder Steckrübe (*Brassica napus* var. *napobrassica*), Speiserübe oder Weiße Rübe (*Brassica rapa* var. *rapa*), Kohlrabi (*Brassica oleracea* var. *gongylodes*).

 **Pflanzentyp**
Blüte

 **Element**
Luft

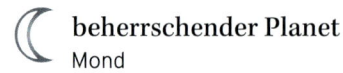 **beherrschender Planet**
Mond

Pflanzengesellschaften

 Begleitpflanzen
Echter Sellerie (*Apium graveolens*), Echter Wermut (*Artemisia absinthium*), Dill (*Anethum graveolens*), andere Gewürzkräuter.

 Unverträgliche Pflanzen
Rote Bete (*Beta vulgaris* var. *conditiva*), Tomaten (*Lycopersicon esculentum*), Walderdbeere (*Fragaria vesca*), Rettich (*Raphanus sativus*), Gemüsespinat (*Spinacia oleracea*).

Praktische Ratschläge

 Aussaat oder Pflanzung
Bei zunehmendem Mond; Wassermann, Zwillinge oder Waage.

 Pflege
Bei Mond in den Zeichen Wassermann, Zwillinge oder Waage.

 Ernte
Bei Mond in den Tierkreiszeichen Wassermann, Widder, Zwillinge und Waage.

Der Blumenkohl – Grüner Blumenkohl – Romanesco

Brassica oleracea Botrytis-Gruppe Brassicaceae

Blumenkohl, Grüner Blumenkohl und Romanesco *Brassica oleracea* Botrytis-Gruppe sind das Ergebnis einer über viele Jahre hinweg betriebenen Selektion, ausgehend vom Wildkohl, der in den Küstenregionen Süd- und Westeuropas vorkam. Seine Fähigkeit, Sonne und Hitze zu tolerieren, hat sich nicht unbedingt auf seine Züchtungen übertragen, die sich vor allem intolerant gegen Konkurrenzpflanzen erweisen. Blumenkohlsorten sind noch immer vergleichsweise schwierig zu kultivieren. Sie benötigen ein frisches und feuchtes Klima, frischen, gut dränierten, humusreichen, leicht alkalischen Boden und einen Standort in der Vollsonne. Die Blumenkohlsorten haben einen einzigen Stängel, der eine stattliche Halbkugel aus einem knospigen Blütenstand produziert. Der weiße Blumenkohl wird in einer Phase geerntet, in der die Laubblätter den Blütenstand noch vollständig umhüllen. Möchte man ihn später, das heißt nach Öffnung der Blätter, ernten, bleibt er nur unter der Abdeckung mit einer lichtundurchlässigen Folie weiß oder cremefarben. Der Blumenkohl verfärbt sich dagegen grün, sobald der Kopf mit den Röschen vom Tageslicht beleuchtet wird. Um den Blütenkopf weiß zu halten, hüllt man ihn am besten mit seinen eigenen Blättern ein, wenn diese beginnen, sich zu öffnen. Diese Gemüsearten sind reich an Vitamin C und Antioxidantien.

Gleichermaßen zu behandeln sind:
Brokkolisorten (*Brassica oleracea* Italica-Gruppe).

 **Pflanzentyp**
Blatt

 **Element**
Wasser

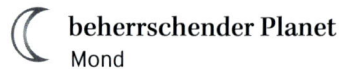 **beherrschender Planet**
Mond

Pflanzengesellschaften

 Begleitpflanzen
Echte Römische Kamille
(*Chamaemelum nobile*),
Echter Salbei (*Salvia officinalis*), Echter Wermut (*Artemisia absinthium*), Dill (*Anethum graveolens*), Pfefferminze
(*Mentha x piperita*) und andere
Gewürzkräuter, die dazu beitragen, den Kohl vor Insektenbefall zu schützen; Kartoffeln
(*Solanum tuberosum*) und
Rote Bete (*Beta vulgaris* var.
conditiva).

 Unverträgliche Pflanzen
Walderdbeeren (*Fragaria
vesca*), Tomaten (*Lycopersicon
esculentum*), Feuerbohnen
(*Phaseolus coccineus*).

Praktische Ratschläge

 Aussaat oder Pflanzung
Bei zunehmendem Mond in den
Tierkreiszeichen Fische, Krebs
oder Skorpion.

 Pflege
Bei Mond in den Zeichen Fische,
Krebs oder Skorpion.

 Ernte
Bei zunehmendem Mond im Zeichen Widder optimal. Dennoch
ist eine Ernte auch in Mondphasen in den Zeichen Schütze,
Steinbock, Wassermann, Stier
oder Zwillinge möglich.

Der Wirsing und andere Kopfkohlsorten

Brassica oleracea Capitata-Gruppe Brassicaceae

Wirsing *Brassica oleracea* convar. *capitata* var. *sabauda* (siehe Abbildung) wird der Gruppe der Kopfkohlsorten zugerechnet und ist nach Weiß- und Rotkohl der drittwichtigste Kopfkohl. Wie alle Kohlsorten stammt Wirsing von *Brassica oleracea* aus den Küstenregionen von Süd- und Westeuropa ab, was ihn als salz- und kalkverträgliche Pflanze auszeichnet. Der Name Wirsing kommt aus dem Lateinischen *viridis* und bedeutet in diesem Zusammenhang Grüngemüse. Er zeigt ausgeprägt krausige, gelb- bis blaugrüne Blätter, die sich rosenförmig öffnen – im Gegensatz zu den meist wachsig-glatten, dicht geschlossenen Blättern des Weiß- und des Rotkohls, die den typischen, meist rund geformten Kopf bilden. Wirsing stammt wie fast alle Kohlsorten aus dem Mittelmeerraum und gelangte relativ spät, im 18. Jahrhundert, ins nördlicher gelegene Europa. Besonders die inneren Blätter des Wirsings sind zarter als die der beiden anderen Kopfkohlsorten. Besonders beliebt ist der zarte Frühwirsing. Üblicherweise teilt man die Kopfkohlsorten nach ihren Erntezeiten ein. Werden die Kohlköpfe nicht geerntet, produzieren sie im zweiten Jahr kleine, gelbe Blüten. Der Kohl ist eine Kulturpflanze vor allem für die kalten Jahreszeiten, die einen gut dränierten, nährstoffreichen und basischen Boden braucht. Er lässt sich gut lagern und ist reich an Vitaminen und Antioxidantien.

Gleichermaßen zu behandeln sind:
Rosenkohl und Grünkohl (*Brassica oleracea*).

 **Pflanzentyp**
Blüte

 **Element**
Luft

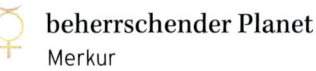 **beherrschender Planet**
Merkur

Pflanzengesellschaften

 ### Begleitpflanzen
Echter oder Knollensellerie (*Apium graveolens*), Echter Wermut (*Artemisia absinthium*), Dill (*Anethum graveolens*), andere Gewürzkräuter.

 ### Unverträgliche Pflanzen
Rote Bete (*Beta vulgaris* var. *conditiva*), Tomaten (*Lycopersicon esculentum*), Walderdbeeren (*Fragaria vesca*), Rettich (*Raphanus sativus*), Gemüsespinat (*Spinacia oleracea*).

Praktische Ratschläge

 ### Aussaat oder Pflanzung
Bei zunehmendem Mond; Wassermann, Zwillinge oder Waage.

 ### Pflege
Bei Mond in den Zeichen Wassermann, Zwillinge oder Waage.

 ### Ernte
Ende Herbst und Anfang Winter bei Mond in den Zeichen Wassermann, Zwillinge oder Waage.

Der Brokkoli und Calabrese

Brassica oleracea Italica-Gruppe Brassicaceae

Sowohl Brokkoli als auch Calabrese *Brassica oleracea* var. *italica* stammen vom Wildkohl ab, der in den Küstengebieten von Süd- und Westeuropa beheimatet ist, und sind damit wie dieser salz- und kalkverträglich. Der Name Brokkoli oder Broccoli leitet sich aus dem Lateinischen *brachium* = Zweig, Arm ab. Der Name Calabrese weist wohl auf ein altes Anbaugebiet in Kalabrien hin. Der Calabrese wird wegen seines kopfartig zusammengefassten Blütenstandes auch als Kopfbrokkoli bezeichnet und ist bei uns im Handel üblicher. Er wird der Einfachheit halber als Brokkoli bezeichnet. Der eigentliche Brokkoli dagegen besitzt einen ausgeprägt kräftigen Stängel und wird als Sprossen- oder Stangenbrokkoli bezeichnet, da man ihn schon seit der Römerzeit wie Spargel zubereitet. Die Teilblütenstände des echten Brokkolis – die wie beim Blumenkohl Röschen genannt werden – sind lockerer am Stängel verteilt als beim Calabrese. Vermutlich aus Kleinasien kommend, wurde der Brokkoli lange Zeit nur von den Römern, später von den Italienern kultiviert. Brokkoli gibt es in vielen Sorten. Viele rechnen auch den ›Romanesco‹ (siehe Seite 220) dem Brokkoli zu. Wird Brokkoli nicht geerntet, entfaltet sich im zweiten Jahr eine Unmenge von kleinen, gelben Blüten. Brokkoli ist eine Kulturpflanze der kalten und häufig frostigen Jahreszeit, die in nährstoffreichen, basischen und gut dränierten Substraten gedeiht. Er ist reich an Antioxidantien und Vitamin C, und man verzehrt ihn roh oder gedünstet.

Gleichermaßen zu behandeln sind:
Blumenkohl, Grüner Blumenkohl und Romanesco (*Brassica oleracea* Botrytis-Gruppe).

 **Pflanzentyp**
Blüte

 **Element**
Luft

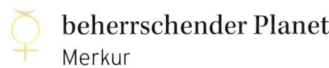 **beherrschender Planet**
Merkur

Pflanzengesellschaften

 Begleitpflanzen
Echter Sellerie oder Knollensellerie (*Apium graveolens*), Echter Wermut (*Artemisia absinthium*), Dill (*Anethum graveolens*), andere Gewürzkräuter.

 Unverträgliche Pflanzen
Rote Bete (*Beta vulgaris* var. *conditiva*), Tomaten (*Lycopersicon esculentum*), Walderdbeeren (*Fragaria vesca*), Gemüsespinat (*Spinacia oleracea*), Feuerbohnen (*Phaseolus coccineus*).

Praktische Ratschläge

 Aussaat oder Pflanzung
Im Frühling bei zunehmendem Mond in den Zeichen Wassermann, Zwillinge oder Waage.

 Pflege
Bei Mond in den Zeichen Wassermann, Zwillinge oder Waage.

 Ernte
Gegen Winterende und Anfang Frühjahr bei Mond in den Zeichen Wassermann, Zwillinge oder Waage.

Der Purpurrote Sprossenbrokkoli

Brassica oleracea Italica-Gruppe Brassicacea

Der Sprossenbrokkoli *Brassica oleracea* ›Purple Sprouting‹ bildet eine Unmenge purpurroter, fleischiger Blütenstände beziehungsweise Röschen aus. Diese stehen an baumartigen Verzweigungen an Blätter tragenden Seitentrieben, die von dem essbaren Stängel ausgehen. Zeigen Blütenstände dicke Blütenknospen (sie dürfen sich aber noch nicht geöffnet haben), schneidet man den Brokkoli auf eine Länge von etwa 15 bis 20 Zentimeter über dem Boden ab. Gleichzeitig regt man damit den Austrieb von Seitensprossen an und verlängert dadurch die Erntezeit erheblich. Schneidet man ihn direkt über dem Boden ab, ist es mit der weiteren Ernte vorbei, denn neue Seitentriebe werden nicht mehr gebildet. Diese Sortengruppe ist robuster als weißknospige Sorten, aber weniger ertragreich. Zu dieser Sortengruppe gehören die zur Weihnachtszeit erntereife ›Christmas Purple Sprouting‹, im zeitigen Frühjahr die Sorte ›Purple Sprouting‹ und Mitte des Frühlings ›Purple Sprouting Late‹. Werden die Blütenköpfe nicht geerntet, entfalten sich Massen an kleinen, gelben Kreuzblüten. Der Sprossenbrokkoli ist ein saisonales, in der Kultur anspruchsloses Gemüse, das auf nährstoffreichen, basischen und gut dränierten Standorten gedeiht. Es ist ein klassisches Wintergemüse, reich an Vitamin C und Antioxidantien, das man roh oder gedünstet verzehrt.

Gleichermaßen zu behandeln sind:
Blumenkohlsorten (*Brassica oleracea* Botrytis-Gruppe), Brokkolisorten (*Brassica oleracea* Italica-Gruppe).

 **Pflanzentyp**
Blatt

 **Element**
Wasser

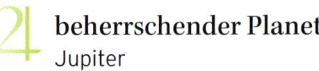 **beherrschender Planet**
Jupiter

Pflanzengesellschaften

 Begleitpflanzen
Kartoffeln (*Solanum tuberosum*), Rote Bete (*Beta vulgaris* var. *conditiva*), Mais (*Zea mays*).

 Unverträgliche Pflanzen
Tomaten (*Lycopersicon esculentum*), Feuerbohnen (*Phaseolus coccineus*).

Praktische Ratschläge

 Aussaat oder Pflanzung
Je nach Sorte bei zunehmendem Mond in den Zeichen Fische, Krebs oder Skorpion.

 Pflege
Bei Mond in den Zeichen Fische, Krebs oder Skorpion.

 Ernte
Bei zunehmendem Mond im Tierkreiszeichen Widder ist die optimale Phase. Ebenfalls möglich ist die Ernte in den Zeichen Schütze, Steinbock, Wassermann, Stier oder Zwillinge.

Der Chinakohl und Pak Choi

Brassica rapa China-Gruppe Brassicaceae

Der Chinakohl *Brassica rapa* var. *chinensis*, im Deutschen auch Senfkohl genannt, ist eine alte Kohlsorte, die in China erstmals im 5. Jahrhundert n. Chr. erwähnt wurde. Erst im 18. Jahrhundert gelangte der Chinakohl nach Europa und ist in Europa wie in Amerika beliebt. Es werden hohe und niedrige Sorten unterschieden. Die äußeren Blätter der hohen Sorten lassen sich für eine Bleiche der inneren Blätter zusammenbinden. Sie sind langsamwüchsig, schmecken süßlich und sind gut lagerfähig. Eine solche hohe Sorte ist ›Jade Pagoda‹. Sie ist kälteresistent, besitzt knackige Blätter und reift nach etwa 60 Tagen. Die niedrigen Sorten bilden einen kompakten Kopf, reifen schneller, und man findet auch selbst bleichende Züchtungen darunter. ›Kasumi‹ und ›Nerva‹ sind solche kompaktwüchsigen Sorten mit kurzer Reifezeit. Die frühe Sorte ›Ruffles‹ ist besonders wohlschmeckend. Der Chinakohl ist ein Flachwurzler, toleriert daher Trockenheit nur schlecht und schießt bei Wassermangel schnell ins Kraut. Diese Kohlsorte wird überall in China als Blattgemüse angebaut, das man vor allem im Sommer und Herbst erntet.

Den hier abgebildeten Pak Choi, Pok Choy oder Pok Choi bezeichnet man auch als Senfkohl. Er gelangte erst vor einigen Jahren nach Europa und bietet feinaromatische, zarte Blätter in einem senfgelb überhauchten Hellgrün mit weißen Rippen. Man verzehrt ihn roh als Salat oder kurz gedünstet. Die fleischigen, süßlich und etwas fade schmeckenden Rippen können getrennt gedünstet und zubereitet werden. Die Blütenköpfe werden wie Brokkoli vor dem Öffnen der Blütenknospen verzehrt. Pak Choi erzielt die besten Ergebnisse auf gut dränierten, frischen, nährstoffreichen und basischen Böden in der Vollsonne.

 **Pflanzentyp**
Blatt

 **Element**
Wasser

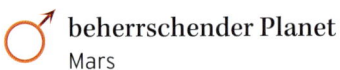 **beherrschender Planet**
Mars

Pflanzengesellschaften

 ### Begleitpflanzen
Karotten, Gartenmöhren (*Daucus carota*), Rettich (*Raphanus sativa*), Grüner Gartensalat (*Lactuca sativa*).

 ### Unverträgliche Pflanzen
Wein- oder Gartenraute (*Ruta graveolens*), Gewürzfenchel (*Foeniculum vulgare*), Echter Lavendel (*Lavandula angustifolia*).

Praktische Ratschläge

 ### Aussaat oder Pflanzung
Bei zunehmendem Mond; Fische, Krebs oder Skorpion.

 ### Pflege
Bei Mond in den Zeichen Fische, Krebs oder Skorpion.

 ### Ernte
Die Endivie kann regelmäßig und fortlaufend geerntet werden. Meiden Sie Mondphasen in den Zeichen Fische oder Krebs, um eine Haltbarkeit von mehr als 24 Stunden zu erzielen.

Die Endivie

Cichorium endivia Asteraceae

Das Ursprungsgebiet der Endivie *Cichorium endivia* ist strittig; manche verweisen nach Südasien (Indien) und Nordchina, andere wiederum in den östlichen Mittelmeerraum. Sicher ist allerdings, dass bereits die alten Ägypter diesen Salat kannten. Die Endivie ist eine ein- oder zweijährige krautige Pflanze, die in zwei leicht unterscheidbare Gruppen untergliedert wird: die Krausblättrige Endivie oder Frisée mit schmalen und – wie der Name schon sagt – krausen Blättern und die besonders kälteunempfindliche Glatte Endivie, Winterendivie oder Eskariol mit großen, breiteren, nicht gekrausten Blättern. Beide Gruppen haben einen leicht bitteren Geschmack und müssen »gebleicht« werden, das heißt, diese Salate werden gut zehn Tage vor der Ernte ohne Lichtzufuhr gehalten, um ihre bittere Geschmacksnote abzumildern. Dies lässt sich durch Abdecken, beispielsweise mit einem Karton oder einer Licht abhaltenden Folie, erreichen. Für Liebhaber des »ästhetischen« Gemüsegartens stehen auch selbst bleichende Sorten zur Verfügung. Die Endivie gedeiht am besten auf frischen, humusreichen Böden mit gutem Wasserablauf und auf Standorten in der Vollsonne oder im Halbschatten. Werden die Pflanzen nicht geerntet, schießen sie im zweiten Jahr wie der Kopfsalat ins Kraut und treiben kleine, blaue, in Büscheln stehende Korbblüten am Ende von langen, aufrechten Stängeln aus, die der heimischen, nahe verwandten Wegwarte *Cichorium intybus* täuschend ähnlich sehen.

Gleichermaßen zu behandeln sind:
Salatzichorie (*Radicchio*), Wurzelzichorie, Züchtungen der Gemeinen Wegwarte (*Cichorium intybus*-Sorten).

 **Pflanzentyp**
Frucht/Nuss/Samen

 **Element**
Feuer

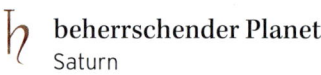 **beherrschender Planet**
Saturn

Pflanzengesellschaften

 ### Begleitpflanzen

Mais (*Zea mays*), Rote Bete (*Beta vulgaris* var. *conditiva*), Karotten, Gartenmöhren (*Daucus carota*), Grüner Gartensalat (*Lactuca sativa*), Erbsen (*Pisum sativum*), Feuerbohnen (*Phaseolus coccineus*), Sau- oder Pferdebohnen (*Vicia faba*), Grüne Bohnen.

 ### Unverträgliche Pflanzen

Kartoffeln (*Solanum tuberosum*), Rosmarin (*Rosmarinus officinalis*), Echter Salbei (*Salvia officinalis*), Echter Thymian (*Thymus vulgaris*).

Praktische Ratschläge

 ### Aussaat oder Pflanzung

Bei zunehmendem Mond; Widder, Löwe oder Schütze.

 ### Pflege

Bei Mond in den Zeichen Widder, Löwe oder Schütze.

 ### Ernte

Ende des Sommers und im Herbst bei Mond in den Tierkreiszeichen Schütze, Widder oder Löwe – auch in Wassermann und Zwillinge.

Die Salatgurke

Cucumis sativus Cucurbitaceae

In Südostasien beheimatet, wird die zu den Kürbisgewächsen zählende Salatgurke *Cucumis sativus* seit Tausenden von Jahren angebaut. Diese frostempfindliche, einjährige Kletterpflanze ist borstig steif behaart und treibt große, dreilappige, fein gezähnte, ebenfalls rau behaarte, herzförmige Blätter aus. Ursprünglich eingeschlechtlich, gibt es inzwischen rein weibliche, aber auch zwittrige Sortenpopulationen. Die rein weiblichen Pflanzen bilden keine Samen aus und sind deshalb besonders ertragreich. Aus botanischer Sicht ist die Gurke eine Beerenfrucht. Es gibt mehrere Formen von Gurken, die von lang und schmal bis kurz und dick, fleischig bis knackig variieren. Ferner werden Treibsorten für den Unterglasanbau und solche, die im Freiland gedeihen, angeboten. Die Schalen der Früchte können grün, weiß und gelb gefärbt, warzig oder glatt sein. Bewährte Freilandgurken sind die glatte ›Marketmore‹ für kältere Gegenden, die würzige, kleine ›Crystal Lemon‹, die sich zum Einlegen eignet, die ertragreiche ›Chicago Pickling‹, die mehltauresistente, knackige ›Burpless Tasty Green‹. Die Salatgurke gedeiht in einem nährstoffreichen, gut dränierten und die Feuchtigkeit haltenden Boden auf warmen und besonnten Standorten. Sehr gut lassen sich viele Sorten an Stäben, Spalieren, tunnelartigen Rankkonstruktionen sowie kleinfrüchtigere Sorten an Maispflanzen hochziehen. Vielfältig wie die Sorten sind auch die Möglichkeiten der Zubereitung. Die Gurke ist reich an Zucker und Vitaminen.

Gleichermaßen zu behandeln sind:

Ziergurken (*Cucumis anguria*).

Pflanzentyp
Frucht/Nuss/Samen

Element
Feuer

beherrschender Planet
Jupiter

Pflanzengesellschaften

Begleitpflanzen

Grüne Minze (*Mentha spicata*), Rettich (*Raphanus sativus*), Mais (*Zea mays*), Rote Bete (*Beta vulgaris* var. *conditiva*), Grüner Gartensalat (*Lactuca sativa*), Karotten, Gartenmöhren (*Daucus carota*), Erbsen (*Pisum sativum*), Feuerbohnen (*Phaseolus coccineus*), Sau- oder Pferdebohnen (*Vicia faba*), Grüne Bohnen (*Phaseolus vulgaris*).

Unverträgliche Pflanzen

Kartoffeln (*Solanum tuberosum*), Rosmarin (*Rosmarinus officinalis*), Echter Salbei (*Salvia officinalis*), Echter Thymian (*Thymus vulgaris*).

Praktische Ratschläge

Aussaat oder Pflanzung

Bei zunehmendem Mond; Widder, Löwe oder Schütze.

Pflege

Bei Mond in den Zeichen Widder, Löwe oder Schütze.

Ernte

Ende des Sommers und im Herbst bei Mond in den Zeichen Schütze, Widder, Löwe, Wassermann und Zwillinge.

Der Gartenkürbis

Cucurbita pepo   Cucurbitaceae

Gartenkürbisse, Zucchinis und der Spaghettikürbis sind Abkömmlinge von *Cucurbita pepo*, kommen ursprünglich aus Mittelamerika und wurden von den spanischen Eroberern bei ihrer Rückkehr nach Europa eingeführt. Kürbisse zählen zu den ältesten Kulturpflanzen, wie 7000-jährige Funde von Samen in Mexiko belegen. Der Gartenkürbis *Cucurbita pepo* ist eine von vier kultivierten Kürbisarten und wartet mit der vergleichsweise größten Sortenvielfalt auf. Die Früchte der Cocozelle-Gruppe sind lang, zylindrisch, aber frostempfindlich, die der Pumpkin-Gruppe rundlich und orangerot, die der Vegetable Marrow-Gruppe (dazu zählt auch der Spaghettikürbis) sind kurz und zylindrisch, die der Zucchini-Gruppe länglich und zylindrisch. Neben einigen anderen, weniger bedeutenden Gruppen sei nur die Gruppe der Zierkürbisse noch erwähnt. Der Gartenkürbis ist eine einjährige krautige Pflanze mit langen, samtig behaarten, kriechenden Stängeln, die mithilfe von Rankorganen klettern kann. Seinen glockenförmigen, leuchtend gelben Blüten folgen große, runde Früchte in Orange, Gelb, Weiß oder Grün. Er benötigt einen nährstoffreichen, gut dränierten Kompostboden, der die Feuchtigkeit hält, und liebt einen warmen, besonnten und geschützten Standort. Der mineralreiche Kürbis kann auf unterschiedliche Weise zubereitet werden.

Gleichermaßen zu behandeln sind:

Garten- oder Zuckermelone (*Cucumis melo*), Riesenkürbis (*Cucurbita maxima*), Zucchini (*Cucurbita pepo*-Zucchini-Gruppe), Ayote oder Cushaw Pumpkin (*Cucurbita argyrosperma* Syn. *C. mixta*).

 **Pflanzentyp**
Blüte

 **Element**
Luft

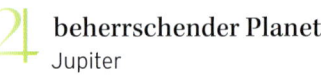 **beherrschender Planet**
Jupiter

Pflanzengesellschaften

 Begleitpflanzen
Blattpetersilie (*Petroselinum crispum*).

 Unverträgliche Pflanzen
Knoblauch (*Allium sativum*).

Praktische Ratschläge

 Aussaat oder Pflanzung
Bei zunehmendem Mond; Wassermann, Zwillinge oder Waage.

 Pflege
Bei Mond in den Zeichen Wassermann, Zwillinge oder Waage.

 Ernte
Ende des Frühjahrs und Anfang Herbst bei Mond in den Zeichen Wassermann, Widder, Zwillinge und Waage.

Die Artischocke

Cynara scolymus Asteraceae

Die Artischocke ist zumindest seit der Antike als Kulturpflanze des Menschen schriftlich belegt, und das nicht zuletzt aufgrund ihrer heilmedizinischen Wirkstoffe. Diese ausdauernde Distelpflanze ist eine Staude, deren Verbreitung von den Sandküsten des östlichen Mittelmeeres bis Nordafrika, Spanien und den Kanarischen Inseln reicht. Sie besitzt Wurzelknollen als Überdauerungsorgane. Ihre verzweigten Blütenstängel, die gut zwei Meter hoch werden können, tragen große, grüne und violette Blütenstände und bogenförmige, blaugrüne und tief gelappte Blätter. Die Artischocke ist ein Starkzehrer, stellt also hohe Ansprüche an die Nährstoffversorgung, laugt daher den Boden innerhalb von fünf Jahren aus und muss dann verpflanzt werden. Sie benötigt einen nährstoffreichen und gut dränierten Boden, regelmäßiges Wässern und regelmäßige Düngergaben sowie einen Schutz gegen Fröste im Winter. Man sollte beim Kauf auf möglichst winterharte Sorten achten, auch wenn sie alle in der Regel nicht ohne Winterschutz auskommen. Lässt man die Artischocke blühen, präsentiert sie sich als eine prächtige, große Distelpflanze, die nicht nur im Gemüse-, sondern auch in jedem Staudenbeet als Blickfang dient. Ihre großen Blütenknospen, ihre Blütenblätter und deren Herzen mit feinem und köstlichem Aroma verzehrt man als Gemüse. Die Artischocke kann in Essig eingelegt, gekocht, gebacken, frittiert und gefüllt werden. Ihre Blüten ziehen Schmetterlinge und Bienen an.

Gleichermaßen zu behandeln sind:
Das Blattgemüse Cardy (*Cynara cardunculus*) – auch Gemüseartischocke genannt.

Pflanzentyp
Wurzel

Element
Erde

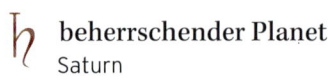

beherrschender Planet
Saturn

Pflanzengesellschaften

Begleitpflanzen

Winterlauch (*Allium porrum*), Küchenzwiebel (*Allium cepa*), Knoblauch (*Allium sativum*), Schnittlauch (*Allium schoenoprasum*), Grüner Gartensalat (*Lactuca sativa*), Echter Wermut (*Artemisia absinthium*).

Unverträgliche Pflanzen

Dill (*Anethum graveolens*), Gewürzfenchel (*Foeniculum vulgare*), Kartoffeln (*Solanum tuberosum*), Kohl, Blumenkohl, Sprossenbrokkoli, Brokkoli (*Brassica oleracea*).

Praktische Ratschläge

Aussaat oder Pflanzung

Im Hochsommer und im Frühjahr bei abnehmendem Mond in den Tierkreiszeichen Steinbock, Stier oder Jungfrau.

Pflege

Bei Mond in den Zeichen Steinbock, Stier oder Jungfrau.

Ernte

Bei abnehmendem Mond im Tierkreiszeichen Widder ist eine Ernte am günstigsten. Auch möglich sind Schütze, Steinbock, Wassermann, Stier oder Zwillinge.

Die Gartenmöhre

Daucus carota ssp. *sativus* Apiaceae

Bei der Gartenmöhre handelt es sich um ein zu den Doldenblütlern gehörendes Wurzelgemüse. Sie stammt vermutlich von Vorfahren aus dem Orient (Schwarzmöhre *D. carota* ssp. *afghanicus*), Südeuropa (Riesenmöhre *D. carota* ssp. *maximus*) und Mitteleuropa (Wilde Möhre *D. carota* ssp. *carota*) ab. Die Pfahlwurzeln der Karotten haben im Allgemeinen eine orange Färbung, die aber in dieser Form erst seit dem 19. Jahrhundert existiert. Vor dieser Zeit waren nur weiße, gelbliche und im Orient auch schwarzrote Karotten bekannt. Heute wird eine Fülle von weit über 100 Sorten in den Farben Weiß bis Schwarzviolett, in den Geschmacksnoten süß, mild bis würzig aromatisch, in den Formen rund, zylindrisch und pfahlförmig, in den Größen klein bis riesig angeboten. Üblich ist die Einteilung nach Wurzelform und Reifezeit. Durch mehrmalige Aussaat lässt sich die Erntezeit auf über neun Monate ausdehnen. Es sind zweijährige krautige Pflanzen, die im Frühjahr und Sommer eine Rosette aus tief eingeschnittenen und stark gefiederten Blättern ausbilden. Parallel dazu wächst ihre Wurzel heran, die eine erstaunliche Menge an Zucker einlagert, welcher die Blüte im Folgejahr garantiert. Karotten brauchen einen frischen, nährstoffreichen und lockeren Boden an sonnigem Standort. Die Blütenstängel erreichen eine Höhe von bis zu einem Meter. Man erntet die Karotten vom Spätsommer ihres ersten Jahres an.

Gleichermaßen zu behandeln sind:

Echter Pastinak (*Pastinaca sativa*), Knollensellerie (*Apium graveolens* var. *rapaceum*).

 **Pflanzentyp**
Blatt

 **Element**
Wasser

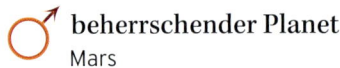 **beherrschender Planet**
Mars

Pflanzengesellschaften

 Begleitpflanzen
Kartoffeln (*Solanum tuberosum*), Rote Bete (*Beta vulgaris var. conditiva*).

 Unverträgliche Pflanzen
Tomaten (*Lycopersicon esculentum*), Feuerbohnen (*Phaseolus coccineus*).

Praktische Ratschläge

 Aussaat oder Pflanzung
Bei zunehmendem Mond;
Fische, Krebs oder Skorpion.

 Pflege
Bei Mond in den Zeichen Fische,
Krebs oder Skorpion.

 Ernte
Die Ernte findet regelmäßig
statt. Meiden Sie dabei allerdings Mondphasen im Zeichen
Fische.

Die Gartensenfrauke und Wilde Rauke

Eruca vesicaria ssp. *sativa* und *Diplotaxis tenuifolia*
Brassicaceae

Ursprünglich in Mittel- und Südeuropa beheimatet, ist die Gartensenfrauke, Rucola oder Rauke *Eruca vesicaria* ssp. *sativa* ein einjähriges krautiges Kreuzblütengewächs mit aufrechtem Wuchs. Ihre buchtig fiederteiligen Blätter haben einen intensiven, aromatischen, würzigen und leicht pfeffrigen Geschmack, der mit der Zeit immer kräftiger wird. Man bereitet die Rauke vorzugsweise als gemischten Salat zu und findet sie heute überall auf den Märkten oder im Handel. Man verzehrt sie im Allgemeinen frisch und roh, denn sie verliert beim Kochen oder Dünsten ihr lebhaftes Aroma. Sie keimt und wächst schnell und kann das ganze Jahr über bis zum Herbst immer wieder ausgesät und gezogen werden. Sie gedeiht in nährstoffreichen, frischen und gut dränierten Böden in der Sonne oder im Halbschatten, und wenn sie sich erst einmal etabliert hat, toleriert sie auch Trockenheit. Ihre weißen, lila geäderten Blüten sind ebenfalls zum Verzehr geeignet und besitzen dasselbe Aroma wie die Blätter, schmecken nur etwas milder. Ihre Samen können zu Öl verarbeitet oder gemahlen und dann wie Senfkörner verwendet werden. Rauke gilt als appetitanregend und harntreibend. Die korrekte Bezeichnung für den im Handel gebräuchlichen Namen Wilde Rauke ist Schmalblättriger Doppelsame *Diplotaxis tenuifolia*. Der gelb blühende Kreuzblütler wird häufiger als die Gartensenfrauke angeboten. Wie das Foto verdeutlicht, sind die Blätter der Wilden Rauke tief fiederteilig. Sie haben ein mildscharfes, würziges, sehr wohlschmeckendes Aroma. Auch diese Art ist in der Kultur gänzlich anspruchslos.

 **Pflanzentyp**
Wurzel

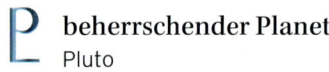 **Element**
Erde

beherrschender Planet
Pluto

Pflanzengesellschaften

 Begleitpflanzen
Mais (*Zea mays*).

 Unverträgliche Pflanzen
-

Praktische Ratschläge

 Aussaat oder Pflanzung
Anfang Frühjahr bei abnehmendem Mond in den Zeichen Steinbock, Stier oder Jungfrau.

 Pflege
Bei Mond in den Zeichen Steinbock, Stier oder Jungfrau.

 Ernte
Ende Herbst und Anfang des Winters bei abnehmendem Mond im Zeichen Widder. Gute Bedingungen auch in den Zeichen Schütze, Steinbock, Wassermann, Stier oder Zwillinge.

Der Topinambur

Helianthus tuberosus Asteraceae

Der mit der Sonnenblume nah verwandte Topinambur *Helianthus tuberosus*, auch Erdbirne oder Erdartischocke genannt, ist in Nordamerika heimisch und eine große, aufrechte, stark verzweigte und schnell wachsende, ausdauernde Pflanze. Ihre vitalen und festen Stängel können eine Höhe von drei Metern erreichen und tragen eiförmige, raue Blätter. Nach einem langen, heißen Sommer erscheinen zusätzlich Unmengen von gelben, Sonnenblumen ähnlichen, kleinen Blüten. Die unterirdischen Knollen des Topinamburs sind unregelmäßig geformt und haben ein weißes oder gelbliches, knackiges Fleisch. Topinambur ist ausgesprochen einfach zu kultivieren und gedeiht in fast allen lockeren und nährstoffreichen Böden mit durchschnittlichem Wasserabfluss an sonnigen Standorten. Außerdem neigen die Pflanzen dazu, sich mehr Platz zu verschaffen, als man ihnen zugestanden hat. Achten Sie daher darauf, zu stark wuchernde Pflanzen zu entfernen. Gute Resultate erzielt der Topinambur auf trockenen, kargen Standorten, wo er wesentlich produktiver ist als die Kartoffel. Knollen, die man auf dem Markt erwirbt, bringen schnellere Ergebnisse als die Aussaat. Man verzehrt dieses Wurzelgemüse gekocht, im Ofen gebacken, in Suppen und Eintöpfen. Sein süßlich-nussig schmeckendes Fleisch enthält das Kohlenhydrat Inulin, einen Zuckerstoff, der auch für Diabetiker geeignet ist, jedoch Blähungen verursachen kann. Topinambur zieht Insekten an.

Gleichermaßen zu behandeln sind:
Der Gemeine Löwenzahn (*Taraxacum officinale*).

 **Pflanzentyp**
Blatt

 **Element**
Wasser

 **beherrschender Planet**
Mond, Neptun

Pflanzengesellschaften

 Begleitpflanzen
Walderdbeeren (*Fragaria vesca*), Rettich (*Raphanus sativus*), Küchenzwiebel (*Allium cepa*), Salatgurke (*Cucumis sativus*), Rote Bete (*Beta vulgaris var. conditiva*).

 Unverträgliche Pflanzen
Garten- oder Weinraute (*Ruta graveolens*), Gewürzfenchel (*Foeniculum vulgare*), Echter Lavendel (*Lavandula angustifolia*).

Praktische Ratschläge

 Aussaat oder Pflanzung
Bei zunehmendem Mond; Fische, Krebs oder Skorpion.

 Pflege
Bei Mond in den Zeichen Fische, Krebs oder Skorpion.

 Ernte
Die Ernte geschieht fortlaufend. Meiden Sie allerdings Mondphasen in den Zeichen Fische oder Krebs, falls eine perfekte Haltbarkeit über 24 Stunden hinaus gewünscht ist.

Der Gartensalat

Lactuca sativa Asteraceae

Man nimmt an, dass unser Gartensalat eine Selektion des in Europa, Nordafrika und Asien heimischen, wild wachsenden Wilden Lattichs *Lactuca serriola* ist, einem krautigen Korbblütengewächs mit weißlichem Milchsaft und bitteren Blättern, der aber niemals den »Kopf« ausbildet, der für die Kulturform so charakteristisch ist. Die alten Ägypter, die Römer und die alten Griechen bauten diesen Salat auch zu Heilzwecken an. Sämtliche Salatsorten wie zum Beispiel Römersalate, Pflücksalate, Kopfsalate und Eisbergsalate werden als Abkömmlinge des *Lactuca sativa* angesehen. Salat ist eine einjährige oder zweijährige Pflanze der gemäßigten Klimazonen mit kurzem Stiel, der eine Blattrosette ausbildet. Treibt er durch, bringt die Pflanze zahlreiche Blütenstände hervor, die kleinen Löwenzahnblüten ähneln. Der Gartensalat benötigt frischen, gut dränierten und humusreichen Boden. Er neigt dazu, in heißen Perioden ins Kraut zu schießen. Alte Sorten haben immer noch den mehr oder weniger bitteren Geschmack. Bei neueren Sorten tritt die bittere Note in den Hinter-, dafür der nussige Beigeschmack in den Vordergrund. Heute werden im Wesentlichen vier Gruppen mit zahllosen Sorten unterschieden: Kopfsalate, Eissalate, Römischer Salat sowie die Gruppe der Schnitt- und Pflücksalate. Man verzehrt sie alle im Allgemeinen roh. Der Salat ist reich an Vitaminen und Mineralstoffen und enthält in seinem Milchsaft sedativ wirkende Bitterstoffe, sogenannte opiumartige Alkaloide. Letztere wirken hustendämpfend und schmerzlindernd. Eine unerwünschte Begleiterscheinung ist der hohe Nitratgehalt, der besonders bei Überdüngung und Abdunkelung in den Blättern angereichert wird.

Pflanzentyp
Frucht/Nuss/Samen

Element
Feuer

beherrschender Planet
Venus, Jupiter

Pflanzengesellschaften

Begleitpflanzen

Petersilie (*Petroselinum crispum*), Gartenmöhren (*Daucus carota*), Winterlauch (*Allium porrum*), Küchenzwiebeln (*Allium cepa*), Knoblauch (*Allium sativum*), Schnittlauch (*Allium schoenoprasum*).

Unverträgliche Pflanzen

Rote Bete (*Beta vulgaris* var. *conditiva*), Kohl, Blumenkohl, Sprossenbrokkoli, Brokkoli, Kohlrabi (*Brassica oleracea*), Fenchel (*Foeniculum vulgare*), Kartoffeln (*Solanum tuberosum*), Echter Wermut (*Artemisia absinthium*).

Praktische Ratschläge

Aussaat oder Pflanzung

Bei zunehmendem Mond in den Zeichen Widder, Löwe, Schütze.

Pflege

Bei Mond in den Zeichen Widder, Löwe oder Schütze. Regelmäßiges Gießen ist nötig, um Nekrosen der Blattspitzen zu vermeiden.

Ernte

Ende des Sommers und im Herbst bei Mond in den Tierkreiszeichen Schütze, Widder oder Löwe sowie in Wassermann und Zwillinge.

Die Tomate

Lycopersicon esculentum Solanaceae

Die Tomate stammt wahrscheinlich aus den Andengebieten Südamerikas und gelangte von dort aus vor über 2000 Jahren nach Mittel- und Nordamerika. Sie wird aufgrund ihrer Früchte, deren Vitaminreichtum und der zahlreichen Zubereitungsarten angebaut. In ihren Ursprungsländern war sie unter dem Namen *tomati*, *tomatl*, *xitomatl* und *tomatas* bekannt. Lange Zeit hielten die Europäer sie für eine Giftpflanze. Nicht ganz unbegründet war ihr Verdacht, denn unter den Nachtschattenpflanzen, zu denen auch die Tomate gehört, befinden sich viele Giftpflanzen. Sie hieß im Italienischen »pomme dei mori« woraus im Französischen »pomme d'or«, Goldapfel, und dann »pomme d'amour«, Liebesapfel, wurde, als die Tomate im 16. Jahrhundert nach Europa kam und man ihr eine aphrodisierende Wirkung zuschrieb. Mittlerweile wird sie als die bedeutendste Gemüsefrucht rund um den Erdball angebaut. Es gibt Sorten, die man in Glashäusern, und solche, die man im Freiland ziehen kann. Die besten Früchte entwickelt die Pflanze auf frischen, humusreichen und leicht basischen Böden, idealerweise an einer geschützten Südmauer. Außer bei Buschtomaten ist für eine erfolgreiche Ernte unbedingt auf das sogenannte Ausgeizen zu achten; das heißt, es werden sämtliche Seitentriebe mit den Fingernägeln abgeknipst. Tomaten können wie Auberginen immer wieder an dieselbe Stelle gesetzt werden, ohne dass die Bodenfruchtbarkeit nachlässt.

Gleichermaßen zu behandeln sind:

Auberginen oder Eierfrüchte (*Solanum melongena*), Paprika (*Capsicum annuum*), Chili (*Capsicum frutescens*).

 **Pflanzentyp**
Blatt

 **Element**
Wasser

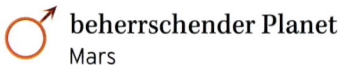 **beherrschender Planet**
Mars

Pflanzengesellschaften

 Begleitpflanzen
Kalmus (*Acorus calamus*),
Langes Zyperngras (*Cyperus longus*), Pfeilkraut (*Sagittaria sagittifolia*).

 Unverträgliche Pflanzen
-

Praktische Ratschläge

 Aussaat oder Pflanzung
Bei zunehmendem Mond;
Fische, Krebs oder Skorpion.

 Pflege
Bei Mond in den Zeichen Fische,
Krebs oder Skorpion.

 Ernte
Die Ernte geschieht fortlaufend.
Vermeiden Sie Mondphasen in
den Zeichen Fische oder Krebs,
falls eine optimale Haltbarkeit
von über 24 Stunden gewünscht
wird.

Die Echte Brunnenkresse

Nasturtium officinale Brassicaceae

Die zu den Kreuzblütengewächsen zählende Echte Brunnenkresse *Nasturtium officinale* ist in Europa, Nordafrika und Asien heimisch. Die ausdauernde Pflanze wächst vorzugsweise in kleinen Bächen, frischen, flachen Quellen und am Rand von Wasserläufen, die im Frühjahr über die Ufer treten, und mit Vorliebe auf kühlen, humosen, basenreichen Schlammböden über Kalk- oder Kreidegestein, wo sie manchmal bestandsbildend ist. Die Brunnenkresse reagiert sehr empfindlich auf Umweltverschmutzung und Wasserqualität. Sie bevorzugt die Flutsäume frischer, fließender Gewässer. Die Blüten sind reich an Pollen und bei Bienen sehr beliebt. Letztere sind allerdings bei diesem Selbstbestäuber nicht unbedingt für die Ausbildung von Früchten erforderlich. Die kleinen Stängel und fleischigen Blätter zeigen sich in einem schönen Dunkelgrün, und die einfachen weißen Blüten, die ebenfalls gegessen werden können, entfalten sich Anfang des Sommers bis zum Herbstende. Wer die Brunnenkresse selbst kultivieren und nicht nur sammeln möchte, benötigt ein feuchtes Substrat für die Aussaat und ein nasses, humoses, kalkreiches Substrat beim Auspflanzen. Die langen Triebe der Brunnenkresse kriechen über die Bodenoberfläche und setzen ihr Wachstum sogar in milden Wintern fort, sodass man ihre Blätter fast das ganze Jahr über ernten kann. Am besten gedeiht die Brunnenkresse in schneller fließendem Gewässer. Sie besitzt ein würziges, kresseähnliches Aroma und einen charakteristischen, erfrischenden, leicht pfeffrigen Geschmack. Es handelt sich hier um eine Pflanze mit blutreinigender Wirkung, die reich an Vitamin C, Eisen, verschiedenen anderen Vitaminen und Mineralstoffen ist.

 **Pflanzentyp**
Frucht/Nuss/Samen

 **Element**
Feuer

 **beherrschender Planet**
Merkur, Jupiter

Pflanzengesellschaften

 Begleitpflanzen

Gartenmöhre (*Daucus carota*), Gurke (*Cucumis sativus*), Auberginen (*Solanum melongena*), Gartenringelblume (*Calendula officinalis*), Erbsen (*Pisum sativum*), Rosmarin (*Rosmarinus officinalis*), Mais (*Zea mays*).

 Unverträgliche Pflanzen

Fenchel (*Foeniculum vulgare*), Rote Bete (*Beta vulgaris* var. *conditiva*), Winterlauch (*Allium porrum*), Knoblauch (*Allium sativum*), Schnittlauch (*Allium schoenoprasum*).

Praktische Ratschläge

 Aussaat oder Pflanzung

Anfang des Sommers bei zunehmendem Mond in den Zeichen Schütze, Widder oder Löwe.

 Pflege

Bei Mond in den Zeichen Schütze, Widder oder Löwe.

 Ernte

Ende des Sommers und Anfang Herbst bei Mond in den Zeichen Schütze, Widder oder Löwe. Ebenso eignen sich Wassermann oder Zwillinge.

Die Feuerbohne

Phaseolus coccineus Papilionaceae

Die Feuerbohne gehört zu den Hülsenfrüchtlern und ist in Südamerika (Mexiko) heimisch, wo sie in waldreichen, temperierten Klimazonen und in den Bergwäldern als Liane gedeiht. In Mexiko wurde sie seit mindestens 2000 Jahren kultiviert. Diese Bohnenart ist in ihrer Heimat eine ausdauernde Pflanze, wird jedoch im Allgemeinen in unseren gemäßigten nördlichen Klimazonen einjährig kultiviert, da sie nicht frosthart ist. Sie wurde in Europa zuerst wegen ihrer Blüten geschätzt, und es musste einige Zeit vergehen, bevor ihre essbaren Hülsen als Nahrungsmittel akzeptiert wurden. Die Feuerbohne gedeiht auf frischen und nährstoffreichen Böden, die die Feuchtigkeit gut halten, und in der Vollsonne sowie im Halbschatten. Ihre langen, schlingenden Ranken klettern im Uhrzeigersinn und tragen dunkelgrüne Blätter. Vor der Aussaat sollte man den Bohnen, die bis drei Meter hochranken können, entsprechend hohe Stützhilfen im Beet oder an der Hauswand anbieten. Zu einfachen Blütenständen gruppieren sich bis zu 20 flammend rote Schmetterlingsblüten, denen Hülsen – fälschlicherweise meist als Schoten bezeichnet – folgen, die bis zu 30 Zentimeter lang werden können. Man pflückt die Bohnen vor der Reife, denn dann sind sie noch fleischig und saftig. Man verzehrt sie nur gut durchgegart, da sie das giftige Phasin enthalten, dessen molekulare Struktur beim Erhitzen zerstört wird.

Gleichermaßen zu behandeln sind:
Gartenbohnen (*Phaseolus vulgaris*): Buschbohnen, Stangenbohnen, Grüne Bohnen, Wachsbohnen, Butterbohnen.

Pflanzengesellschaften

 Begleitpflanzen
-

 Unverträgliche Pflanzen
-

Praktische Ratschläge

 Aussaat oder Pflanzung
Bei zunehmendem Mond;
Fische, Krebs oder Skorpion.

 Pflege
Bei Mond in den Zeichen Fische,
Krebs oder Skorpion.

 Ernte
Die Ernte geschieht fortlaufend.
Vermeiden Sie dabei allerdings
Konstellationen wie den Mond
in den Zeichen Fische oder
Krebs, wenn eine optimale Halt-
barkeit gefragt ist.

Der Bambus

Phyllostachys pubescens (Syn. *Phyllostachys edulis*) Poaceae

Das Artepithet *edulis* des lateinischen Namens des Bambus' bedeutet essbar. Und dieser Bambus gehört zu den größten und schönsten winterharten Bambusarten, die auch in unseren Klimazonen gedeihen. Ursprünglich kommt er aus China und Japan. Er findet vielerlei Verwendung, etwa als Bauholz, bei der Papierherstellung, als Furnierholz und Parkett. Gleichzeitig wird er wegen seiner fleischigen, wohlschmeckenden Sprossen angebaut. Dieser Bambus treibt unglaublich schnell aus, und ein Bambusrohr kann bereits in einer Vegetationsperiode seine Endhöhe von 20 Metern und mehr erreichen. Die jungen Bambussprossen sind blaugrün bis beinahe schwarz und von einem weißen Puder bemehlt, das sich bei näherer Betrachtung als samtig behaarter Überzug erweist. Vorzugsweise sollte man diesen Bambus in einen frischen und gut dränierten Boden pflanzen. Er toleriert auch Substrate mit wenigen Nährstoffen, erzielt jedoch nur mittelmäßige Resultate auf Böden mit schlechtem Wasserablauf. Nur die ersten erscheinenden Sprossen sind zum Verzehr geeignet, und diese müssen in dem Augenblick geerntet werden, da sie aus der Erde spitzen, was gegen Ende des Frühjahrs geschieht. Sie sind reich an Faserstoffen und Kalium, knackig, zart und mit einem Aroma ausgestattet, das an Spargel oder Mais erinnert. Bambussprossen finden vor allem in der asiatischen Küche Verwendung. Man kann sie einfrieren oder in Dosen konservieren, doch am besten schmecken sie frisch. Achtung: Die vitalen Ausläufer der Bambuspflanze sind oft nicht mehr in ihrer Ausbreitung zu kontrollieren, wenn sie nicht durch starke Folien daran gehindert werden.

Pflanzentyp
Frucht/Nuss/Samen

Element
Feuer

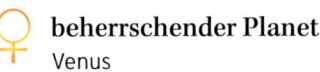

beherrschender Planet
Venus

Pflanzengesellschaften

Begleitpflanzen
Rettich (*Raphanus sativus*), Gartenmöhre (*Daucus carota*), Gurke (*Cucumis sativus*), Mais (*Zea mays*), Auberginen (*Solanum melongena*), Feuerbohnen (*Phaseolus coccineus*), Sau- oder Pferdebohnen (*Vicia faba*), Gartenbohnen (*Phaseolus vulgaris*).

Unverträgliche Pflanzen
Gladiolenarten (*Gladiolus* ssp.), Walderdbeeren (*Fragaria vesca*), Fenchel (*Foeniculum vulgare*), Winterlauch (*Allium porrum*), Gartenzwiebeln (*Allium cepa*), Knoblauch (*Allium sativum*), Schnittlauch (*Allium schoenoprasum*).

Praktische Ratschläge

Aussaat oder Pflanzung
Je nach Sorte bei zunehmendem Mond in den Zeichen Schütze, Widder oder Löwe.

Pflege
Bei Mond in den Zeichen Schütze, Widder oder Löwe.

Die Erbse

Pisum sativum var. *sativum* Papilionaceae

Erbsen werden im Nahen Osten seit beinahe 10 000 Jahren angebaut. Die Erbse *Pisum sativum* var. *sativum* ist eine Kletterpflanze mit Sprossranken, niedrigem Wuchs und kleinen, leuchtend grünen bis blaugrünen Blättern. Ihren weißen Schmetterlingsblüten folgen zarthäutige Hülsen, die bis zu zehn Erbsen enthalten. Die Erbse *Pisum sativum* ssp. *sativum* ist aus der Unterart der *Pisum sativum* ssp. *elatius* hervorgegangen. Durch fortgesetzte züchterische Arbeit sind im Wesentlichen drei für den Liebhabergärtner interessante Gruppen entstanden: die Gruppe der Pahl-, Marker- und Zuckererbsen. Pahlerbsen *P. s.* var. *s.* convar. *sativum* haben glatte Samen und müssen jung geerntet werden, da sie schnell einen mehligen, faden Geschmack annehmen. Die im reiferen Zustand faltigen Samen der Markererbsen *P. s.* var. *s.* convar. *medullare* schmecken süß. Die Zuckererbse *P. s.* var. *s.* convar. *axiphium* wird wegen ihrer zuckersüßen, zartfleischigen Hülsen angebaut, die im unreifen Zustand geerntet werden. Erbsen sind Kulturen für überwiegend kühle Jahreszeiten. Die Samen keimen allerdings schlecht, sinkt die Bodentemperatur unter 10 °C. Sie benötigen einen tiefen, frischen und nährstoffreichen Boden, der die Feuchtigkeit gut hält, und einen Standort in der Sonne oder im Halbschatten. Erbsen sollten immer eine Rank- oder Stützhilfe erhalten, auch wenn es sich um kleinere, buschiger wachsende Varianten handelt.

Gleichermaßen zu behandeln sind:
Sau- oder Pferdebohnen (*Vicia faba*), Zuckererbsen (*Pisum sativum* var. *macrocarpon*), Ackererbse (*Pisum sativum* var. *arvense*), Linsen (*Lens culinaris*).

Pflanzentyp
Wurzel

Element
Erde

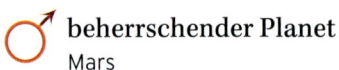

beherrschender Planet
Mars

Pflanzengesellschaften

Begleitpflanzen

Tomaten (*Lycopersicon esculentum*), Gartenmöhren (*Daucus carota*), Salat (*Lactuca sativa*), Gurken (*Cucumis sativus*), Melonen (*Cucumis melo*), Riesenkürbisse (*Cucurbita maxima*), Gartenkürbis und Zucchini (*Cucurbita pepo*).

Unverträgliche Pflanzen

Echter Wermut (*Artemisia absinthium*), Gewöhnlicher Ysop (*Hyssopus officinalis*), Echte Weinrebe (*Vitis vinifera*), Kopfkohl, Blumenkohl, Sprossenbrokkoli, Brokkoli, Kohlrabi (*Brassica oleracea*).

Praktische Ratschläge

Aussaat oder Pflanzung

Bei abnehmendem Mond in den Tierkreiszeichen Steinbock, Stier oder Jungfrau.

Pflege

Bei Mond in den Zeichen Steinbock, Stier oder Jungfrau.

Ernte

Eine optimale Ernte sollte bei abnehmendem Mond im Tierkreiszeichen Widder erfolgen; ebenso günstig sind Schütze, Steinbock, Wassermann, Stier oder Zwillinge.

Der Gartenrettich

Raphanus sativus Brassicaceae

Vermutlich kommt die Urform des Rettichs aus dem östlichen Mittelmeerraum, wo er seit Jahrtausenden angebaut wird. Die Mehrzahl der Rettichsorten wird aufgrund ihrer verdickten Wurzel geschätzt. Aus botanischer Sicht handelt es sich genau genommen nicht um eine Wurzel, sondern um eine Hypokotylknolle, das heißt, die Verdickung entsteht überwiegend im Bereich zwischen den Keimblättern und dem Wurzelhals. Der Rettich braucht lockere, frische, nährstoffreiche Böden im mittleren pH-Bereich und fühlt sich an einem sonnigen Standort wohl. Die meist rundlich geformten, oft leuchtend roten Radieschen sind ausgesprochen raschwüchsig und lassen sich bereits innerhalb von vier Wochen ernten, während größere Rettiche langsamer wachsen. Die oft zapfenförmigen Rettiche haben häufig weiße Knollen und benötigen kühlere Temperaturen. Sommerkulturen gedeihen am besten im Halbschatten höherwüchsiger Kulturen. Der Schwarze Winterrettich zeichnet sich durch eine schwarze, schorfige Haut und ein weißes, sehr festes Fleisch aus. Im Gegensatz zu den anderen Rettichen neigt er bei Hitze am wenigsten zum Schossen (Streckung der Triebe und Ausbildung von Blütenständen). Das Laub der Rettiche ist grün bis blaugrün mit einem bronzefarbenen Hauch und an den Rändern leicht gewellt. Rettiche haben ein knackiges Fleisch, dessen intensiver, mehr oder weniger scharfer Geschmack der Grund dafür ist, dass wir sie vorwiegend allein und roh oder eingemischt in Salaten verzehren. Die Schärfe entsteht durch sogenannte Senfölglykoside. Die jungen Blätter schmecken ebenfalls delikat als Salat. Rettiche vertreiben Schadinsekten und finden mit ihren Wirkstoffen Verwendung in der Medizin.

Pflanzentyp
Blatt

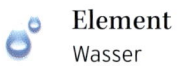

Element
Wasser

beherrschender Planet
Jupiter

Pflanzengesellschaften

Begleitpflanzen
Knoblauch (*Allium sativum*),
Gemüsespinat (*Spinacia oleracea*).

Unverträgliche Pflanzen
-

Praktische Ratschläge

Aussaat oder Pflanzung
Ende des Herbstes oder Anfang Frühjahr bei zunehmendem Mond in den Tierkreiszeichen Fische, Krebs oder
Skorpion.

Pflege
Bei Mond in den Zeichen
Fische, Krebs oder Skorpion.

Ernte
Bei Mond in den Zeichen
Schütze, Wassermann, Widder
und Zwillinge.

Der Rhabarber

Rheum rhabarbarum Polygonaceae

Das erste Mal wird Rhabarber ungefähr 2700 v. Chr. in China erwähnt. Heimisch ist er in Nordwestchina und Sibirien. Rhabarber ist eine große, ausdauernde Rhizomstaude. Seine langen, fleischigen und essbaren Blattstiele sind gewöhnlich rot, rosa und grünlich gefärbt. Im Dunkeln kultivierte Sorten zeigen bleichrosa Stiele. Erst im 18. Jahrhundert wurde die Eignung des Rhabarbers als Nahrungsmittel entdeckt. Davor galt er ausschließlich als Heilpflanze. Der Stiel hat saftiges und zartes Fleisch. Man schneidet ihn normalerweise in Stücke und behandelt diese wie eine Frucht. Indem man sie mit Zucker und Myrrenkerbel (siehe Seite 314) dünstet, möchte man den säuerlichen, adstringierenden Geschmack abmildern. Die großen Blätter werden aufgrund des wesentlich höheren Oxalsäuregehaltes als giftig eingestuft. Durch den Genuss von gehäuften Mengen roher Stängel kommt es bei Kindern immer wieder zu Vergiftungserscheinungen, die durchaus ernst zu nehmen sind, denn sie können zu schweren Nierenschädigungen führen. Die mit einem Rhizom überwinternde, ausdauernde Rhabarberstaude liebt einen tiefen, nährstoffreichen, mäßig schweren, humusreichen Boden, der die Feuchtigkeit hält, gut dräniert ist, und außerdem einen Standort in der Sonne oder im Halbschatten. Seine Blattstängel wachsen von der Basis der Pflanze aus in die Höhe, und man erntet sie durch Abdrehen und nicht durch Schneiden oder Abbrechen, da sonst die Gefahr von Pilzinfektionen besteht. Häufig kocht man den Rhabarber ein, braut Obstwein oder gewinnt einen köstlichen Saft aus ihm. Er ist reich an Vitamin C und Faserstoffen und wird auch heute noch für heilmedizinische Zwecke genutzt.

Pflanzentyp
Wurzel

Element
Erde

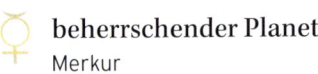

beherrschender Planet
Merkur

Pflanzengesellschaften

Begleitpflanzen
Weißer Senf (*Sinapis alba*).

Unverträgliche Pflanzen
-

Praktische Ratschläge

Aussaat oder Pflanzung
Anfang Frühjahr bei abnehmendem Mond in den Tierkreiszeichen Steinbock, Stier oder Jungfrau.

Pflege
Bei Mond in den Zeichen Steinbock, Stier oder Jungfrau.

Ernte
Ende Herbst bei abnehmendem Mond in den Tierkreiszeichen Schütze, Steinbock, Wassermann, Stier oder Zwillinge.

Die Echte Schwarzwurzel

Scorzonera hispanica Asteraceae

Die Schwarzwurzel *Scorzonera hispanica*, in Mittel- und Südeuropa bis nach Russland und Sibirien heimisch, ist eine frostharte, ausdauernde Staude, die ein- oder zweijährig angebaut wird. Sie bildet ein weißfleischiges, wurzelartiges Speicherorgan unter schwarzer, korkiger Haut aus und einen einzelnen Stängel, der lange und spitz zulaufende, spitzwegericheartige Blätter trägt. Ihre kleinen, gelben Blüten erinnern an Löwenzahn und entfalten sich gegen Ende Sommer und Anfang Herbst. Diese Pflanze erzielt gute Ergebnisse auf ganz normalen, nährstoffhaltigen und gut dränierten Böden, schwere und tonhaltige Substrate eingeschlossen, und liebt einen offenen Standort sowie eine kühle und feuchte Periode, um ihre Wurzeln gut ausbilden zu können. Kieshaltige Böden toleriert sie schwer. Die Schwarzwurzel hat einen charakteristischen, leicht süßlich-nussigen Geschmack, den sie ihrem Inulingehalt (einem auch für Diabetiker verträglichen Kohlenhydrat) verdankt, das sich nicht am Stoffwechsel beteiligt, jedoch Blähungen auslösen kann. Die jungen Wurzeln und Blätter können auch als Salat gegessen werden. Die sehr anspruchslose Gemüsepflanze gibt es in einigen Sorten, wie die ›Einjährige‹, ›Flandria Scorzonera‹, ›Long Black‹ und ›Russian Giant‹. Im älteren Stadium werden die Wurzeln allerdings vorzugsweise gedünstet. Früher wurde die geröstete Wurzel zudem noch zum Strecken von Bohnenkaffee verwendet.

Gleichermaßen zu behandeln sind:
Haferwurz (*Tragopogon porrifolius*).

 **Pflanzentyp**
Frucht/Nuss/Samen

 **Element**
Feuer

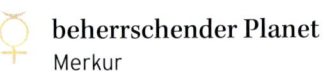 **beherrschender Planet**
Merkur

Pflanzengesellschaften

 ### Begleitpflanzen
Estragon (*Artemisia dracunculus*), Echter oder Gewürzthymian (*Thymus vulgaris*), Echter Lavendel (*Lavandula angustifolia*), Rainfarn (*Tanacetum vulgare*), Gartenringelblume (*Calendula officinalis*), Echter Wermut (*Artemisia absinthium*), Erbsen (*Pisum sativum*), Feuerbohnen (*Phaseolus coccineus*), Sau- oder Pferdebohnen (*Vicia faba*), Grüne Bohnen (*Phaseolus vulgaris*).

 ### Unverträgliche Pflanzen
Kartoffeln (*Solanum tuberosum*), Winterlauch (*Allium porrum*), Küchenzwiebeln (*Allium cepa*), Knoblauch (*Allium sativum*), Schnittlauch (*Allium schoenoprasum*).

Praktische Ratschläge

 ### Aussaat oder Pflanzung
Bei zunehmendem Mond; Widder, Löwe oder Schütze.

 ### Pflege
Bei Mond in den Zeichen Widder, Löwe oder Schütze.

 ### Ernte
Gegen Sommerende und im Spätherbst bei Mond in den Zeichen Schütze, Widder, Löwe, Wassermann und Zwillinge.

Die Aubergine

Solanum melongena Solanaceae

Das Nachtschattengewächs Aubergine, auch Eierfrucht oder Melanzani genannt, stammt ursprünglich aus Sri Lanka und dem tropischen Süden Indiens und wurde auch in China schon im 5. Jahrhundert v. Chr. angebaut. Griechen und Römer kannten die Aubergine jedoch nicht. Erst die Mauren brachten sie nach Spanien, und von dort aus kam sie nach Amerika. In Europa wurde sie im Mittelalter eingeführt. Botaniker des 16. Jahrhunderts nannten die Aubergine *Mala insana*, was »verrückter Apfel« (daher auch der Ausdruck Melanzani) bedeutet, da sie der Ansicht waren, dass man durch ihren Genuss den Verstand verliert. Allerdings enthalten unreife Früchte noch das giftige Solanin. Die Aubergine wird einjährig angebaut und braucht einen kompostreichen Boden, der die Feuchtigkeit gut hält, einen geschützten Standort in der prallen Sonne und einen langen Sommer. Sie ist wie die Tomate auszugeizen (siehe Seite 246). Auch sollte sie durch Stäbe gestützt werden. Bei der Sortenwahl mit außerordentlich reizvoll gefärbten und unterschiedlich geformten Fruchtvarianten sollte man in kälteren Gebieten in erster Linie auf deren Robustheit achten. Ihre krautigen, ledrigen und verzweigten Stängel tragen gewellte Blätter. Ihren kleinen purpurfarbenen Blüten mit gelben Staubblättern folgen eiförmige Früchte mit einer rotvioletten, grünen oder weißen Haut und einem samtigfesten Fleisch. Die Aubergine ist eine Frucht, die gekocht oder gebraten als Gemüse verzehrt wird.

Gleichermaßen zu behandeln sind:
Paprika (*Capsicum annuum*), Chili (*Capsicum frutescens*), Tomaten (*Lycopersicon esculentum*).

Pflanzentyp
Wurzel

Element
Erde

beherrschender Planet
Saturn

Pflanzengesellschaften

Begleitpflanzen

Erbsen (*Pisum sativum*), Feuerbohnen (*Phaseolus coccineus*), Sau- oder Pferdebohnen (*Vicia faba*), Grüne Bohnen (*Phaseolus vulgaris*), Mais (*Zea mays*), Kopfkohl, Blumenkohl, Sprossenbrokkoli, Brokkoli, Kohlrabi (*Brassica oleracea*), Gartenringelblume (*Calendula officinalis*), Echter Lavendel (*Lavandula angustifolia*), Zitronenmelisse (*Melissa officinalis*).

Unverträgliche Pflanzen

Tomaten (*Lycopersicon esculentum*), Salatgurken (*Cucumis sativus*), Melonen (*Cucumis melo*), Riesenkürbisse (*Cucurbita maxima*), Gartenkürbisse und Zucchini (*Cucurbita pepo*), Echter Salbei (*Salvia officinalis*), Echte Himbeere (*Rubus idaeus*).

Praktische Ratschläge

Aussaat oder Pflanzung

Anfang Frühjahr bei abnehmendem Mond in den Zeichen Steinbock, Stier oder Jungfrau.

Pflege

Bei Mond in den Zeichen Steinbock, Stier oder Jungfrau.

Ernte

Bei abnehmendem Mond im Tierkreiszeichen Widder.

Die Kartoffel

Solanum tuberosum Solanaceae

Die Kartoffel *Solanum tuberosum* ist in Chile, Peru und Bolivien heimisch, wo vermutlich seit mindestens 5000 v. Chr. bereits zahllose Sorten kultiviert wurden, bevor die Spanier sie Anfang des 16. Jahrhunderts nach Europa einführten. Die an Anekdoten überreiche und manchmal recht komisch anmutende Vorgeschichte zeigt, dass viel Zeit vergehen musste, bis die Kartoffel als Nahrungsmittel in Europa akzeptiert wurde. Dafür war die Akzeptanz dann umso nachhaltiger, wie ein Blick auf die einschlägigen Statistiken eindrucksvoll belegt. Immerhin ist die Kartoffel mit über 300 Millionen Tonnen Erntegewicht heute die weltweit viertwichtigste landwirtschaftlich angebaute Pflanze, wobei allerdings nur ein kleiner Anteil der direkten Ernährung dient. Zwar wurden bis heute über 5000 Sorten registriert, doch in den Handel gelangt nur ein verschwindend geringer Bruchteil dieses Angebotes. Deshalb erscheint es von besonderem Reiz, im eigenen Garten die unbekannten, in Vergessenheit geratenen Sorten zu kultivieren. Kartoffeln bevorzugen sonnigen, tiefgründigen, fruchtbaren und lockeren, gut dränierten sowie leicht sauren Boden. Gut gedeihen sie in humusreichen Hügelbeeten. Außerdem benötigen sie eine kühle Witterungsperiode in ihrem Vegetationszyklus. Im Handel werden festkochende, vorwiegend festkochende und mehlig kochende Kartoffelsorten unterschieden. Das Laub der mit der Tomate, Aubergine und Paprika verwandten Kartoffelpflanze ist dunkelgrün. Den weißen, in trugdoldenförmigen Blütenständen stehenden Blüten folgen kleine, gelblichgrüne Beerenfrüchte. Die unterirdischen Knollen sind reich an Stärke, haltbar, ausgesprochen gut zu lagern und werden auf tausenderlei Arten zubereitet.

 **Pflanzentyp**
Blatt

 **Element**
Wasser

 **beherrschender Planet**
Neptun

Pflanzengesellschaften

 Begleitpflanzen
Erbsen (*Pisum sativum*), Echter Sellerie (*Apium graveolens*), Walderdbeeren (*Fragaria vesca*), Kopfkohl, Blumenkohl, Sprossenbrokkoli, Brokkoli, Kohlrabi (*Brassica oleracea*), Winterlauch (*Allium porrum*), Speisezwiebeln (*Allium cepa*), Knoblauch (*Allium sativum*), Schnittlauch (*Allium schoeno-prasum*).

 Unverträgliche Pflanzen
Weinreben (*Vitis vinifera*), Echter Ysop (*Hyssopus officinalis*).

Praktische Ratschläge

 Aussaat oder Pflanzung
Bei zunehmendem Mond; Fische, Krebs oder Skorpion.

 Pflege
Bei Mond in den Zeichen Fische, Krebs oder Skorpion.

 Ernte
Die Ernte findet fortlaufend statt, da der Spinat regelmäßig gepflückt werden muss. Meiden Sie unbedingt eine Ernte in den Zeichen Fische oder Krebs – für optimale Haltbarkeit.

Der Spinat

Spinacia oleracea Amaranthaceae

Der Spinat *Spinacia oleracea* kommt ursprünglich aus dem Himalaja und Afghanistan, wurde erstmals in Persien und im 7. Jahrhundert n. Chr. in China angebaut. Die Mauren brachten 1100 n. Chr. den Spinat nach Europa. Der Spinat ist eine einjährige Pflanze der kühlen Klimazonen und ausgesprochen schnellwüchsig. Er wird wegen seiner saftigen, dunkelgrünen und großen Blätter kultiviert, die in basalen, aufrechten Rosetten wachsen. Der Spinat benötigt einen frischen, gut dränierten, humusreichen, neutralen bis basischen Boden und für eine sommerliche Ernte einen Standort im Halbschatten – oder einen sonnigen, trockenen und geschützten Platz für die Ernte im Winter. Frühjahrsspinat wird von Februar bis April ausgesät. Sät man zwischen Mai und Juli, erhält man den kräftigen, leicht ins Kraut schießenden Sommerspinat. Späte Sorten sät man im Spätsommer bis Frühherbst. Spinatblätter bereitet man als Salat (solange sie noch sehr jung sind) zu oder dünstet sie als Gemüse. Spinat ist reich an Proteinen, Vitaminen und Mineralstoffen. Der zuweilen auf den Wochenmärkten angebotene Neuseeländer Spinat oder Neuseelandspinat *Tetragonia tetragonioides* hat fleischigeres Laub und wird auf dieselbe Weise wie Spinat verwendet.

Gleichermaßen zu behandeln sind:
Gartenmelde (*Atriplex hortensis*), Guter Heinrich (*Chenopodium bonus-henricus*), Neuseelandspinat (*Tetragonia tetragonioides*).

Pflanzentyp
Frucht/Nuss/Samen

Element
Feuer

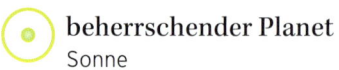

beherrschender Planet
Sonne

Pflanzengesellschaften

Begleitpflanzen

Kartoffeln (*Solanum tuberosum*), Erbsen (*Pisum sativum*), Feuerbohnen (*Phaseolus coccineus*), Sau- oder Pferdebohnen (*Vicia faba*), Grüne Bohnen (*Phaseolus vuglaris*), Gurken (*Cucumis sativus*), Melonen (*Cucumis melo*), Riesenkürbis (*Cucurbita maxima*), Gartenkürbis und Zucchini (*Cucurbita pepo*).

Unverträgliche Pflanzen

Tomaten (*Lycopersicon esculentum*).

Praktische Ratschläge

Aussaat oder Pflanzung

Ende Frühjahr und Anfang Sommer bei zunehmendem Mond; Schütze, Widder oder Löwe.

Pflege

Bei Mond in den Zeichen Schütze, Widder oder Löwe.

Ernte

Ende des Sommers und im Herbst bei Mond in den Tierkreiszeichen Schütze, Widder oder Löwe sowie Wassermann und Zwillinge.

Der Mais

Zea mays Poaceae

Dieses Süßgras ist als Wildform nicht bekannt. Man nimmt jedoch an, dass die Pflanze erstmals 7000 v. Chr. in Mexiko kultiviert wurde. Mittlerweile gehört der Mais *Zea mays* zu den am häufigsten angebauten Pflanzen der Welt und steht mit über 700 Millionen Tonnen Erntegewicht an der Spitze der Weltproduktion noch vor dem Reis und dem Weizen. Allerdings wird die überwiegende Menge von *Zea mays* als Tierfutter verwendet. Die spanischen Eroberer brachten diese Pflanze nach Europa. Sie ist eine einjährige, schnellwüchsige Pflanze, die einen nährstoffreichen, frischen, gut dränierten Boden und einen Platz in der Vollsonne benötigt. Ihre langen und breiten Blätter wachsen aus jedem Nodium der aufrechten Stängel. Die männlichen Blüten bilden sich als Rispe an den Endtrieben. Die weiblichen Blüten stehen an Ähren weiter unten am Stängel. Die Ähren enthalten 400 und mehr reihenweise angeordnete, Samen enthaltende Karyopsen – die allen Gräsern gemeinsamen, nussähnlichen Früchte. Jede Pflanze bildet eine oder zwei Ähren beziehungsweise Kolben aus. Für den Garten lohnt sich der Anbau von Zuckermaissorten. Besonders süße Sorten sind ›Conquest‹, ›Honey and Cream‹, ›Snowbelle‹, ›Stowell's Evergreen‹. Bei Kindern dürfte ›Popcorn Yellow‹ für Freude sorgen, denn wie der Name schon andeutet, eignet er sich zur Popcornherstellung besonders gut. Auch sei an den Ziermais ›Rainbow‹ erinnert mit seinen farbenprächtigen Kolben aus roten, blauen, gelben und orangefarbenen Körnern.

> ### Gleichermaßen zu behandeln sind:
> Korakan oder Fingerhirse (*Eleusine coracana*), Perlhirse (*Pennisetum typhoides* Syn. *Pennisetum glaucum*), Mohrenhirse (*Sorghum vulgare*).

Kräuter und Gewürze

Ob sie nun zu medizinischen oder kulinarischen Zwecken verwendet werden, Kräuter und Gewürze sind ein wesentlicher Bestandteil eines ausgewogenen, gut funktionierenden Gartens und ein unentbehrlicher Bestandteil aller kulinarischen Gerichte. Diese Pflanzen mithilfe des Mondkalenders zu kultivieren stärkt ihre Vitalität, macht sie aromatischer und erhöht die Wirksamkeit der in ihnen enthaltenen wertvollen Stoffe. Kräuter in diesem Sinne sind nicht unbedingt krautige Pflanzen aus botanischer Sicht. Es kann sich auch um langlebige Stauden, Zwiebelpflanzen und Zwerggehölze handeln. Gewürze hingegen werden meist aus Samen, Früchten, Wurzeln oder Rinden hergestellt.

 **Pflanzentyp**
Blatt

 **Element**
Wasser

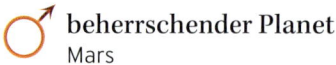 **beherrschender Planet**
Mars

Pflanzengesellschaften

 ### Begleitpflanzen
Rosen (*Rosa* ssp.), Gartenmöhren (*Daucus carota*), Rote Bete (*Beta vulgaris* var. *conditiva*), Echte Römische Kamille (*Chamaemelum nobile*), Apfelbäume (*Malus* ssp.).

 ### Unverträgliche Pflanzen
Erbsen (*Pisum sativum*), Feuerbohnen (*Phaseolus coccineus*), Sau- oder Pferdebohnen (*Vicia faba*), Grüne Bohnen (*Phaseolus vulgaris*), Saatluzerne (*Medicago sativa*).

Praktische Ratschläge

 ### Aussaat oder Pflanzung
Anfang Frühjahr bei zunehmendem Mond in den Zeichen Fische, Krebs oder Skorpion.

 ### Pflege
Bei Mond in den Zeichen Fische, Krebs oder Skorpion.

 ### Ernte
Anfang Sommer vor der Blüte bei zunehmendem Mond oder Vollmond in den Tierkreiszeichen Krebs oder Skorpion.

Der Schnittlauch

Allium schoenoprasum Alliaceae

Der Schnittlauch *Allium schoenoprasum* ist seit mindestens 5000 Jahren würzender Bestandteil unserer Ernährung und auf der gesamten Nordhalbkugel rund um den Globus verbreitet. Der Schnittlauch ist eine ausdauernde Pflanze aus der Familie der Zwiebelgewächse, die in kompakten Tuffs aus schmalen, zylindrischen Blättern von leuchtendem Grün wächst und delikat nach Zwiebeln schmeckt. Er liebt frische, humusreiche, kalkhaltige und bindige Böden in sonnigen, warmen Lagen. ›White‹, ›Fitlau‹, ›Dominant‹, ›Polyvert‹, ›Kirdo‹ sind heute verbreitete Sorten. Die sterilen Blüten von ›Profusion‹ schmecken delikat und zieren Salate. Sonst eignen sich die klein gehackten Blätter zum Garnieren von Suppen, Salaten, Frischkäse und Omelettes. Auch werden Wintersorten angeboten. Schnittlauch lässt sich durch Teilung oder Aussaat vermehren. Gelegentlich verwildert er. So ist er zum Beispiel auf seltenen Flussuferdünen zu finden. Schnittlauch eignet sich als Randbepflanzung von Gemüsebeeten, wo er nebenbei viele Schadinsekten vertreibt. Außerdem wird ihm eine fungizide (pilztötende) Eigenschaft zugeschrieben. Einige Sorten blühen besonders hübsch und können durchaus in Blumen- und Steppenbeeten, auf Dachgärten oder in Töpfen gepflanzt werden. Schnittlauch hat eine blutdrucksenkende, appetitanregende, verdauungsfördernde und tonisierende Wirkung.

Gleichermaßen zu behandeln sind:
Knoblauch-Schnittlauch (*Allium tuberosum*).

Pflanzentyp
Frucht/Nuss/Samen

Element
Feuer

beherrschender Planet
Merkur

Pflanzengesellschaften

Begleitpflanzen
Winterlauch (*Allium porrum*),
Speisezwiebel (*Allium cepa*),
Knoblauch (*Allium sativum*),
Salatgurke (*Cucumis sativus*),
Melone (*Cucumis melo*), Rie-
senkürbis (*Cucurbita maxima*),
Gartenkürbis und Zucchini
(*Cucurbita pepo*), Gartensalat
(*Lactuca sativa*), Mais (*Zea
mays*), Kopfkohl, Blumenkohl,
Sprossenbrokkoli, Brokkoli
(*Brassica oleracea*).

Unverträgliche Pflanzen
Gartenmöhren (*Daucus
carota*), wenn man den Dill
zur Reife kommen lässt, und
Gewürzfenchel (*Foeniculum
vulgare*).

Praktische Ratschläge

Aussaat oder Pflanzung
Ende Frühling bei zunehmen-
dem Mond in den Zeichen
Widder, Löwe oder Schütze.

Pflege
Bei Mond in den Zeichen Widder,
Löwe oder Schütze.

Ernte
Ende des Sommers oder Anfang
Herbst bei zunehmendem Mond
in den Zeichen Widder, Löwe
oder Schütze.

Der Dill

Anethum graveolens Apiaceae

Der ursprünglich im südostasiatischen Raum beheimatete Dill wird bereits seit Jahrhunderten in ganz
Europa kultiviert und ist ein besonders beliebtes
Gewürzkraut in Deutschland, Russland und Skan-
dinavien. Der römische Gelehrte Plinius und Hilde-
gard von Bingen beschrieben ihn als Heilpflanze. In
der Landgüterordnung Karls des Großen wurde er in
der obligat zu pflanzenden Liste der Kräuter geführt.
Der Dill *Anethum graveolens* ist ein einjähriger oder
zweijähriger Doldenblütler und ähnelt dem Fenchel,
ist jedoch deutlich schlanker und bildet nur einen
Spross aus. Sein hohler, glatter und aufrechter Stängel trägt fein gefiederte und eingeschnittene Blätter
in einem bläulichen Grün. Seine gelben Blüten stehen
in schirmartigen Doppeldolden gruppiert und entfalten sich gegen Ende des Sommers. Ihnen folgen im
Herbst die braunen, gefurchten Früchtchen. Sämtliche Pflanzenteile haben ein intensives Aroma. Der
Dill wächst auf relativ nährstoffreichen, gut dränierten Böden in der Vollsonne. Die Blüten locken nützliche, blattlausbekämpfende Insekten an. In der Küche
lässt sich Dill zur Verfeinerung von Salaten, Suppen,
Fisch- und Kartoffelgerichten verwenden. Er dient
auch zum Aromatisieren von Essig und Gurkenkon-
serven. Seine Samen und Blätter besitzen viele medizinische Wirkstoffe, die in der Pflanzenheilkunde
Anwendung finden – besonders bei der Behandlung
von Verdauungsproblemen, Koliken und Blähungen
(auch bei Kleinkindern).

Gleichermaßen zu behandeln sind:
Wiesenkümmel (*Carum carvi*).

Pflanzentyp
Blüte

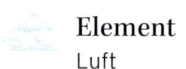

Element
Luft

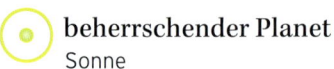

beherrschender Planet
Sonne

Pflanzengesellschaften

Begleitpflanzen
Kopfkohl, Blumenkohl, Sprossenbrokkoli, Brokkoli (*Brassica oleracea*), Kartoffeln (*Solanum tuberosum*), Winterlauch (*Allium porrum*), Küchen- oder Speisezwiebeln (*Allium cepa*), Knoblauch (*Allium sativa*), Bohnen (*Phaseolus*).

Unverträgliche Pflanzen
Weinraute oder Gartenraute (*Ruta graveolens*).

Praktische Ratschläge

Aussaat oder Pflanzung
Ende Frühjahr bei zunehmendem Mond in den Zeichen Wassermann, Zwillinge oder Waage.

Pflege
Bei Mond in den Tierkreiszeichen Wassermann, Zwillinge oder Waage.

Ernte
Während der Blüte gegen Sommerende bei zunehmendem oder Vollmond in den Zeichen Wassermann, Zwillinge oder Waage.

Die Echte Römische Kamille

Chamaemelum nobile Asteraceae

Als in Europa heimische Pflanze wird die Echte Römische Kamille seit 5000 Jahren als Medizinpflanze genutzt und geschätzt. Diese wuchernde, ausdauernde Staude breitet sich nicht nur durch Aussaat, sondern auch mithilfe ihrer kurzen Ausläufer (Stolonen) aus. Die stark duftenden, dunkelgrünen Blätter sind tief eingeschnitten und fein fiederteilig. Die aromatischen, margeritenähnlichen Korbblüten erscheinen am Sommerende. Die eigentlich sehr anspruchslose Echte Römische Kamille braucht dennoch einen lockeren, gut dränierten Boden an warmen, vorzugsweise sonnigen Standorten, damit von der Pflanze möglichst viele Wirkstoffe produziert werden. An den Rändern von Gemüsebeeten gepflanzt, tötet sie schädliche Pilze ab und bietet überdies mit ihren Blüten einen hübschen Anblick. Auf Beetbrachen bereitet Kamille den Boden für nachwachsende Pflanzen vor. Sie wird in der Pflanzenheilkunde, inzwischen auch in der Schulmedizin, als Heilpflanze verwendet, und zwar aufgrund ihrer entzündungshemmenden, pilztötenden, blutdrucksenkenden, beruhigenden wie auch stimulierenden und schmerzstillenden Wirkung. Zusätzlich wird sie als Haarfärbemittel, zur Aromatherapie und als Teepflanze genutzt.

Gleichermaßen zu behandeln sind:
Die Echte Kamille oder Kamille (*Matricaria recutita*) ist eine verwandte Pflanze, jedoch nur einjährig und von aufrechtem Wuchs. Ihr Laub ist lichter. Die weit weniger intensiv duftenden Blüten enthalten das tintenblaue ätherische Öl, das jedoch von einer ganz anderen Qualität ist als das der Echten Römischen Kamille.

 **Pflanzentyp**
Wurzel

 **Element**
Erde

 **beherrschender Planet**
Mars

Pflanzengesellschaften

 Begleitpflanzen
Kartoffeln (*Solanum tuberosum*), Holzäpfel (*Malus sylvestris* und Cultivare), Pfirsich-, Pflaumen- und Aprikosenbäume (*Prunus* ssp.).

 Unverträgliche Pflanzen
Feuerbohnen (*Phaseolus coccineus*), Sau- oder Pferdebohnen (*Vicia faba*), Erbsen (*Pisum sativum*).

Praktische Ratschläge

 Aussaat oder Pflanzung
Anfang des Frühjahrs bei abnehmendem Mond in den Zeichen Steinbock, Stier oder Jungfrau.

 Pflege
Bei Mond in den Zeichen Steinbock, Stier oder Jungfrau.

 Ernte
Bei abnehmendem Mond in den Zeichen Steinbock oder Stier.

Der Gewöhnliche Meerrettich

Armoracia rusticana Brassicaceae

Der Gewöhnliche Meerrettich ist ein ausdauerndes, krautiges Gewächs beziehungsweise eine Staude, deren Ursprung im Mittelmeerraum oder dem östlichen Europa vermutet wird. Ursprünglich als Heilpflanze verwendet, hat man im Deutschland des ausgehenden 16. Jahrhunderts und schließlich im England und Frankreich des 17. Jahrhunderts ebenfalls seinen geschmacklichen Wert zu schätzen gelernt. Der Meerrettich besitzt eine große, cremefarbene, walzenförmige Rübe, die verholzt. Stattliche, ledrige Blätter mit gekerbtem Rand wachsen rosettenartig aus der Sprossbasis, aus deren Mitte sich im Sommer eine hohe Blütenrispe mit unauffälligen, weißen Kreuzblüten und lanzettlichen Blättchen erhebt. Diese Pflanze erzielt die besten Ergebnisse auf frischen, humosen, tiefgründigen Böden in praller Sonne. Der Meerrettich lässt sich auch durch Direktaussaat oder Teilung der Wurzelableger vermehren. Er entwickelt ein vitales Wachstum und wuchert wie ein Unkraut, wenn man ihn nicht rechtzeitig erntet oder aus dem Boden nimmt und zur Überwinterung in Sand lagert. Die Wurzel verströmt keinerlei Duft, bevor sie nicht angeschnitten oder gerieben wird. Dann allerdings ist der Geruch ausgesprochen stark. Auch der Geschmack der Wurzel ist beißend und erinnert an Senf. Meerrettich ist eine Heilpflanze mit antibakteriellen, fiebersenkenden und anregenden Eigenschaften.

Gleichermaßen zu behandeln sind:
Gewöhnlicher oder Purpurwasserdost (*Eupatorium purpureum*), Gewöhnlicher Beinwell (*Symphytum officinale*).

Pflanzentyp
Blatt

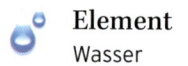
Element
Wasser

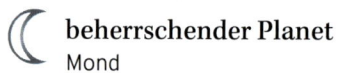
beherrschender Planet
Mond

Pflanzengesellschaften

Begleitpflanzen
Auberginen (*Solanum melongena*), Paprika (*Capsicum annuum*), Chili (*Capsicum frutescens*).

Unverträgliche Pflanzen
Feuchtigkeit liebende Pflanzen wie die Echte Brunnenkresse (*Nasturtium officinale*), Grüne Salate (*Lactuca sativa*), Endiviensalat (*Cichorium endivia*).

Praktische Ratschläge

Aussaat oder Pflanzung
Das Teilen der Pflanzen im Frühjahr bei zunehmendem Mond; Fische, Krebs oder Skorpion.

Pflege
Bei Mond in den Zeichen Fische, Krebs oder Skorpion.

Ernte
Zwischen Sommermitte und der Herbst-Tagundnachtgleiche bei Vollmond in den Tierkreiszeichen Krebs oder Skorpion.

Der Estragon

Artemisia dracunculus Asteraceae

Der Estragon *Artemisia dracunculus* ist ein buschig wachsendes Gewürzkraut mit feinen, verzweigten Stängeln, die sehr aromatische, schmale und olivgrüne Blätter tragen. Seine kleinen, grünlichweißen Blüten stehen in Rispen und entfalten sich gegen Ende des Sommers. Da der Estragon nur selten fruchtbare Samen ausbildet, vermehrt man ihn üblicherweise durch Ableger oder Teilung. Er stammt ursprünglich vermutlich aus Asien, wird in ganz Europa und vor allem in Südeuropa angebaut und braucht ein warmes, jedoch kein trockenes Klima und einen Boden, der die Feuchtigkeit gut hält, sowie einen geschützten Standort. Aufgrund seines feinen und charakteristischen Aromas sind die Möglichkeiten, ihn in der Küche einzusetzen, zahlreich. Er ist das typische Gewürz einer Sauce Béarnaise oder anderer Kräutersaucen und verleiht auch Essig ein besonderes, leicht bitteres Aroma. Man verwendet vorzugsweise die frischen Blätter des Estragons, denn diese verlieren beim Trocknen ihren intensiven Geschmack. In allen Sprachen verweist der Name des Estragons irgendwo auf den Wortstamm ›dragon‹ = Drachen, denn früher galt er als Heilmittel gegen Biss- und Stichwunden und als Abwehr gegen Insekten. Zu viel oder regelmäßig sollte man dieses Kraut nicht verzehren, denn es enthält den aromatischen Wirkstoff Estragol, der unter dem Verdacht steht, krebserregend zu sein.

 **Pflanzentyp**
Blüte

 **Element**
Luft

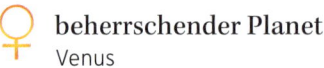 **beherrschender Planet**
Venus

Pflanzengesellschaften

 ### Begleitpflanzen

Walderdbeeren (*Fragaria vesca*), Weinreben (*Vitis vinifera*), Tomaten (*Lycopersicon esculentum*), die gesamte Familie der Kürbisgewächse (*Cucurbitaceae*) wie Gurke (*Cucumis sativus*), Melone (*Cucumis melo*), Riesenkürbis (*Cucurbita maxima*), Gartenkürbis und Zucchini (*Cucurbita pepo*).

 ### Unverträgliche Pflanzen

-

Praktische Ratschläge

 ### Aussaat oder Pflanzung

Ende Frühjahr oder im Herbst bei zunehmendem Mond; Wassermann, Zwillinge oder Waage.

 ### Pflege

Bei Mond in den Zeichen Wassermann, Zwillinge oder Waage.

 ### Ernte

Das Pflücken der Blüten zwischen April und September, Ernte der Samen im Herbst. Die Blätter erntet man gleich zu Beginn der Blüte Ende des Frühjahrs und im Sommer bei zunehmendem Mond oder Vollmond in den Zeichen Wassermann, Zwillinge oder Waage.

Der Borretsch

Borago officinalis Boraginaceae

Dieses Gewürzkraut stammt aus dem Mittelmeergebiet und wurde dann über Frankreich nach Mitteleuropa verbreitet. Die von einem borstigen Haarpelz überzogenen Stängel, Blätter und Blüten des einjährigen Krautes weisen es als typischen Vertreter der Familie der Raublattgewächse (Boraginaceae) aus. Die Borretschblätter sind derb und lanzettlich bis eiförmig geformt. Die sternförmigen Blüten sind blau, fünfzählig und stehen an einem verhältnismäßig langen Stiel mit bogenförmig überhängenden bis schneckenförmig eingerollten Blütenständen. Sie entfalten sich im Hochsommer bis zu den ersten Frösten. Der Borretsch oder das Gurkenkraut *Borago officinalis* ist leicht zu kultivieren und gedeiht auf durchlässigen, frischen bis trockenen Substraten auf einem sonnigen Standort, wo er sich gerne auch von selbst aussamt. Man sät ihn dort aus, wo man ihn auch erntet. Blühender Borretsch ist eine Bienenweide, und die Samen locken mit ihren ölhaltigen Anhängseln Ameisen an, die die Samen beim Abtransport oft verlieren und auf diese Weise die Pflanze verbreiten. Blüten und Blätter des Borretsch würzen Salate und können zu erfrischenden Getränken aufbereitet werden. Dieses Kraut mit gurkenartig frischem Geschmack wird auch zum Einlegen von Gurken verwendet. Das Artepithet *officinalis* bedeutet »Offizinell« beziehungsweise »Arznei« und weist auf seine Verwendung als Heilpflanze hin. Borretsch hat harn- und schweißtreibende sowie entzündungshemmende Eigenschaften.

Gleichermaßen zu behandeln sind:

Die Gartenringelblume (*Calendula officinalis*).

 **Pflanzentyp**
Frucht/Nuss/Samen

 **Element**
Feuer

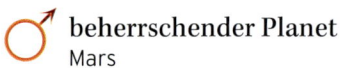 **beherrschender Planet**
Mars

Pflanzengesellschaften

 Begleitpflanzen
Saatweizen (*Triticum aestivum*), Saatgerste (*Hordeum distichon* Syn. *Hordeum vulgare*).

 Unverträgliche Pflanzen
-

Praktische Ratschläge

 Aussaat oder Pflanzung
Frühjahr, zunehmender Mond; Widder, Löwe oder Schütze.

 Pflege
Bei Mond in den Zeichen Widder, Löwe oder Schütze.

 Ernte
Bei abnehmendem Mond in den Zeichen Schütze, Steinbock, Wassermann, Widder und Stier.

Der Schwarze Senf

Brassica nigra Brassicaceae

Ursprünglich in der Mittelmeerregion beheimatet und dort seit der Jungsteinzeit als wucherndes Unkraut in Weizen- und Gerstenfeldern bekannt, wird der Schwarze Senf *Brassica nigra* ebenfalls seit Urzeiten als Gewürz genutzt. Der Schwarze Senf ist eine einjährige krautige Pflanze aus der Familie der Kreuzblütler mit aufrechtem, dünnem Stängel und intensiv grünen Blättern. Seine kleinen, gelben, vierzähligen Blüten stehen in traubiger Anordnung und öffnen sich zum Ende des Sommers. Die aufrechten, zylindrischen Früchte mit spitzen Enden sind Schoten und enthalten intensiv rötlichbraune Samenkörner. Schwarzer Senf erzielt die besten Ergebnisse auf nährstoffreichen, humosen und gut dränierten Böden in der Vollsonne. Im Gemüsegarten hat sich Senf zur Gründüngung und als Zwischenfrucht bewährt. Seine gemahlenen Samen besitzen einen kräftigen und pikanten Geschmack. Geröstet verströmen sie ein reiches, nussiges Aroma. Das Öl aus den Senfsamen gehört in Indien in jede Küche, und der Schwarze Senf ist ein Bestandteil des Curry, von Eingemachtem und in Essig Eingelegtem. Die gemahlenen Samen des Schwarzen Senfs werden bei der Herstellung von Senfpulver denen des Weißen Senfs beigemischt. Darüber hinaus kann das Kraut auch als grünes Gemüse verzehrt werden. Dieses Gewürzkraut besitzt zahlreiche medizinische Wirkstoffe. Davon abgesehen ist es ein ausgezeichneter Dünger.

Gleichermaßen zu behandeln sind:
Rutenkohl oder Indischer Senf (*Brassica juncea*), Weißer Senf (*Sinapis alba*).

 **Pflanzentyp**
Blüte

 **Element**
Luft

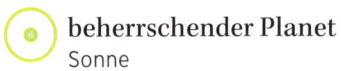 **beherrschender Planet**
Sonne

Pflanzengesellschaften

 Begleitpflanzen
Tomaten (*Lycopersicon esculentum*), Rosen (*Rosa* ssp.), Kartoffeln (*Solanum tuberosum*), Erbsen (*Pisum sativum*), Feuerbohnen (*Phaseolus coccineus*), Sau- oder Pferdebohnen (*Vicia faba*), Grüne Bohnen (*Phaseolus vulgaris*), Spargel (*Asparagus officinalis*).

 Unverträgliche Pflanzen
-

Praktische Ratschläge

 Aussaat oder Pflanzung
Ende Frühjahr bei zunehmendem Mond in den Zeichen Wassermann, Zwillinge oder Waage.

 Pflege
Bei Mond in den Zeichen Wassermann, Zwillinge oder Waage.

 Ernte
Morgens an einem schönen sonnigen Tag bei zunehmendem Mond oder Vollmond in den Zeichen Wassermann, Zwillinge oder Waage.

Die Gartenringelblume

Calendula officinalis Asteraceae

Wir finden die dekorativen orangefarbenen und leuchtend gelben Blüten häufig in ländlichen und naturnahen Gärten. Die Gartenringelblume *Calendula officinalis* gedeiht einzeln und auf sonnigen Standorten auf leichten Böden, die sich rasch erwärmen. Dennoch toleriert sie auch karge Substrate und schwierige Standortbedingungen. Sie ist ursprünglich in Südeuropa heimisch, kann sich jedoch auch in einem gemäßigt frischen Klima ausbreiten. Sie ist eine frostharte Einjährige oder kurzlebige Staude. *Calendula officinalis* beglückt durch eine lange Blütezeit, die sich von der Sommermitte bis zu den ersten Frösten hinziehen kann, und bildet vom Ende des Sommers an Samen aus. Die Ringelblume zieht außerdem Schwebfliegen, die Feinde der Blattläuse, an. Ihre Blütenblätter besitzen einen würzigen Geschmack und sind reich an Antioxidantien. *Calendula officinalis* besitzt sowohl ausgezeichnete medizinische Wirkstoffe als auch kulinarischen Wert und wird gern wegen ihrer abführenden, beruhigenden und antiseptischen Wirkungen verzehrt.

Gleichermaßen zu behandeln sind:
Borretsch (*Borago officinalis*).

Pflanzentyp
Wurzel

Element
Erde

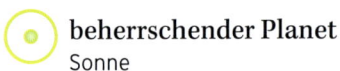

beherrschender Planet
Sonne

Pflanzengesellschaften

Begleitpflanzen
-

Unverträgliche Pflanzen
-

Praktische Ratschläge

Aussaat oder Pflanzung
Bei abnehmendem Mond in den
Tierkreiszeichen Steinbock,
Stier oder Jungfrau.

Pflege
Bei Mond in den Zeichen Steinbock, Stier oder Jungfrau.

Ernte
In der Regenzeit bei abnehmendem Mond in den Tierkreiszeichen Steinbock oder Stier.

Der Echte oder Ceylon-Zimtbaum

Cinnamomum verum Lauraceae

Der zur Familie der Lorbeergewächse zählende Echte oder Ceylon-Zimtbaum *Cinnamomum verum* ist auf Sri Lanka und in Südindien beheimatet und ein immergrüner Baum, der in der freien Natur eine Höhe von bis zu zwölf Metern erreicht. In Plantagenkulturen wird er aus Samen gezogen und nach zwei Jahren geerntet. Zu diesem Zweck schneidet man seine Zweige bis zum Boden herunter und schält ihre Rinde ab, die sich dann in getrocknetem Zustand in der bekannten Manier einrollt. Auch die glänzenden, hellgrünen, ledrigen Blätter enthalten ätherische Öle und werden in vielen Ländern als Gewürz verwendet. In ganzjährig beheizten, aber keinesfalls überhitzten, etwa um die 18 °C warmen Wintergärten und einem Substrat, das gleichmäßig feucht ist, behält der Zimtbaum sein Laub. Fällt die Temperatur unter 13 °C, stößt er das Laub ab, wobei man die Gießmenge deutlich reduziert. Jungpflanzen sind in Gärtnereien zu erwerben, die sich auf Tropenpflanzen spezialisiert haben. Ohne Schnitt entwickelt der Baum eine schöne, buschige Form. Der Geschmack des Zimtes ist ausgesprochen aromatisch, zuckrig, abgerundet und mild. Er verbessert auf sehr charakteristische Weise zahlreiche Speisen – angefangen von Currygerichten bis zu Gebäck. Er wurde schon 2700 v. Chr. im alten Ägypten und in China zur Verfeinerung von Getränken, zur Herstellung von Arzneimitteln und zum Einbalsamieren von Toten benutzt.

Gleichermaßen zu behandeln sind:
Die Zimtkassie (*Cinnamomum cassia*).

Pflanzentyp
Blatt

Element
Wasser

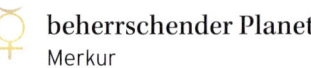

beherrschender Planet
Merkur

Pflanzengesellschaften

Begleitpflanzen
Dill (*Anethum graveolens*),
Gartenkerbel (*Anthriscus cerefolium*).

Unverträgliche Pflanzen
Echte Brunnenkresse (*Nasturtium officinale*), Gartensalat (*Lactuca sativa*), Endivien (*Cichorium endivia*), Gewürzfenchel (*Foeniculum vulgare*).

Praktische Ratschläge

Aussaat oder Pflanzung
Ende Frühjahr, Anfang Sommer oder Herbst bei zunehmendem Mond in den Zeichen Fische, Krebs oder Skorpion.

Pflege
Bei Mond in den Tierkreiszeichen Fische, Krebs oder Skorpion.

Ernte
Bei Vollmond in den Zeichen Krebs oder Skorpion.

Der Echte Koriander (Korianderkraut)

Coriandrum sativum Apiaceae

Der Echte Koriander, Gewürzkoriander, die Chinesische Petersilie, die Arabische Petersilie oder im Deutschen auch häufig das Korianderkraut *Coriandrum sativum* ist im Mittelmeerraum und Kleinasien heimisch und seit dem Altertum als Gewürzpflanze bekannt. Während in Europa hauptsächlich die Samen eine Rolle spielen, wird in der asiatischen sowie in der portugiesischen Küche vorwiegend das Kraut verwendet. Es handelt sich hier um eine kurzlebige, ausdauernde, krautige Pflanze mit dünnen, aber festen Stängeln, die durch Aussaat problemlos zu ziehen ist. Die grünen, stark gefiederten Blätter des Korianders zeichnet ein pikanter, sehr charakteristischer Geschmack aus. Den kleinen, weißen oder rosafarbenen, in flachen Schirmrispen stehenden Blüten folgen kleine, rundliche Früchte, die jeweils einen Samen enthalten. Dabei besitzen Blätter und Früchte allerdings unterschiedliche Aromen, können einander also kaum ersetzen. Als Pflanze in Ruderal- und Unkrautfloren schätzt der Echte Koriander trockene Böden. Optimal gedeiht er auf gut dränierten, fruchtbaren Substraten. Legt man auf eine reiche Blatternte Wert, ist Halbschatten besser als der sonnige Standort, den man für eine gute Samenernte benötigt. Koriander muss direkt ins Beet ausgesät und sein Kraut regelmäßig geerntet werden. Man sollte das Korianderkraut roh verwenden, da es beim Kochen seinen Geschmack verliert.

Gleichermaßen zu behandeln sind:
Gartenkerbel (*Anthriscus cerefolium*).

Pflanzentyp
Frucht/Nuss/Samen

Element
Feuer

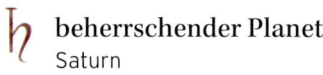
beherrschender Planet
Saturn

Pflanzengesellschaften

Begleitpflanzen
Dill (*Anethum graveolens*),
Gartenkerbel (*Anthriscus cerefolium*).

Unverträgliche Pflanzen
Echte Brunnenkresse (*Nasturtium officinale*), Gartensalat (*Lactuca sativa*), Endivien (*Cichorium endivia*), Fenchel (*Foeniculum vulgare*).

Praktische Ratschläge

Aussaat oder Pflanzung
Ende Frühjahr, Anfang Sommer oder Herbst bei zunehmendem Mond in den Zeichen Widder, Löwe oder Schütze. Ein Umsetzen ist problematisch.

Pflege
Bei Mond in den Zeichen Widder, Löwe oder Schütze.

Ernte
Anfang Herbst bei zunehmendem Mond oder Vollmond in den Tierkreiszeichen Widder, Löwe oder Schütze.

Der Echte Koriander (Koriandersamen)

Coriandrum sativum Apiaceae

Wie schon im Artikel über das Korianderkraut erwähnt, wurde in Europa ursprünglich hauptsächlich der Samen des Korianders *Coriandrum sativum* verwendet. Erntet man also nicht regelmäßig die Blätter, sondern gestattet es dem Korianderkraut, rundliche Kapselfrüchte auszubilden (siehe nebenstehendes Bild mit noch nicht ausgereiften, grünlichen Fruchtständen), lässt man diese ausreifen. Die Früchte werden nach der Ernte leicht angeröstet, bevor man sie frisch mahlt, denn dann verlieren sie ihre schwerflüchtigen Bitterstoffe. Das Aroma der Samen unterscheidet sich grundlegend von dem der Blätter. Es ist rund und harmonisch, würzig, mit einer leichten Zitrusnote. Nachdem Koriandersamen in Mitteleuropa lange hauptsächlich als Brot- und Lebkuchengewürz galt, wird er heute auch bei uns in Currymischungen und häufig zusammen mit Kreuzkümmel kombiniert für Kürbis-, Kohl- und Hülsenfrüchtegerichte verwendet. Im Gegensatz zu dem Koriander, den man für die Blatternte vorsieht, benötigt diese Form der Anzucht Vollsonne. Darüber hinaus besitzen hauptsächlich die Koriandersamen ätherische Öle, die seit der Zeit des antiken Ägyptens in der Naturheilkunde bei Magen- und Darmleiden Anwendung finden. Neuerdings gilt Koriander auch als Mittel zur Behandlung von Umweltvergiftungen – so kann frisches Korianderkraut in den Nerven und Zellen eingelagertes Quecksilber herauslösen.

Gleichermaßen zu behandeln sind:
Kreuzkümmel (*Cuminum cyminum*).

 **Pflanzentyp**
Blüte

 **Element**
Luft

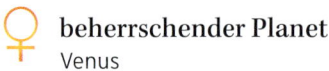 **beherrschender Planet**
Venus

Pflanzengesellschaften

 Begleitpflanzen
Schafgarben (*Achillea* ssp.),
Schmucklilienhybriden
(*Agapanthus*-Hybriden).

 Unverträgliche Pflanzen
Pflanzen, die Feuchtigkeit und
Schatten lieben, wie Funkien
(*Hosta* ssp.) und Trollblumen
(*Trollius* ssp.).

Praktische Ratschläge

 Aussaat oder Pflanzung
Knollenteilung und Aussaat
Ende Frühjahr/Anfang Sommer
bei zunehmendem Mond; Wassermann, Zwillinge oder Waage.

 Pflege
Gegen Ende des Sommers, während der Ruhephase bei Mond in
den Tierkreiszeichen Wassermann, Zwillinge oder Waage.

 Ernte
Bei zunehmendem oder Vollmond in den Zeichen Wassermann, Zwillinge oder Waage.

Der Echte Safrankrokus

Crocus sativus Iridaceae

Der Safrankrokus *Crocus sativus* wird in ganz Südeuropa, dem Iran und Asien seit 5000 Jahren angebaut und stammt ursprünglich wohl aus Kreta. Er ist eine ausdauernde, zwiebelähnliche Knollenpflanze aus der Familie der Irisgewächse und blüht im Herbst (daher auch der Name »Herbstkrokus«). Seine schmalen, grasartigen Blätter sind kräftig grün, und die Blüten, in geöffnetem Zustand becherförmig, münden zur Sprossbasis in eine lange, stielartige Röhre. Sie sind duftend und blass lavendelfarben. Diese Pflanze gedeiht am prächtigsten in gut dränierten, kies- oder kalkhaltigen Böden in der Vollsonne. In der Natur ist dieser Krokus nicht anzutreffen, denn er ist bedingt durch Triploidie (dreifacher Chromosomensatz) steril und wird ausschließlich durch »Aussaat« von Brutzwiebeln – also rein vegetativ – vermehrt. Das Gewürz Safran gewinnt man aus den Stempelfäden, das heißt aus den Narbenästen des Fruchtknotens, die man trocknet. Jede Blüte enthält nur drei Stempelfäden. Heutzutage konzentriert sich der Anbau des Safrankrokus auf den Iran und Spanien. Safran ist das wertvollste Gewürz der Welt, wird daher nur in Milligrammdosen verwendet und besitzt ein einzigartiges und charakteristisches Aroma. Er bestimmt die typische safrangelbe Farbe, den Duft und den Geschmack von zahllosen traditionellen Gerichten in aller Welt (zum Beispiel Bouillabaisse, Risotto alla milanese, Paella oder das schwedische Gebäck Lussekatter). Darüber hinaus besitzt Safran auch medizinische Wirkstoffe und ist das Färbemittel für die safrangelben Kleidungsstücke der religiösen Gelehrten (Swâmis) in Indien.

 **Pflanzentyp**
Wurzel

 **Element**
Erde

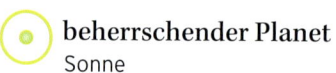 **beherrschender Planet**
Sonne

Pflanzengesellschaften

 Begleitpflanzen
-

 Unverträgliche Pflanzen
-

Praktische Ratschläge

 Aussaat oder Pflanzung
Vermehrung durch Teilung.
Pflanzung zu Beginn des Frühjahrs bei abnehmendem Mond
in den Tierkreiszeichen Steinbock, Stier oder Jungfrau.

 Pflege
Bei Mond in den Zeichen Steinbock, Stier oder Jungfrau.

 Ernte
Gegen Ende des Herbstes bei
abnehmendem Mond in den
Zeichen Steinbock, Stier oder
Jungfrau.

Die Gelbwurzel

Curcuma longa Zingiberaceae

Die Gelbwurzel, Gelber Ingwer oder Kurkuma *Curcuma longa* ist eine Pflanze aus der Familie der Ingwergewächse und war ursprünglich nur in Südostasien heimisch. In Indien seit mehr als 4000 Jahren kultiviert, wird die Gelbwurzel mittlerweile überall in Indien, China und Indonesien angebaut. Die gut einen Meter hohe Pflanze besitzt ein stark verzweigtes, gelbes bis orangerotes und aromatisches Rhizom, zahlreiche große lanzettliche Blätter und, von Zeit zu Zeit, an langen Blütenstängeln zylindrische Ähren mit hübschen, gelblich bis rosa gefärbten Blüten. Die Vermehrung erfolgt durch Aussaat oder durch Teilung des Rhizoms. Als Pflanze der Tropen benötigt die Gelbwurzel ein frisches, gut dräniertes Substrat und hohe Luftfeuchtigkeit. Das Rhizom mit goldgelbem Fleisch wird frisch oder getrocknet verwendet. Frisch genossen, besitzt dieses Rhizom ein scharfes und würziges Aroma, das beim Trocknen eher nach Arznei und später leicht erdig schmeckt. Außerdem verblasst das Pulver aus der getrockneten Wurzel bei längerer Lagerung im Licht und verliert an Aroma. *Curcuma longa* enthält vor allem Curcumin, einen Lebensmittelfarbstoff und damit Hauptbestandteil der Curry- und Fischgerichte, denen es die schöne gelbe Färbung verleiht. Die ayurvedische Medizin zählt die Kurkuma zu den reinigenden und energiespendenden Gewürzen. Außerdem besitzt das in der Wurzel enthaltene Curcumin medizinische Wirkstoffe, die bei der Krebs- und Alzheimertherapie eingesetzt werden.

Gleichermaßen zu behandeln sind:
Ingwer (*Zingiger officinale*).

 **Pflanzentyp**
Frucht/Nuss/Samen

 **Element**
Feuer

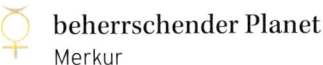 **beherrschender Planet**
Merkur

Pflanzengesellschaften

 Begleitpflanzen

Winterlauch (*Allium porrum*), Speisezwiebeln (*Allium cepa*), Knoblauch (*Allium sativum*), Riesenkürbis (*Cucurbita maxima*), Gartenkürbis und Zucchini (*Cucurbita pepo*), Kopfkohl, Blumenkohl, Brokkoli, Kohlrabi (*Brassica oleracea*).

 Unverträgliche Pflanzen

Fenchel verhindert das Wachstum der Sau- oder Pferdebohnen (*Vicia faba*), von Grünen Bohnen (*Phaseolus vulgaris*), Tomaten (*Lycopersicon esculenthum*) und des Gartensalats (*Lactuca sativa*). Außerdem wirkt er sich störend auf Gewürzkoriander (*Coriandrum sativum*) und Estragon (*Artemisia dracunculus*) aus.

Praktische Ratschläge

 Aussaat oder Pflanzung

Ende Frühjahr bei abnehmendem Mond in den Zeichen Widder, Löwe oder Schütze.

 Pflege

Bei Mond in den Zeichen Widder, Löwe oder Schütze.

 Ernte

Anfang Herbst bei zunehmendem Mond oder Vollmond in den Zeichen Widder, Löwe oder Schütze.

Der Echte Fenchel (Gewürzfenchel)

Foeniculum vulgare Apiaceae

Der Gewürzfenchel *Foeniculum vulgare* ist sowohl eine zweijährige als auch ausdauernde krautige, in den Mittelmeerregionen heimische Pflanze, wo sie seit undenklichen Zeiten aufgrund ihrer medizinischen und kulinarischen Wirkstoffe verwendet wird. *Foeniculum vulgare* bildet zart gefiedertes, intensiv aromatisches Laub und gelbe Blüten in Doppeldolden aus, denen walzenförmige und charakteristisch gerippte, kleine Früchte folgen. Der Gewürzfenchel gedeiht prächtig auf gut dränierten, kalkhaltigen und verarmten Böden auf sonnigen Standorten. Der blühende Fenchel lockt zahlreiche Nutzinsekten wie Schweb- und Raupenfliegen sowie räuberische Wespen an. Er sät sich reichlich von selbst aus und kann geradezu wuchern. Die stark aromatischen Fenchelsamen schmecken nach Anis und finden Verwendung in der Medizin und Naturheilkunde (sie gelten als verdauungsfördernd sowie krampflösend und liefern schleimlösende Bestandteile vieler Hustenteesorten). Die Samen werden zum Würzen von Brot, Wurstwaren und Füllungen verwendet. Berühmt ist die toskanische Spezialität Finocchiona-Salami. Fenchel wird allerdings nicht nur zur Samengewinnung kultiviert, sondern auch als Gemüse- und Heilpflanze. Auch Zierformen wie *Foeniculum vulgare* ›Atropurpureum‹ mit bronzegetöntem Laub sind ein überzeugender Schmuck für Blumenbeete und Staudenrabatten.

Pflanzentyp
Wurzel

Element
Erde

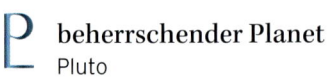
beherrschender Planet
Pluto

Pflanzengesellschaften

Begleitpflanzen
Andere Leguminosen, Rosmarin (*Rosmarinus officinalis*), Gartenringelblume (*Calendula officinalis*), Wilder Majoran oder Oregano (*Origanum vulgare*).

Unverträgliche Pflanzen
Kopfkohl, Blumenkohl, Brokkoli (*Brassica oleracea*), Speisezwiebel (*Allium cepa*), Winterlauch (*Allium porrum*), Knoblauch (*Allium sativum*).

Praktische Ratschläge

Aussaat oder Pflanzung
Anfang Frühjahr bei abnehmendem Mond in den Zeichen Steinbock, Stier oder Jungfrau.

Pflege
Bei Mond in den Zeichen Steinbock, Stier oder Jungfrau.

Ernte
Ende Herbst bei abnehmendem Mond in den Tierkreiszeichen Steinbock oder Stier.

Das Süßholz

Glycyrrhiza glabra Fabaceae

Das Süßholz oder die Lakritze *Glycyrrhiza glabra* ist eine mehrjährige krautige Pflanze aus der Familie der Hülsenfrüchtler, die Wuchshöhen von bis zu einem Meter erreicht. Ihre Blätter sind gefiedert, und die bläulich violetten Schmetterlingsblüten stehen an kurzen, aufrechten Ähren. Letzteren folgen glatte Hülsen, die an die der Erbsen erinnern. Das Süßholz gedeiht in tiefen, humusreichen und durchlässigen Böden, die die Feuchtigkeit gut halten. Auf einem leicht basischen Substrat und an einem warmen und sonnigen Platz erscheinen die prächtigsten Pflanzen. Man gewährt den Süßholzpflanzen eine ungestörte Entwicklungszeit von drei bis fünf Jahren, damit die Pflanze ein kräftiges Wurzelsystem entwickeln kann, bevor man sie zum ersten Mal erntet. Die Wurzeln können frisch gekaut, getrocknet oder zu Pulver verarbeitet werden. Auch den Saft kann man extrahieren. Schon im antiken Griechenland war das Süßholz bekannt und wird in Europa seit über 1000 Jahren kultiviert. Das Aroma erinnert an Anis oder Fenchel mit einer süßlichen, leicht scharfen und sehr typischen Geschmacksnote. Süßholz enthält auch zahlreiche medizinische Wirkstoffe, darunter vor allem Saponine, wie zum Beispiel Glycyrrhizinsäure. Diese wirken schleimlösend und antibakteriell bei Husten und anderen Erkrankungen der oberen Atemwege.

Gleichermaßen zu behandeln sind:
Chinesisches Süßholz (*Glycyrrhiza uralensis*).

Pflanzentyp
Blatt

Element
Wasser

beherrschender Planet
Mars

Pflanzengesellschaften

Begleitpflanzen
Kopfkohl, Blumenkohl, Sprossenbrokkoli, Brokkoli (*Brassica oleracea*), Weinreben (*Vitis vinifera*).

Unverträgliche Pflanzen
Rettich (*Raphanus sativus*).

Praktische Ratschläge

Aussaat oder Pflanzung
Ende des Frühjahrs bei zunehmendem Mond in den Zeichen Fische, Krebs oder Skorpion.

Pflege
Bei Mond in den Tierkreiszeichen Fische, Krebs oder Skorpion.

Ernte
Von Mitte bis Ende des Sommers vor der Blüte. Bei zunehmendem Mond oder Vollmond in den Zeichen Krebs oder Skorpion.

Der gewöhnliche Ysop

Hyssopus officinalis Lamiaceae

Ysop, auch Josefskraut oder Eisop genannt, ist ein im Mittelmeerraum heimischer, immergrüner Halbstrauch oder eine Staude aus der Familie der Lippenblütler. Er hat einen gedrungenen Wuchs und ist winterhart. Seine aromatischen Blätter sind dunkelgrün, schmal und lanzettförmig. Die selten rosafarbenen oder weißen, meistens leuchtend blauen oder violetten Blüten sind in ährigen Blütenständen gruppiert und entfalten sich gegen Ende des Sommers und Anfang Herbst. Der Duft des Ysops ist eine Mischung aus Salbei und Minze, sein Geschmack ist sehr aromatisch mit einer leicht bitteren Note. Diese bezaubernde Pflanze eignet sich ausgezeichnet als Umrandung von Rabatten und Beeten, wo sie nichts anderes als einen jährlichen, schnellen Schnitt Ende Frühjahr erfordert. Sie gedeiht auf leichten, sandigen oder kalkhaltigen, gut dränierten Böden und an sonnigen Standorten. Der Ysop toleriert auch Trockenperioden, aber keine schweren, nährstoffreichen, sauren oder nassen Substrate. Vermehrt wird er durch Aussaat im Herbst oder vegetativ und deshalb sortenecht durch Stecklinge, die man im Sommer gewinnt. Er zieht Bienen und Schmetterlinge an. Als ausgezeichnetes Antiseptikum findet der Ysop Anwendung in der Medizin und Pflanzenheilkunde. In geringer Dosierung würzt er Suppen, Salate und Fleischgerichte. Die ätherischen Öle werden zum Aromatisieren von Kräuterlikören verwendet.

Gleichermaßen zu behandeln sind:
Echter Salbei (*Salvia officinalis*), Rosmarin (*Rosmarinus officinalis*).

Pflanzentyp
Blatt

Element
Wasser

beherrschender Planet
Sonne, Saturn

Pflanzengesellschaften

Begleitpflanzen
Sämtliche Trockenheit liebenden Mittelmeerpflanzen.

Unverträgliche Pflanzen
Pflanzen, die Feuchtigkeit
lieben.

Praktische Ratschläge

Aussaat oder Pflanzung
Aussaat Anfang Herbst. Pflan-
zung gegen Ende Frühjahr oder
Anfang Sommer bei zuneh-
mendem Mond in den Zeichen
Fische, Krebs oder Skorpion.

Pflege
Bei Mond in den Tierkreiszeichen Fische, Krebs oder Skorpion. Schnittmaßnahmen bei
abnehmendem Mond in Zeichen
der Elemente Luft oder Feuer.

Ernte
In einem Sommermonat bei
zunehmendem Mond oder Vollmond in den Tierkreiszeichen
Krebs oder Skorpion.

Der Echte Lorbeer

Laurus nobilis Lauraceae

Der Echte Lorbeer *Laurus nobilis*, auch als Edler Lorbeer oder Gewürzlorbeer bekannt, ist ein hoher, immergrüner, nur bedingt winterharter Baum aus der
Gattung der Lorbeergewächse und im Mittelmeerraum heimisch. Er gedeiht auf nährstoffreichen, gut
dränierten Böden, die die Feuchtigkeit gut halten,
fühlt sich jedoch ebenso auf trockenen Substraten
und in der prallen Sonne wohl. Seine an der Oberseite
glänzenden, dunkelgrünen, braun gestielten Blätter
sind an den Rändern leicht gewellt und verströmen
ihren charakteristischen Duft, wenn man sie zwischen den Fingern reibt. Seinen kleinen, im Sommer
erscheinenden, grünlichgelben Blüten folgen schwarze, glänzende Beeren, die an den weiblichen, bestäub-
ten Pflanzen fertil sind. Der Gewürzlorbeer zeigt sich
außerordentlich resistent gegen Krankheiten und
Schädlinge und scheint auch benachbarte Pflanzen
zu schützen. Das würzige Aroma seiner Blätter verfeinert Suppen, Bratensaucen, Gemüsegerichte oder
Eintöpfe und gehört in jedes Bouquet garni (Kräuter-
strauß). Dem Apollon, dem Gott der Sonne, gewid-
met, ist der Lorbeer ein Symbol für Sieg und Frieden.
Siegerkränze wurden schon in der Antike aus seinen
Zweigen gewunden. Früchte und Blätter finden auch
in der Medizin Verwendung (gegen Koliken und Blähungen) und werden als Insektizid in Lagerräumen
für Getreide ausgebracht. Der Echte Lorbeer toleriert
einen regelmäßigen Pflegeschnitt und eignet sich
auch zum Formschnitt.

> **Gleichermaßen zu behandeln sind:**
> Europäischer oder Gemeiner Buchsbaum (*Buxus sem-
> pervirens*).

Pflanzentyp
Blüte

Element
Luft

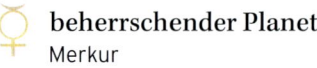
beherrschender Planet
Merkur

Pflanzengesellschaften

Begleitpflanzen
Kopfkohl, Blumenkohl, Brokkoli (*Brassica oleracea*), Kartoffeln (*Solanum tuberosum*), Tomaten (*Lycopersicon esculentum*).

Unverträgliche Pflanzen
Gartensalat (*Lactuca sativa*), Petersilie (*Petroselium crispum*), Weinraute (*Ruta graveolens*).

Praktische Ratschläge

Aussaat oder Pflanzung
Ende des Frühjahrs für die Aussaat und die Pflanzung bei zunehmendem Mond in den Zeichen Wassermann, Zwillinge oder Waage.

Pflege
Bei Mond in den Zeichen Wassermann, Zwillinge oder Waage.

Ernte
Ernte der Blütenstände vor dem vollständigen Aufblühen gegen Ende des Sommers. Bei zunehmendem Mond oder Vollmond in den Zeichen Wassermann, Zwillinge oder Waage.

Der Echte Lavendel

Lavandula angustifolia Lamiaceae

Der im westlichen Mittelmeerraum heimische Echte Lavendel *Lavandula angustifolia* ist ein immergrüner, aromatischer Kleinstrauch mit buschigem Wuchs aus der Familie der Lippenblütler. Seine schmalen, silbergrau und filzig behaarten Blätter stehen an steif aufrechten, unverzweigten Stängeln. Die stark duftenden, blauvioletten Blüten entfalten sich Ende des Sommers in Scheinquirlen angeordnet an ährenähnlichen Blütenständen. Der Echte Lavendel wird vorwiegend als Zierpflanze in gemischten Rabatten oder niedrigen Hecken kultiviert und zur kommerziellen Produktion von Aromaölen angebaut. Am besten gedeiht Lavendel auf neutralen bis basischen und gut dränierten Böden auf sonnigen Standorten. Der Lavendel ist nicht sehr langlebig. Es ist daher ratsam, ihn alle fünf Jahre durch Stecklinge zu vermehren und umzupflanzen. Je kälter die Region, desto weniger aromatisch ist die Pflanze. Als Begleitpflanze hat sich Lavendel nicht nur bei Rosen, sondern auch in Gemüsegärten bewährt, da er Läuse vertreibt und eine pilztötende Wirkung ausübt. Mit den Blättern würzt man Suppen, Salate und Eintöpfe. Er toleriert Trockenheit, salzhaltige Winde vom Meer und zieht zahlreiche Bienen und Schmetterlinge an. Ausgedehnte Lavendelfelder bestimmen in vielen Gegenden der Provence das Landschaftsbild. Der Lavendel enthält beruhigende und antiseptische Wirkstoffe, stärkt das Immunsystem und ist ebenso stimulierend wie kräftigend.

 **Pflanzentyp**
Frucht/Nuss/Samen

 **Element**
Feuer

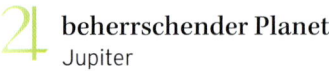 **beherrschender Planet**
Jupiter

Pflanzengesellschaften

 Begleitpflanzen
Die meisten Gräser und Zierpflanzen.

 Unverträgliche Pflanzen
-

Praktische Ratschläge

 Aussaat oder Pflanzung
Teilung im Frühjahr, Aussaat im
Herbst bei zunehmendem Mond
in den Zeichen Widder, Löwe
und Schütze.

 Pflege
Bei Mond in den Tierkreis-
zeichen Widder, Löwe oder
Schütze.

 Ernte
Anfang Herbst bei zunehmen-
dem oder Vollmond in den
Zeichen Widder, Löwe oder
Schütze.

Das Liebstöckel

Levisticum officinale Apiaceae

Liebstöckel ist ein in früheren Zeiten beliebtes Gemüse und Gewürzkraut und eine winterharte, mehrjährige krautige Pflanze. Man verwendet seine Blätter und Samen. Vermutlich kam es aus dem Nahen
und Mittleren Osten nach Europa und wurde in
Gemüse- und Kräutergärten angebaut. *Levisticum
officinale* besitzt hohe, gerade, glatte und hohle Stängel, die große, gefiederte und aromatische Blätter in
dunklem Grün tragen. Im Habitus ähnelt Liebstöckel
einer stattlichen Selleriepflanze. Die großen, schirmartigen Doppelschirmdolden mit gelblich getönten
Blüten erscheinen im auslaufenden Sommer, gefolgt
von deutlich gerippten Früchtchen. Das Liebstöckel
gedeiht auf einem durchschnittlich dräniertem Boden
in der Sonne. Es kann eine Höhe von über zwei Metern erreichen und sich zu einer großen, ausladenden
Pflanze entwickeln. Sämtliche Pflanzenteile sind aromatisch und haben einen intensiven Nachgeschmack
nach Sellerie. Darüber hinaus ist es im zeitigen Frühjahr eines der ersten verfügbaren Gewürzkräuter.
Seine Blätter und Samen würzen Salate, Suppen, Eintöpfe und Gemüsegerichte. Auch seine Wurzeln können gerieben werden, um einen Salat zu verfeinern
oder um einen Teeaufguss zuzubereiten. Und obwohl
Liebstöckel vorwiegend als Gewürzkraut gilt, ergeben seine Stängel blanchiert ein delikates Gemüse.
Liebstöckel zieht nützliche Insekten an und ist eine
gute Begleitpflanze, denn es trägt zur Gesundheit
der Nachbarpflanzen bei. In der Volksheilkunde soll
Liebstöckel bei Appetitlosigkeit, Infekten der Harn-
wege und Insektenstichen helfen.

 **Pflanzentyp**
Blatt

 **Element**
Wasser

 **beherrschender Planet**
Neptun

Pflanzengesellschaften

 Begleitpflanzen
Kopfkohl, Blumenkohl, Brokkoli
(*Brassica oleracea*), Tomaten
(*Lycopersicon esculentum*).

 Unverträgliche Pflanzen
Weinraute (*Ruta graveolens*),
Gewürzfenchel (*Foeniculum
vulgare*).

Praktische Ratschläge

 Aussaat oder Pflanzung
In einem Frühjahrsmonat bei
zunehmendem Mond in den
Tierkreiszeichen Fische, Krebs
oder Skorpion.

 Pflege
Bei Mond in den Zeichen Fische,
Krebs oder Skorpion.

 Ernte
Kurz vor der Blüte zum Ende
des Sommers bei Vollmond
in den Zeichen Krebs oder
Skorpion.

Die Zitronenmelisse

Melissa officinalis Lamiaceae

Die Zitronenmelisse *Melissa officinalis* stammt aus
dem östlichen Mittelmeerraum und ist eine mehrjährige krautige Pflanze mit leuchtend grünen, stark duftenden Blättern. Ihre weißen Lippenblüten stehen in
achselständigen Scheinquirlen und öffnen sich Ende
des Sommers und Anfang Herbst. Ihnen folgen kleine, trockene Fruchtstände. Die dünnen, vierkantigen
Stängel sind ebenso spärlich behaart wie die rhombischen, am Rand gesägten Blätter. Die Zitronenmelisse stellt keine besonderen Ansprüche an die Kultur.
Im Idealfall jedoch weiß sie einen Platz in der Sonne
oder im marmorierten Schatten zu schätzen und gedeiht prächtig in humusreichen Böden. Sie toleriert
Trockenheit, sobald sie sich gut etabliert hat. Die gesamte Pflanze muss nach der Blüte bis auf den Boden
zurückgeschnitten werden, um die Selbstversamung
zu verhindern und den Neuaustrieb während der
restlichen Vegetationszeit anzuregen. Die Drüsenhaare der Blätter rufen beim Zerreiben einen intensiven, frischen Zitronengeruch hervor. Sie verfeinern
Apfel- und andere Obstkompotte, sind erfrischend
als Tee und würzen grüne Salate und Obstsalate. Die
Zitronenmelisse zieht vor allem Bienen an und wird
von Imkern als Bienenfutterpflanze sehr geschätzt.
Schadinsekten wehrt sie wegen ihres intensiven Geruchs ab. Darüber hinaus besitzt sie Wirkstoffe, die
in der Medizin und Pflanzenheilkunde Verwendung
finden – bei Übererregung, Krämpfen, Verdauungsbeschwerden oder leichter Schlaflosigkeit.

Gleichermaßen zu behandeln sind:
Die Grüne Minze (*Mentha spicata*).

 **Pflanzentyp**
Blatt

 **Element**
Wasser

♃ **beherrschender Planet**
Jupiter

Pflanzengesellschaften

 Begleitpflanzen
Kopfkohl, Blumenkohl, Brokkoli (*Brassica oleracea*), Tomaten (*Lycopersicon esculentum*).

 Unverträgliche Pflanzen
Winterlauch (*Allium porrum*), Küchenzwiebeln (*Allium cepa*), Knoblauch (*Allium sativum*).

Praktische Ratschläge

 Aussaat oder Pflanzung
Im Frühjahr bei zunehmendem Mond in den Tierkreiszeichen Fische, Krebs oder Skorpion.

 Pflege
Bei Mond in den Zeichen Fische, Krebs oder Skorpion.

 Ernte
Während der Blüte der Pflanze gegen Ende des Sommers und bei Vollmond in den Tierkreiszeichen Fische oder Skorpion.

Die Grüne Minze

Mentha spicata Laminaceae

Die Grüne Minze, Ährige Minze oder Speerminze ist die kulinarisch verwendete Minze schlechthin. Hier handelt es sich um eine ausdauernde, krautige Pflanze mit ausgedehnten unterirdischen Rhizomen, die ausgesprochen invasiv werden kann. Sie war ursprünglich in Frankreich, Dalmatien und Norditalien beheimatet, wurde als Kulturpflanze durch den Menschen verbreitet und hat sich schließlich aus den Gärten ausgewildert. Sie ist eine der Stammarten der Pfefferminze. Ihre stark verzweigten, aufrechten Stängel tragen winzige, ovale und duftende Blätter sowie endständige, ährenartige, lange Blütenstände mit kleinen, duftenden, lila, rosa oder weißen Blüten, die sich im Sommer öffnen. *Mentha spicata* gedeiht in nährstoffreichen Böden, die die Feuchtigkeit halten, und auf Standorten von der Vollsonne bis in den Halbschatten. Ein Rückschnitt nach der Blüte regt den Neuaustrieb an. Die Grüne Minze gilt als Bienen- und Schmetterlingsweide und ist ein bewährtes und wirksames Mittel gegen unerwünschte Insekten und Nager. Ihr Laub verströmt ein sehr charakteristisches, reines und erfrischendes Aroma und hat einen intensiven, pikanten Geschmack. Die Blätter der Grünen Minze sind die klassische Grundlage für die englische Minzsauce. Sie werden ebenfalls als Teeaufguss, in Backwaren, Salaten, zur Dekoration und in Potpourris verwendet. Darüber hinaus besitzt sie etliche medizinische Wirkstoffe (z. B. gegen Magen-, Darm- und Gallenbeschwerden).

Gleichermaßen zu behandeln sind:
Pfefferminze (*Mentha x piperita*).

 **Pflanzentyp**
Blatt

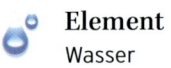 **Element**
Wasser

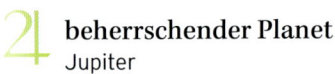 **beherrschender Planet**
Jupiter

Pflanzengesellschaften

 Begleitpflanzen
Stachelbeere, Schwarze Johannisbeere, Weiße und Rote Johannisbeere (*Ribes* ssp.), Brombeere, Himbeere (*Rubus* ssp.), Pflaume und Kirsche (*Prunus* ssp.).

 Unverträgliche Pflanzen
Die Feuchtigkeit liebende Pflanzen wie die Sumpfdotterblume (*Caltha palustris*), Trollblume (*Trollius* ssp.), die Silberweide (*Salix alba*), der Gemeine Schneeball (*Viburnum opulus*).

Praktische Ratschläge

 Aussaat oder Pflanzung
Aussaat im Sommer, sobald die Samen reif sind, bei zunehmendem Mond in den Zeichen Fische, Krebs oder Skorpion.

 Pflege
Bei Mond in den Tierkreiszeichen Fische, Krebs oder Skorpion.

 Ernte
Bei Vollmond in den Zeichen Krebs oder Skorpion.

Der Myrrhenkerbel

Myrrhis odorata Apiaceae

Der Myrrhenkerbel oder die Süßdolde ist eine aufrechte, ausdauernde, krautige Pflanze aus der Familie der Doldenblütler. Ursprünglich kam die Süßdolde in einem Gebiet zwischen den Pyrenäen und dem Balkan vor, heute finden wir sie auch in den nördlicher gelegenen Regionen Europas. Sie wächst dort gerne auf frischen, nährstoffreichen, humosen Lehmböden auf subalpinen Viehläger- und Hochstaudenfluren sowie an Wald- und Heckenrändern. Ihre großen, weich gefiederten und fein eingeschnittenen, farnartig aussehenden Blätter verströmen einen süßen, aromatischen Duft. Auf die in großen, schirmartigen Doppeldolden zusammengefassten weißen Blüten folgen glänzende, intensiv kastanienbraune, längliche Früchtchen. Wie zuvor schon beschrieben, fordert Myrrhenkerbel auch im Garten einen nährstoffreichen Boden. Er muss dazu humusreich und gut dräniert sein. Sonnige bis halbschattige Standorte werden toleriert, und er versamt sich reichlich. Für eine Vermehrung sammelt man einfach die Samen am Ende des Sommers von der Pflanze ab. Verwendung finden sowohl das Kraut als auch die Samen. Die Blätter können zum Würzen von Suppen, Salaten und Eintopfgerichten sowie als kalorienarmes Süßmittel verwendet werden. Die noch grünen Samen gelten als Ersatz für Anis. Darüber hinaus besitzt der Myrrhenkerbel zahlreiche medizinische und pflanzenheilkundliche Wirkstoffe (hilfreich bei Blutarmut, Husten und Verdauungsbeschwerden).

Gleichermaßen zu behandeln sind:
Fenchel (*Foeniculum vulgare*), Liebstöckel (*Levisticum officinale*).

 **Pflanzentyp**
Blatt

 **Element**
Wasser

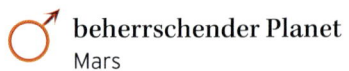 **beherrschender Planet**
Mars

Pflanzengesellschaften

 Begleitpflanzen
Tomaten (*Lycopersicon esculentum*), Petersilie (*Petroselinum crispum*), Gartenringelblume (*Calendula officinalis*), Weinrebe (*Vitis vinifera*).

 Unverträgliche Pflanzen
Weinraute (*Ruta graveolens*), Echter Salbei (*Salvia officinalis*), Echte Himbeere (*Rubus idaeus*).

Praktische Ratschläge

 Aussaat oder Pflanzung
Ende Frühjahr im Glashaus oder im Freiland bei zunehmendem Mond in den Tierkreiszeichen Fische, Krebs oder Skorpion.

 Pflege
Bei Mond in den Zeichen Fische, Krebs oder Skorpion.

 Ernte
Vor der Blüte bei zunehmendem Mond in den Tierkreiszeichen Krebs oder Skorpion.

Das Basilikum

Ocimum basilicum Lamiaceae

Ursprünglich im tropischen Asien, Afrika und den Pazifischen Inseln beheimatet, kam das Basilikum *Ocimum basilicum* möglicherweise durch die Feldzüge Alexanders des Großen nach Griechenland und Mazedonien. Das Basilikum breitete sich anschließend aus dem Mittelmeerraum auf die nördlicher gelegenen Regionen Europas aus und wird in Deutschland seit dem 12. Jahrhundert kultiviert. Es ist eine einjährige, buschig wachsende, krautige Pflanze mit kleinen, leuchtend grünen und seidig glänzenden, spitz zulaufenden Blättern mit langen Stielen. Seine weißen oder purpurn getönten Blüten stehen in Scheinquirlen an ährenartigen Blütenständen und entfalten sich Anfang Herbst. Das Basilikumlaub verbreitet einen sehr typischen Duft und verfeinert und würzt unzählige Gerichte wie Pesto, Suppen, Salate und Saucen. Besonders schmackhaft ist es roh oder gedünstet in Kombination mit Tomaten. Basilikum gedeiht in der Vollsonne auf den meisten gut dränierten Bodentypen, ist jedoch nicht frosthart. Es ist einfach zu vermehren und besonders leicht im Topf oder Blumenkasten zu ziehen. Seine Blüten können entfernt werden, um den Austrieb neuer Blätter zu fördern. Mittlerweile gibt es diese Kräuterpflanze in vielen Sorten mit buntem Laub, strauchförmigem Wuchs und unterschiedlichen Geschmacksnoten. Es existieren etwa 35 Basilikumarten, von denen viele problemlos in unseren Gärten gedeihen und einige eine Zierde für den Kräutergarten sind.

> **Gleichermaßen zu behandeln sind:**
> Das Griechische Basilikum oder Buschbasilikum (*Ocimum minimum*).

Pflanzentyp
Blatt

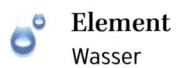
Element
Wasser

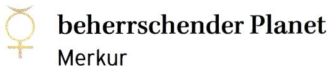
beherrschender Planet
Merkur

Pflanzengesellschaften

Begleitpflanzen
Kopfkohl, Blumenkohl, Brokkoli (*Brassica oleracea*), Feuerbohnen (*Phaseolus coccineus*), Sau- oder Pferdebohnen (*Vicia faba*).

Unverträgliche Pflanzen
Winterlauch (*Allium porrum*), Küchenzwiebeln (*Allium cepa*), Knoblauch (*Allium sativum*).

Praktische Ratschläge

Aussaat oder Pflanzung
Im Frühjahr bei zunehmendem Mond in den Tierkreiszeichen Fische, Krebs oder Skorpion.

Pflege
Bei Mond in den Zeichen Fische, Krebs oder Skorpion.

Ernte
Von der Mitte bis zum Ende des Sommers bei Vollmond in den Zeichen Krebs oder Skorpion.

Der Wilde Majoran

Origanum vulgare Lamiaceae

Der Wilde Majoran, Echte Dost oder Oregano *Origanum vulgare* Syn. *Origanum creticum*, ursprünglich im Mittelmeerraum beheimatet, ist eine Gewürz- und Heilpflanze aus der Familie der Lippenblütler. Die ausdauernde, niedrigwüchsige, krautige Pflanze besitzt kleine, grüne und aromatische Blätter. Die in lockeren Blütenständen stehenden kleinen, blassrosa, seltener weißen Blüten entfalten sich gegen Ende des Sommers und Anfang Herbst. Oregano benötigt trockene, warme, gut dränierte Böden und einen Standort in der Vollsonne. Die besten Pflanzen gedeihen auf basischen Substraten. Wilder Majoran ist keinesfalls anspruchsvoll, leidet jedoch auf nassen Böden. Die Pflanze entwickelt sich nach und nach zu einem ausladenden Tuff, dessen oberirdische Partien bei kaltem Winterklima vertrocknen. Das Laub ist aromatisch und besitzt einen leicht scharfen Geschmack mit bitterer Note. Es gibt verschiedene Sorten, die sich geschmacklich, in ihrer Robustheit, aber auch in ihren Blüten- und Blattfarben unterscheiden. Oregano wird in den meisten Tomatengerichten in Verbindung mit Basilikum verwendet. Er ist reich an Vitaminen, Mineralstoffen und medizinischen Wirkstoffen. Ähnlich wie Majoran wird Oregano in der Volksmedizin gegen Verdauungsstörungen, Bronchitis, Asthma, Krampfhusten und Muskelschmerzen eingesetzt. Oregano ist eine gute Begleitpflanze, eine beliebte Bienenweide und zieht Schmetterlinge an.

Gleichermaßen zu behandeln sind:
Echter Thymian oder Gewürzthymian, Zitronenthymian (*Thymus vulgaris*), Winterbohnenkraut (*Satureja montana*), Blütenstauden.

 **Pflanzentyp**
Blatt

 **Element**
Wasser

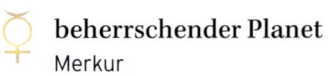 **beherrschender Planet**
Merkur

Pflanzengesellschaften

 Begleitpflanzen
Rosen (*Rosa* ssp.), Winterlauch (*Allium porrum*), Speisezwiebeln (*Allium cepa*), Knoblauch (*Allium sativum*), Tomaten (*Lycopersicon esculentum*), Gartenmöhre (*Daucus carota*), Spargel (*Asparagus officinalis*).

 Unverträgliche Pflanzen
Echter Lavendel (*Lavandula angustifolia*).

Praktische Ratschläge

 Aussaat oder Pflanzung
Mitte bis Ende Frühjahr bei zunehmendem Mond; Fische, Krebs oder Skorpion. Keimt nur langsam, schwierig zu versetzen.

 Pflege
Bei Mond in den Zeichen Fische, Krebs oder Skorpion.

 Ernte
Bei Vollmond oder zunehmendem Mond in den Zeichen Krebs oder Skorpion.

Die Blattpetersilie

Petroselinum crispum Apiaceae

Ursprünglich im Süden Europas heimisch, wird die Blattpetersilie *Petroselinum crispum* aus der Familie der Lippenblütler seit über 700 Jahren auch in Nordeuropa kultiviert und ist dort je nach Zuchtform mit krausen (*Petroselinum crispum* cv.) oder glatten Blättern (*Petroselinum crispum* ssp. *neapolitanum*) das beliebteste Küchenkraut überhaupt. Sie gedeiht auf basischen, frischen und gut dränierten Böden in der Sonne oder im Halbschatten. Die Petersilie ist eine zweijährige Pflanze, deren leuchtend grüne, aromatische, zwei- bis dreifach gefiederte Blätter an langen, kahlen Stielen eine basale Rosette bilden. Im zweiten Jahr tragen aufrechte Stängel schirmartige Doppeldolden aus acht bis 20 Strahlen mit kleinen, gelblichen Blüten, die sich Ende des Sommers entfalten. Im Herbst zeigen sich dann kleine, samenähnliche, aromatische Früchte. Von der Petersilie existieren drei Formen: die glatte Petersilie, die krause Petersilie und die Wurzelpetersilie (*Petroselinum crispum* ssp. *tuberosum*). Sie ist eines der wichtigsten Kräuter für das Bouquet garni und auch in Ostasien sehr beliebt. Die Wurzeln werden als Wurzelgemüse oder als Zutat für Eintöpfe verwendet, wobei die Blätter der Petersilie dann lediglich Dekoration sind. Die Petersilie ist reich an Vitaminen und Mineralstoffen und kennt zahlreiche medizinische Verwendungsmöglichkeiten (entzündungshemmend, appetitanregend, entwässernd). Sie ist eine gute Begleitpflanze, die zahlreiche Schadinsekten vertreiben kann.

> **Gleichermaßen zu behandeln sind:**
> Arzneiengelwurz (*Angelica archangelica*).

Pflanzentyp
Blatt

Element
Wasser

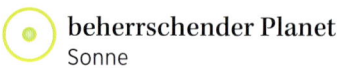
beherrschender Planet
Sonne

Pflanzengesellschaften

Begleitpflanzen
Kopfkohl, Blumenkohl, Brokkoli (*Brassica oleracea*), Erbsen (*Pisum sativum*), Feuerbohnen (*Phaseolus coccineus*), Sau- oder Pferdebohnen (*Vicia faba*), Grüne Bohnen (*Phaseolus vulgaris*), Gartenmöhre (*Daucus carota*), Echter Salbei (*Salvia officinalis*).

Unverträgliche Pflanzen
Kartoffeln (*Solanum tuberosum*), sämtliche Mitglieder der Familie der Kürbisgewächse wie Gurke (*Cucumis sativus*), Melone (*Cucumis melo*), Riesenkürbis (*Cucurbita maxima*), Gartenkürbis und Zucchini (*Cucurbita pepo*).

Praktische Ratschläge

Aussaat oder Pflanzung
Ende des Frühjahrs bei zunehmendem Mond in den Zeichen Fische, Krebs oder Skorpion.

Pflege
Bei Mond in den Zeichen Fische, Krebs oder Skorpion.

Ernte
Im Frühjahr und Anfang Sommer bei zunehmendem Mond oder Vollmond in den Zeichen Krebs oder Skorpion.

Der Rosmarin

Rosmarinus officinalis Lamiaceae

Der Rosmarin *Rosmarinus officinalis* stammt aus der Mittelmeerregion und ist ein immergrüner Halbstrauch mit aufrechtem Wuchs und nadelartig schmalen, dunkelgrünen, unterseits weißfilzigen und gegenständigen Blättern. Sein Duft ist dabei intensiv, bitter und leicht harzig. Die Bienen lieben seine bläulichpurpurnen, duftenden und essbaren Blüten. Sie erscheinen im zeitigen Frühjahr sowie im Spätsommer. Der Rosmarin gedeiht auf gut dränierten, leicht sandigen oder kalkhaltigen Böden und ist wie Lavendel hochgradig an stark besonnte, trockene Standorte angepasst. Deshalb findet man den Rosmarin häufig in bestimmten Ausprägungen der Garrigue- und Macchienheide vor, wo er eine Charakterart darstellt. Der Zwergstrauch ist nicht besonders frosthart, übersteht jedoch so manchen Winter erstaunlich gut. Zudem gibt es eine reiche Palette an Rosmarinsorten. Bei der Auswahl sollte man in kälteren Gebieten allerdings nicht nur auf Aromaintensität, Blütenfarbe (Weiß, Rosa, Blau, Violett) und Wuchsunterschiede, sondern auch auf die Frosthärte der einzelnen Sorten achten. Sehr gut eignet sich Rosmarin zur Aufzucht im Topf. Frische und getrocknete Blätter verwendet man zum Würzen von Fleischgerichten, Würsten, Suppen, Füllungen und Eintopfgerichten. Bekannt sind seine beruhigenden und stimulierenden Wirkstoffe (ätherische Öle).

Gleichermaßen zu behandeln sind:
Echter Salbei (*Salvia officinalis*).

Pflanzentyp
Blatt

Element
Wasser

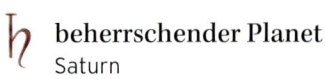

beherrschender Planet
Saturn

Pflanzengesellschaften

Begleitpflanzen

Kopfkohl, Blumenkohl, Sprossenbrokkoli, Brokkoli (*Brassica oleracea*), Gartenmöhren (*Daucus carota*), Rosmarin (*Rosmarinus officinalis*), Weinreben (*Vitis vinifera*).

Unverträgliche Pflanzen

Echter Wermut (*Artemisia absinthium*), Basilikum (*Ocimum basilicum*), Weinraute (*Ruta graveolens*), die ganze Familie der Kürbisgewächse wie Gurke (*Cucumis sativus*), Melone (*Cucumis melo*), Riesenkürbis (*Cucurbita maxima*), Gartenkürbis und Zucchini (*Cucurbita pepo*).

Praktische Ratschläge

Aussaat oder Pflanzung

Ende des Frühjahrs bei zunehmendem Mond in den Zeichen Fische, Krebs oder Skorpion.

Pflege

Bei Mond in den Zeichen Fische, Krebs oder Skorpion.

Ernte

Anfang Sommer vor der Blüte bei zunehmendem Mond oder Vollmond in den Tierkreiszeichen Krebs oder Skorpion.

Der Echte Salbei

Salvia officinalis Lamiaceae

Der Echte Salbei *Salvia officinalis*, auch Gartensalbei, Küchensalbei oder Heilsalbei genannt, kommt ursprünglich aus den Mittelmeerregionen und Kleinasien und hat sich mittlerweile in ganz Europa verbreitet. Er ist ein bis zu 80 Zentimeter hoher, immergrüner Halbstrauch und besitzt festes, graugrünes, stark aromatisches Laub, das an der Oberfläche leicht runzelig und insgesamt weißfilzig behaart ist. Sein Duft ist scharf, intensiv und durchdringend. Der Zwergstrauch gilt traditionell als Symbol für Weisheit und Klarheit der Gedanken. Seine bläulichvioletten Blüten, duftend und essbar, sind bei den Bienen und Hummeln sehr beliebt. Sie stehen in lockeren Quirlen an kurzen Stielen am oberen Stängelteil und öffnen sich zum Sommerende. Ihnen folgen Anfang Herbst reife Fruchtkapseln. Der Echte Salbei oder Heilsalbei gedeiht auf gut dränierten, leicht sandigen oder kalkhaltigen Böden an voll besonnten Standorten. Schwere, saure oder humose Böden toleriert er nicht. Die nicht sehr winterharte Art erfordert zumindest in raueren Klimazonen eine Abdeckung aus Reisig. Salbei gibt es in zahlreichen Sorten, die auf die Verwendung in der Küche, als Heilmittel oder als Zierpflanze spezialisiert sind. Die Verwendung des Echten Salbeis *Salvia officinalis* als Heilmittel hat eine lange Tradition, während er als Gewürzkraut in unsere Küche erst im Mittelalter Einzug hielt. Er wirkt bakterien- und entzündungshemmend sowie adstringierend und fördert die Verdauung schwerer Kost. Davon abgesehen ist er ein gutes Abwehrmittel gegen Insekten.

> ### Gleichermaßen zu behandeln sind:
> Rosmarin (*Rosmarinus officinalis*).

 **Pflanzentyp**
Blatt

 **Element**
Wasser

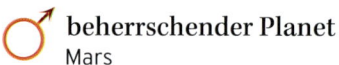 **beherrschender Planet**
Mars

Pflanzengesellschaften

 ### Begleitpflanzen
Winterlauch (*Allium porrum*),
Speisezwiebeln (*Allium cepa*),
Knoblauch (*Allium sativum*),
Erbsen (*Pisum sativum*), Feuer-
bohnen (*Phaseolus coccineus*),
Sau- oder Pferdebohnen
(*Vicia faba*), Grüne Bohnen
(*Phaseolus vulgaris*), Kopfkohl,
Blumenkohl, Brokkoli (*Brassica
oleracea*).

 ### Unverträgliche Pflanzen
Rettich (*Raphanus sativus*), die
gesamte Familie der Kürbisgewächse wie Gurke (*Cucumis
sativus*), Melone (*Cucumis
melo*), Riesenkürbis (*Cucurbita
maxima*), Gartenkürbis und
Zucchini (*Cucurbita pepo*).

Praktische Ratschläge

 ### Aussaat oder Pflanzung
Ende des Frühlings bei zuneh-
mendem Mond in den Zeichen
Fische, Krebs oder Skorpion.

 ### Pflege
Bei Mond in den Zeichen Fische,
Krebs oder Skorpion.

 ### Ernte
Anfang Sommer vor der Blüte
bei zunehmendem Mond oder
Vollmond in den Tierkreiszeichen Krebs oder Skorpion.

Das Winterbohnenkraut

Satureja montana Lamiaceae

Das Winter- oder Bergbohnenkraut *Satureja montana* stammt ursprünglich aus dem Süden Europas und
aus Nordafrika und war bereits bei den Griechen und
Römern der Antike aufgrund seines kulinarischen
Wertes und als Bienenweide hoch geschätzt. *Satureja
montana* ist ein immergrüner Halbstrauch mit einer
Höhe von zehn bis 40 Zentimetern mit schmal-lan-
zettlichen, ganzrandigen und ledrigen Blättern. Seine
blasslila Blüten stehen in Quirlen an langen Stängeln
und entfalten sich gegen Ende des Sommers. Ihnen
folgen Anfang Herbst Klausenfrüchte mit Samen.
Das Winter- oder Bergbohnenkraut ist einfach zu
kultivieren, besonders auf nährstoffreichen, leichten
und frischen Böden, und erzielt die besten Resultate
auf besonnten, warmen und trockenen Standorten.
Außerdem hat es eine Vorliebe für basische Substrate, toleriert keine vernässten Böden und kümmert
im Schatten. Diese strauchig wachsende, winterharte Art eignet sich zur Einfassung von Beeten oder
als niedrige Hecke. Trotz der einfachen Kultur wird
das Winterbohnenkraut zu kulinarischen Zwecken
in Deutschland kaum angebaut, da sein Geschmack
strenger ist als der des Sommerbohnenkrauts *Satureja hortensis*. Wenig bekannt ist auch die Verwendung
als Heilpflanze. Das Winterbohnenkraut produziert
aromatische Öle, die eine gewisse Ähnlichkeit mit
Oregano und Thymian und dieselben antiseptischen
und verdauungsfördernden Wirkstoffe besitzen.

Gleichermaßen zu behandeln sind:
Sommerbohnenkraut (*Satureja hortensis*), Echter oder
Gewürzthymian (*Thymus vulgaris*).

Pflanzentyp
Wurzel

Element
Erde

beherrschender Planet
Saturn, Pluto

Pflanzengesellschaften

Begleitpflanzen
Indianernessel (*Monarda didyma*), Gewöhnlicher oder Purpurwasserdost (*Eupatorium purpureum*), Weicher Frauenmantel (*Alchemilla mollis*).

Unverträgliche Pflanzen
Pflanzen, die trockene und sonnige Standorte lieben, wie Steppenkerzenhybriden (*Eremurus*-Hybriden), Schmucklilienhybriden (*Agapanthus*-Hybriden), Geißklee (*Cytisus* x kewensis).

Praktische Ratschläge

Aussaat oder Pflanzung
Im Frühjahr bei abnehmendem Mond in den Zeichen Steinbock, Stier oder Jungfrau.

Pflege
Bei Mond in den Zeichen Steinbock, Stier oder Jungfrau.

Ernte
Blätter: Anfang Sommer vor der Blüte bei abnehmendem Mond in den Tierkreiszeichen Wassermann, Zwillinge oder Waage. Wurzeln: Ernte im Herbst bei abnehmendem Mond in den Zeichen Steinbock oder Stier. Beide Pflanzenteile können anschließend für eine spätere Verwendung getrocknet werden.

Der Gewöhnliche Beinwell

Symphytum officinale Boraginaceae

Der Gewöhnliche Beinwell, Arzneibeinwell, Bienenkraut oder Wundallheil *Symphytum officinale* ist eine heimische Staude aus der Familie der Raublattgewächse. Er findet sich in Nasswiesen, an Fluss- und Bachufern, in Gräben und lichten Auwäldern ein. Er bildet ein Rhizom und große, lange, grüne Blätter aus. Die Stängel der Pflanze sind aufrecht, verzweigt und steif behaart. Ihre purpurnen, rosa und violetten, seltener auch weißen Blüten entfalten sich nacheinander an schneckenförmig eingekrümmten Blütenständen, wie sie für diese Pflanzenfamilie typisch sind und die man Schraubel oder Wickel nennt. Die verwachsene, glockige Blütenkrone ist auf die Bestäubung von Hummeln angewiesen. Der Gewöhnliche Beinwell gedeiht auf frischen bis nassen, sonnigen bis halbschattigen Plätzen. Seine langen Rhizome holen Spurenelemente auch tief aus der Erde. Hat sich der Beinwell etabliert, ist es nicht leicht, ihn in Grenzen zu halten. Die borstig behaarten Blätter sind reich an Schleim- und Mineralstoffen, eignen sich hervorragend als Streumaterial sowie für den Kompost und liefern einen Blattdünger, wenn man sie in Wasser einweicht. Die alten Römer wendeten Beinwell zur Heilung von Knochenbrüchen an und nannten ihn *conferva* = zusammenfügen. Er spielt auch in der Pflanzenheilkunde, bei der Herstellung von Gelenksalben, eine Rolle. Verzehren sollte man ihn nicht, da er Stoffe enthält, die im Verdacht stehen, Krebs auszulösen,

---

Gleichermaßen zu behandeln sind:
Gewöhnlicher oder Purpurwasserdost (*Eupatorium purpureum*).

Pflanzentyp
Blüte

Element
Luft

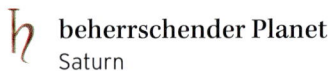

beherrschender Planet
Saturn

Pflanzengesellschaften

 Begleitpflanzen
-

 Unverträgliche Pflanzen
-

Praktische Ratschläge

 Aussaat oder Pflanzung
Bei zunehmendem Mond in den Tierkreiszeichen Wassermann, Zwillinge oder Waage.

 Pflege
Bei Mond in den Zeichen Wassermann, Zwillinge oder Waage.

 Ernte
Ende Herbst bis Anfang Frühjahr bei zunehmendem Mond oder Vollmond in den Tierkreiszeichen Wassermann, Zwillinge oder Waage.

Der Gewürznelkenbaum

Syzygium aromaticum Myrtaceae

Die Gewürznelken in unserer Küche sind die getrockneten Blütenknospen des Gewürznelkenbaumes *Syzygium aromaticum*, eines kleinen, tropischen, immergrünen, ursprünglich auf den Molukken (den sogenannten Gewürzinseln Indonesiens) beheimateten Baumes mit aromatisch duftenden Blättern und roten Blüten mit auffällig großen Büscheln aus gelblichen Staubfäden an rispigen Blütenständen. Wegen ihres außergewöhnlichen Aromas waren Gewürznelken schon seit der Antike heiß begehrt und wurden entsprechend hoch gehandelt. Erst die europäischen Seefahrernationen der frühen Neuzeit machten mit ihrer Entdeckung der sagenumwobenen Gewürzinseln die Gewürznelken bekannt und zunehmend erschwinglich. In ihrem Ursprungsgebiet, zum Beispiel auf der Molukkeninsel Ternate, werden Gewürznelken nicht als Küchengewürz, sondern in den sogenannten Nelkenzigaretten als Beimischung zum Tabak verwendet. Auch die Chinesen benutzten das Gewürz mitunter zum Verbessern der Raumluft. Die rosafarbenen Blütenknospen werden von Hand geerntet, solange sie noch geschlossen sind, und anschließend auf geflochtenen Palmmatten in der Sonne getrocknet. Dabei verfärben sie sich rostbraun und ähneln kleinen Nägeln, was ihnen ihren Namen eingebracht hat, der sich von »Nägeli« ableitet. Sie haben ein scharfes, delikates und intensives Aroma, das Gerichten auch eine leicht adstringierende Eigenschaft verleiht. Gewürznelken finden weltweit auf unterschiedlichste Weise kulinarische Verwendung und gehören in Currys und andere Gewürzmischungen. Sie haben unter anderem eine entzündungshemmende Wirkung. So hilft Nelkenöl bei Zahnschmerzen.

 **Pflanzentyp**
Blüte

 **Element**
Luft

2♃ **beherrschender Planet**
Jupiter

Der Rainfarn

Tanacetum vulgare Asteraceae

Ursprünglich in Nordeuropa und Nordasien beheimatet, war der Rainfarn *Tanacetum vulgare* bereits im Griechenland der Antike bekannt. Der Rainfarn ist eine sehr alte Medizinpflanze. Dieser ausdauernde, krautige Korbblütler entwickelt lange Ausläufer, samt sich reichlich selbst aus und wuchert daher stark. In staudenreichen Unkrautfluren, an Wegen und Böschungen gibt er oft den Ton an. Die Staude ist ein Kulturbegleiter. Die kräftigen, aufrechten Stängel sind dunkel gefärbt, verzweigt und tragen im oberen Teil deutlich gefiederte, an Farnwedel erinnernde Blätter mit einem starken, harzig-minzigen, an Thujenblätter erinnernden Duft. Die kleinen, rundlichen, knopfähnlichen Blüten stehen in flachen Schirmrispen und entfalten sich gegen Ende des Sommers und Anfang Herbst. *Tanacetum vulgare* gedeiht auf fast allen gut dränierten Böden in der Vollsonne. Er zieht Bienen, Schmetterlinge und Schwebfliegen an. Außerdem ist er mit seinem hohen Gehalt an Mineralstoffen eine ausgezeichnete Pflanze für den Kompost. Vor allem jedoch galt Rainfarn als eine Heilpflanze, die allerdings aufgrund einiger bedenklicher Wirkstoffe nie ohne ärztlichen Rat verabreicht werden sollte. Sie ist außerdem ein Fungizid und ein Entwurmungsmittel, wirkt antibakteriell und vertreibt Schadinsekten.

Pflanzengesellschaften

 Begleitpflanzen
Kartoffeln (*Solanum tuberosum*), Echte Himbeere (*Rubus idaeus*), Rosen (*Rosa* ssp.), Obstbäume und Beerensträucher.

 Unverträgliche Pflanzen
Basilikum (*Ocimum basilicum*).

Praktische Ratschläge

 Aussaat oder Pflanzung
Im Frühling bei zunehmendem Mond in den Zeichen Wassermann, Zwillinge oder Waage.

 Pflege
Bei Mond in den Zeichen Wassermann, Zwillinge oder Waage.

 Ernte
Vor der Blüte bei zunehmendem Mond in den Zeichen Wassermann, Zwillinge oder Waage.

Gleichermaßen zu behandeln sind:
Frauenmantel (*Achillea* ssp.).

 **Pflanzentyp**
Wurzel

 **Element**
Erde

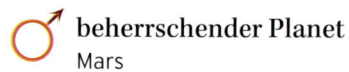 **beherrschender Planet**
Mars

Pflanzengesellschaften

 Begleitpflanzen
-

 Unverträgliche Pflanzen
-

Praktische Ratschläge

 Aussaat oder Pflanzung
Die Vermehrung geschieht durch Teilung. Die Pflanzung findet Anfang Frühjahr statt, bei abnehmendem Mond in den Zeichen Steinbock, Stier oder Jungfrau.

 Pflege
Bei Mond in den Zeichen Steinbock, Stier oder Jungfrau.

 Ernte
Ende Herbst bei abnehmendem Mond in den Tierkreiszeichen Steinbock, Stier oder Jungfrau.

Der Ingwer

Zingiber officinale Zingiberaceae

Der Ingwer oder die Ingwerwurzel *Zingiber officinale* ist ein ausdauerndes Gewächs mit schilfartigem Laub und einem großen, fleischigen, unregelmäßig geformten Rhizom, das an ein Horn erinnert. Der Ingwer stammt ursprünglich aus den Tropen und Subtropen, zum Beispiel Südchina, wird jedoch heute in sämtlichen tropischen Regionen zu kulinarischen Zwecken für die jeweilige Region und massiv auch für den Export angebaut. Dieses heute in aller Welt sehr beliebte Gewürz wurde schon in römischer Zeit nach Europa eingeführt. Die schmalen Stängel der Ingwerpflanze erinnern an Schilfhalme und tragen schmale, lanzettliche und glänzende Blätter sowie elegante, orchideenartige, grüngelbliche und rosa getönte Blüten. Ihre Rhizome verlaufen dicht unter der Erdoberfläche. Die Pflanze braucht ein gut dräniertes Topferdesubstrat, eine teilweise Besonnung (Süd- oder Südwestfenster), wiederholtes Gießen mit Regenwasser und tropische Temperaturen (bis zu 30 °C), um eine gute Menge an Rhizomen auszubilden. Im Winter zieht die Pflanze ein; nur das Rhizom überdauert bei einer Temperatur um 10 °C. Die Ingwerwurzel verströmt einen zitronenartig frischen Duft und besitzt eine sehr angenehme Schärfe. Man verzehrt sie roh oder gekocht, als Teeaufguss oder als Aroma für Limonade. Davon abgesehen hat die Ingwerwurzel zahlreiche medizinische Wirkstoffe, die in der Pflanzenheilkunde (durchblutungsfördernd, hustendämpfend, verdauungsfördernd etc.) Verwendung finden.

Gleichermaßen zu behandeln sind:
Gelbwurzel oder Kurkuma (*Curcuma longa*).

Anhang

Glossar

Allelopathie Chemisch fördernde oder häufiger hemmende Beeinflussung einer Pflanze durch eine andere. Dies können flüchtige Stoffe wie Ethylen, aber auch wasserlösliche Verbindungen sein, die über das Wurzelsystem abgegeben werden und andere Pflanzen behindern können.

Annuelle Pflanzen mit einjährigem Lebenszyklus.

Antioxidanz Eine Substanz (Vitamin, Mineral, pflanzeneigene Substanzen), die in bestimmter Nahrung gehäuft vorkommt und das Zellgewebe schützt.

Antiseptikum Eine chemische Substanz, die auf oder im lebenden Gewebe in der Lage ist, Bakterien abzutöten oder ihr Wachstum zu hemmen.

Apogäum Bezeichnet den größten Abstand eines Himmelskörpers, z.B. des Mondes, von der Erde.

Äquinoktium Zwei Tage im Jahr, an denen die Sonne entlang der Ekliptik den Himmelsäquator kreuzt. Dabei haben Tag und Nacht die gleiche Dauer – gewöhnlich am 21. März und 23. September.

Aspekt In der Astrologie entstehen Aspekte durch bestimmte Winkelbezüge der Himmelskörper. Die wichtigsten Aspekte sind Konjunktion, Sextil, Quadrat, Trigon und Opposition.

Astrologie Eine Disziplin mit dem Ziel, aus den Himmelsbewegungen Rückschlüsse auf irdische Ereignisse zu ziehen, die die Menschen, Tiere und Pflanzen betreffen. Heute nicht mehr der reinen Wissenschaft, sondern der Esoterik und den sogenannten Parawissenschaften zugeordnet.

Astronomie Eine klassische, aus der Astrologie hervorgegangene Disziplin, die sich mit naturwissenschaftlichen Methoden mit den Objekten und Phänomenen im Universum außerhalb der Erdatmosphäre beschäftigt.

auf Kopf setzen Eine ähnliche, alte Schnitttechnik wie das »auf Stock setzen« – in größerer Höhe. Ausschlagfähige Bäume wie Weiden enden im Lauf der Zeit mit einer kopfartigen Verdickung, die in einem Schopf aus Ruten endet.

auf Stock setzen Ausschlagfähige Gehölze wie Hasel, Weide, Edelkastanie oder Eiche können aus traditionellen, nutzungsbedingten oder landschaftspflegerischen Gründen in gewissen Zeitabständen bis kurz über dem Boden zurückgeschnitten werden.

Bienne Pflanze mit gewöhnlich zweijährigem Lebenszyklus. Im ersten Jahr werden Wurzel und Blätter, im zweiten Jahr die Blüten und Früchte entwickelt, bis die Pflanze schließlich abstirbt.

bipinnat Doppelt gefiederte Blätter, d. h. die gefiederten Blätter erster Ordnung sind ihrerseits noch einmal gefiedert.

Blattaderung Leitbündel in der Blattspreite. Ihre Anordnung ist für die verschiedenen Pflanzengruppen ein Bestimmungskriterium.

bleichen Ein gärtnerisches Abdunkelungsverfahren (hauptsächlich mit Erde) zur Erzeugung von Bleichgemüse wie Spargel, Chicorée, Lauch.

Bleichgemüse Siehe bleichen.

Blütenkelch Siehe Calyx.

Blütenstand Blütentragende Sprossabschnitte, die sich manchmal mehrmals verzweigen können.

Bractee Hochblatt im Bereich der Blüte.

Calyx Äußere, meist grüne Blütenblatthülle (Blütenkelch) bei einer Pflanze mit doppelter Blütenhülle.

Corymbus Flacher, schirmartiger Blütenstand, der aus einer Rispe oder Traube hervorgeht, wenn die unteren Blütenstiele oder die Stiele der Teilblütenstände länger als die oberen sind.

Dolde Im Grundsatz eine Traube, bei der aber das Längenwachstum der Internodien unterbleibt und die Blüten von einem Punkt auszustrahlen scheinen.

doppelt gefiedert Siehe bipinnat.

Einjährige Pflanzen mit einjährigem Lebenszyklus.

Ekliptik Die Projektionslinie der scheinbaren jährlichen, von der Erde aus beobachteten Sonnenbahn auf die Himmelskugel. Der Mond und die Planeten scheinen dieser Bahnebene zu folgen.

Erdferne Siehe Perigäum.

Erdnähe Siehe Apogäum.

Fungizid Künstlicher oder natürlicher chemischer Wirkstoff zur Abtötung von Pilzen oder zur Vorbeugung von Pilzkrankheiten.

Geozentrisches Weltbild Die Erde steht im Mittelpunkt des Universums. Mond, Sonne, Planeten und Gestirne umkreisen die Erde auf konzentrisch angeordneten Bahnen. Einer der wichtigsten Vertreter des G. W. war der griechische Gelehrte Ptolemäus, daher auch Ptolemäisches Weltbild.

Gründünger Methode zur Bodenverbesserung durch Einarbeiten schnell verrottender Pflanzenreste.

Halm Der hohle oder markhaltige Stängel von Gräsern.

Handförmig Handförmig geformtes Blatt mit mehr oder weniger von einem Punkt ausgehend angeordneten Blättchen oder Blattadern.

Hochblatt Einfacher gestaltete blattähnliche Organe, meist im Bereich von Blüten oder Blütenständen; siehe auch Bractee.

Humus Tote organische Bodensubstanz aus pflanzlichen und tierischen Resten, die laufend durch die Stoffwechselaktivitäten des Bodenlebens (Edaphon) umgearbeitet wird, z. B. durch Rotteprozesse.

Infloreszenz Siehe Blütenstand.

Internodium Der Stängelbereich zwischen zwei Knoten oder Nodien.

kalkhaltiger Boden Meist aus Kalksteinverwitterung hervorgegangenes, überwiegend calciumcarbonatreiches ($CaCO_3$) Bodensubstrat.

Knoten Knotenförmig verstärkter oder verdickter Sprossachsenbereich, an dem die Blätter ansetzen.

Konjunktion Wenn sich von der Erde aus gesehen zwei Himmelskörper scheinbar sehr nahe kommen.

Kopfbaum Siehe »auf Kopf setzen«.

Korona Von lat. *corona* = Krone; die äußere Atmosphäre der Sonne, die sich wie die Sonnenflecken in einem elfjährigen Zyklus verändert und die ohne Hilfsmittel nur während einer totalen Sonnenfinsternis sichtbar wird.

Kraut Die oberirdischen Teile der Pflanze, die nicht verholzen.

Langtagspflanzen Pflanzen, die nur dann Blüten entwickeln, wenn der Tag länger ist als die Nacht. Wie lange der Tag dauern muss, um das Blütenwachstum anzuregen, ist von Art zu Art und von Sorte zu Sorte verschieden. Langtagspflanzen kommen in den Tropen wegen der kurzen Tagesdauer in der Regel nicht zur Blüte.

Lehm Lehm bezeichnet ein Gemisch aus Sand, Schluff und Ton. Je nach Mischungsverhältnis kann die Qualität unterschiedlich ausfallen. Dieses Substrat bietet in der Regel wegen der großen Speicherkapazität, physikalischen Ausgewogenheit und Stabilität für Pflanzen gute Entwicklungsmöglichkeiten.

Metonzyklus Ein Zyklus von 19 Jahren bzw. 235 Mondumläufen, wenn der Mond exakt zu demselben Himmelsort zurückkehrt.

Mondfinsternis Wenn der Mond durch den Erdschatten wandert, d. h. die Erde sich zwischen Sonne und Mond schiebt.

Mondphase Die wechselnden Licht-/Schattengrenzen des Mondes von der Erde aus gesehen.

Nekrose Absterbeerscheinungen der Pflanzenorgane.

Nervatur Siehe Blattaderung.

Nodium Siehe Knoten.

Opposition Wenn sich zwei Himmelskörper in einem Winkel von 180° gegenüberstehen und beide Erscheinungen hervorrufen: Anziehung und Abstoßung. Sonderformen der Opposition sind Vollmond und Mondfinsternis.

Oxalsäure Die einfachste Dicarbonsäure. Bei Überdosierung kann sie zu Nierenschäden führen.

Panaschierung Mehrfarbig gestreifte oder gefleckte Blatt- oder Blütenmuster.

Perigäum Bezeichnet den geringsten Abstand eines Himmelskörpers von der Erde.

Planet Früher auch Wanderstern genannt; ein großer, massereicher Körper, der sich um die Sonne oder einen beliebigen Stern bewegt und in seiner Umlaufebene das dominierende Objekt ist. Als solche umkreisen Merkur, Venus, Erde, Mars, Jupiter, Saturn, Uranus und Neptun die Sonne. Pluto zählt inzwischen zu den Zwergplaneten.

Quadrat 90°-Winkelabstand zwischen zwei Planeten; ein wichtiger Aspekt in der Astrologie.

Ranke Oft fadenförmiges Organ, das dem Festhalten der Pflanze dient.

Rhizom Unterirdischer, horizontal oder vertikal verlaufender Stamm der Stauden mit Speicherfunktion und mit kurzen Internodien und schuppigen Niederblättern.

Ringförmige Sonnenfinsternis Eine Sonnenfinsternis, bei der der scheinbare Durchmesser der Sonne etwas größer ist als der des Mondes, was dazu führt, dass ein dünner, ringförmiger Sonnenrand den Mond überblendet und die typischen Phänomene der totalen Sonnenfinsternis ausbleiben.

Rispe Ein Blütenstand, bei dem sowohl die Hauptachse als auch die Seitenstängel mit Blüten enden. Rispen bilden oft eine unregelmäßige Kegelform.

Schleimstoffe Zähflüssige, hochmolekulare Inhaltsstoffe oder Sekrete mit unterschiedlicher, oft entzündungshemmender Wirkung.

Sextil 60°-Winkelabstand zwischen zwei Planeten; ein wichtiger Aspekt in der Astrologie.

siderischer Tierkreis Aktuelle Position des Tierkreiszeichens. Siderisch bedeutet »auf die Sterne bezogen«.

Sonnenfinsternis Wenn der Mond sich zwischen Erde und Sonne schiebt und einen Kernschatten auf die Erde projiziert.

Sonnenwende Zeitpunkt, in dem die Sonne den größten nördlichen oder südlichen Winkelabstand vom Himmelsäquator erreicht. Auf der Nordhalbkugel ist die Sommersonnenwende am 21. Juni und die Wintersonnenwende am 21. Dezember.

Staude Mehrjährige (länger als zwei Jahre), meist langlebige Pflanze, deren oberirdische Teile im Winter absterben und die mit ihren unterirdischen Organen (Rhizom, Zwiebel etc.) überwintert.

Tagundnachtgleiche Siehe Äquinoktium.

Tierkreis Zwölf Sternbilder (Tierkreiszeichen genannt), die sich in einer imaginären, etwa 20° breiten Zone um die Ekliptikebene befinden.

Traube Unverzweigte Blütenstandsachse mit gestielten Einzelblüten.

Trigon 120°-Winkelabstand zwischen zwei Planeten.

tropischer Tierkreis An die Tagundnachtgleichen und Sonnenwenden gebundene Tierkreiszeichen. Der tropische Tierkreis beginnt im Widderbzw. am Frühlingspunkt.

Zodiak Siehe Tierkreis.

Zweijährige Siehe Bienne.

Symbole

Folgende Symbole werden in diesem Werk verwendet und auf den Seiten 20–27 erläutert.

Die Planeten

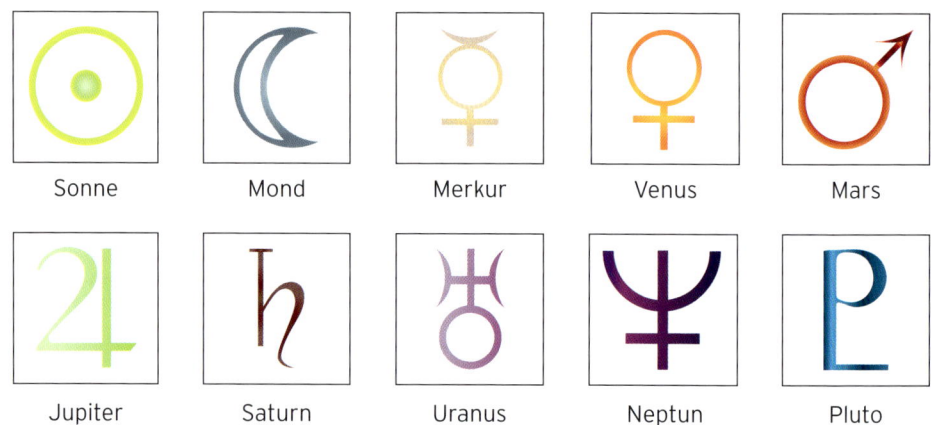

Sonne	Mond	Merkur	Venus	Mars
Jupiter	Saturn	Uranus	Neptun	Pluto

Die vier Elemente

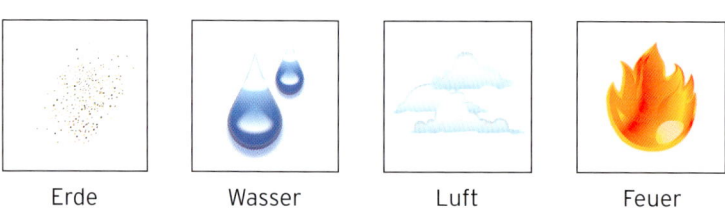

Erde	Wasser	Luft	Feuer

Die Pflanzentypen

Wurzel

Blatt

Blüte

Frucht/Nuss/
Samen

Die Tierkreiszeichen

Stier

Fische

Wassermann

Widder

Jungfrau

Krebs

Zwillinge

Löwe

Steinbock

Skorpion

Waage

Schütze

Register

Danksagung

Fiona Hopes besonderer Dank geht an Michael Littlewood für seine Texte, Grafiken und anderen Arbeiten; an die beiden Astrologinnen Geraldine Murfin-Shaw und Leonie Star; an den Astrologen, Mathematiker, Musiker und Fachmann für Steinkreise und Stonehenge Robin Hearth; Bernard von der Biodynamic Agricultural Association; Ken Fern und die Datenbank der europäischen Initiative Plants for a Future; Gernot Katzer von der Universität Graz; Jack Scheper von Floridata.com. Des Weiteren gilt ihr Dank dem Team von Marabout und vor allem Catie Ziller, die ihr die Möglichkeit gegeben hat, über ein Thema zu schreiben, das ihr so sehr am Herzen liegt; Kathy Steer für ihr Lektorat; Sarah Rock für die Grafiken; Howard Rice für seine Fotos. Und schließlich dankt Fiona Hopes all ihren Freunden, Kunden und ihrer Familie für deren Hilfe und Unterstützung.

Howard Rice dankt vor allem Toby und Lisa Buckland für die angenehme, außerordentlich effiziente Zusammenarbeit bei der Realisierung dieses Buches. Und nicht zuletzt, den Besitzern der Gärten, deren Unterstützung sehr wertvoll war: David Austin Roses, Wolverhampton; Kathy Brown, Stevington Bedford; Cambridge Garden Plants, Horningsea, Cambridge; Cambridge University Botanic Gardens; Clare College, Cambridge; Mr. Fothergill's Seeds; Bob und Sue Foulser, Cerne Abbas, Dorset; Madingley Hall, Cambridge; Norfolk Herbs, Dereham, Norfolk; The Manor, Hemingford Grey; Paradise Allotment Holders, Histon, Cambridge; The Red Balloon Learner Centre Group, Cambridge; Sunclose Fruit Farm, Cambridge; Unwins Seeds Ltd.; The Urban Jungle, Norwich, Norfolk.

Copyright © 2008, Marabout (Hachette Livre)
Text: Fiona Hopes
Die französische Originalausgabe mit dem Titel »Jardiner avec la Lune« erschien
2008 bei Marabout – Hachette Livre, Paris.

Bibliografische Information der Deutschen Nationalbibliothek
Die Deutsche Nationalbibliothek verzeichnet diese Publikation in der
Deutschen Nationalbibliografie; detaillierte bibliografische
Daten sind im Internet über http://dnb.d-nb.de abrufbar.

1. Auflage
ISBN 978-3-7688-2590-0
Die Rechte für die deutsche Ausgabe liegen beim Verlag
Delius, Klasing & Co. KG, Bielefeld

Aus dem Französischen von Christine und Markus Mössel
Layout: Frédéric Voisin
Fotos: Howard Rice, ausgenommen S. 12, 261 und 296: Getty Images;
S. 2/3 und 350/351: Shutterstock; S. 289: Photo Library
Einbandgestaltung: Gabriele Engel
Printed in Singapore 2009

Delius Klasing Verlag, Siekerwall 21, D - 33602 Bielefeld
Tel.: 0521/559-0, Fax: 0521/559-115
E-Mail: info@delius-klasing.de
www.delius-klasing.de